日本商工会議所
全国商工会連合会 検定

新出題範囲完全対応

販売士

リテールマーケティング検定

清水敏行
中谷義浩［共著］
土居寛二

2級

【第4版】

税務経理協会

はじめに

販売士試験制度は，昭和48年に創設以来40年以上経過しており，今回さまざまな経営環境の変化に対応した内容にするために，試験制度が改定されました。

当初販売士制度は，小売業を中心とした流通業界の人材の能力開発をはかることを目的としておりましたが，現在ではメーカーやサービス業など各業界，販売職や営業職などの各職種，また大学などの学生の教育など，幅広く販売士の学習内容が支持されています。

また，流通業に関連する環境変化としては，近年消費者ニーズの多様化・高度化，少子高齢社会と人口減少社会への推移，ＩＴ化の急速な進展，大手流通外資の参入と国内大手小売業の商業集積との競合，中心市街地の活性化とまちづくりの問題など，さまざま変化が起きてきており，その対応が急務となっております。

このような中で，販売士制度の役割はますます重要となっており，時代のニーズに合致した試験内容となることで，従来以上に関係各方面の人材の能力開発に役立つことができることと思われます。

今回，各科目体系や内容が一新され，「小売業の類型」「マーチャンダイジング」「ストアオペレーション」「マーケティング」「販売・経営管理」という５科目で，３級～１級までの科目名称が統一され，それぞれのレベルも，３級は基礎科目（販売技術力の習得），２級は応用科目（販売管理能力の習得），１級は発展科目（経営管理能力の習得）となりました。

３級は平成18年度から新体系試験に移行しており，２級は平成19年度から新体系に移行されました。平成27年度から「リテールマーケティング（販売士）検定試験」という呼称・表記を使用し，２級試験は年２回（９月・２月）になります。合格者の称号は「販売士」のまま変更はありません。

平成29年３月にハンドブックが３年ぶりに改訂され，法制度や統計データが最新のものとなり，現在の流通・小売業界を取り巻く環境に対応する応用編の内容となっております。

令和２年４月にハンドブックが３年ぶりに改訂され，IoTの活用やインバウンド対応など，流通・小売業界が直面している大きな環境変化について拡充した内容となっております。

本書は今回の改訂版に対応しており，各科目の主要内容を学習し，合格レベルの実力とより一層の実務知識と基礎理論をマスターできる構成になっています。まず，重点ポイントの要約で習得すべき主要知識を学習し，また適時重要箇所には補足理論（の欄）を入れており，理解の促進をはかっております。そして，各科目の最後に本試験形式の問題と解答・解説が設けられていますので，受験対応の問題演習ができるようになっております。

多くの学習者の方々が，この書籍を活用され，販売士試験に合格され，そして販売士としてご活躍されることを願っております。

最後に，本書の刊行にあたり終始助言し支援して下さった税務経理協会の鈴木利美氏に，心より厚く御礼申し上げます。

2020年８月吉日

共　著　者

Contents

2　マーチャンダイジング

3　ストアオペレーション

4　マーケティング

5　販売・経営管理

1

小売業の類型

第1章 流通と小売業の役割

1 流通と小売業

1－1　経済循環システムと流通の役割

経済活動は，財の「生産－流通－消費」という循環システムで形成されており，流通は生産と消費の間の架け橋をすることで，両者を結合する社会的役割を果たしています。

≪流通の主な原理≫

(1)　取引総数単純化の原理

流通に卸売業が介在することで，取引数が単純化され，流通費用が節約されます。

(2)　集中貯蔵の原理（不確実性プールの原理）

在庫を流通業が集中的に保有することで，在庫量が減少し，流通費用が節約されます。

図表1－1－1　取引総数単純化の原理

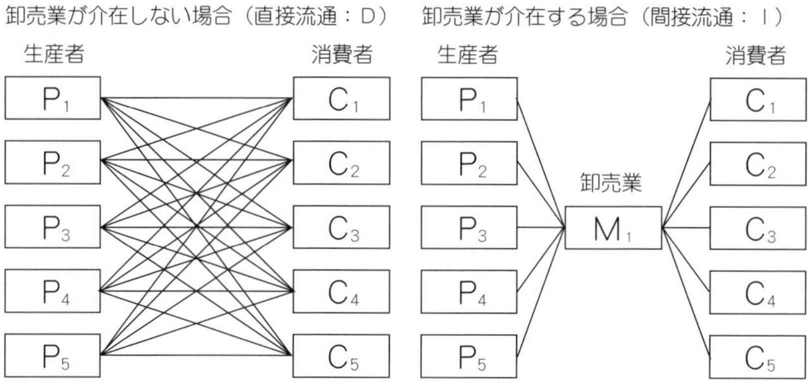

1－2　商流・物流・情報流

(1)　商　　流

①　所有権移転機能

商品の所有権を移転するための諸活動のことです。つまり，売り手が所有権を譲渡する活動（販売）と，買い手が所有権を取得する活動（購買ないし仕入）という行為によって果たされる売買のことです。

②　危険負担機能

所有権を保有することによって生じる危険を負担する活動のことです。

(2)　物　　流

①　物流の種類

ⅰ）調 達 物 流

生産者では原材料や部品などの購買にかかわる物流であり，卸売業・小売業では商品の仕入にかかわる物流のことです。

ⅱ）生 産 物 流

企業内における商品移動にかかわる物流のことです。

ⅲ）販 売 物 流

企業が顧客に対して製品を納入するための物流活動のことです。

iv）回 収 物 流

川下から川上に向かって流れる物流のことです(返品の受容，リユース・リサイクル資源回収など)。

<デポ（depot）>

一般的に，荷物置き場，保管所，倉庫などを意味します。顧客企業や一般家庭などに配達する予定の品物を一時的に保管する場所であり，配送センターなどをさします。メーカーや小売業の配送センターでも，同様の意味で使います。

② 物流活動の構成要素

i）輸送・配送

・ 輸送は，財を異なった地点間で移動する活動であり，大口で長距離の移動手段です。

・ 配送は，顧客の注文に応じた小口で短距離の移動手段です。

ii）保　　管

保管は，財を物理的に保存することです。大量の財を長期的に保管することを目的としたものを貯蔵倉庫といい，一時的な保管を行う配送拠点としての倉庫を流通倉庫といいます。

iii）荷　　役

工場や倉庫などで財の輸送や保管活動に伴って発生する搬出入作業のことです（納品荷役，搬送荷役，品ぞろえ荷役，出荷荷役など)。

・ ユニットロード・システム

取引関係のある企業を横断して，輸送や荷役の合理化・効率化のために，輸送時の荷姿・包装形態・パレットなどを標準化して，作業の機械化などが促進できるようにすることです。

・ コンテナリゼーション

船舶による海上輸送用コンテナにおいて，国際標準化機構（ＩＳＯ）規格により，標準化が推進されています。

・　パレチゼーション

日本工業規格（ＪＩＳ）の一貫パレチゼーションのための標準規格があります。

ⅳ）包　　装

・　個装は，個々の財の包装のことです。

・　内装は，内容物を保護するための中間包装のことです。

・　外装は，物流活動において取り扱いやすくするための外部包装のことです。

ｖ）流 通 加 工

流通過程において財の価値を高める活動のことです。具体的には，切断，小分け，再包装，詰め合わせ，塗装，組立て，値札付け，等級付け，ラベル貼り，箱詰めなどがあります。

＜ユニットロード・システム（unit load system）＞

輸送物をあらかじめ標準の単位，例えばコンテナやパレットにまとめ，一連の輸送，保管，荷役を行うことです。「機械化の原則（荷役の機械化が可能であること）」，「標準化の原則（パレットやコンテナの大きさなどについて各輸送機関との標準化が必要であること）」「荷扱い最小の原則（輸送過程における荷役回数を最小にすべきこと）」などが必要条件とされています。

(3) 情　報　流

情報フローに関する機能は，消費者について生産者が的確に把握し得えないこと，一方で消費者も同様に生産者やその製品に関する知識を持っていないことから生じるギャップを橋渡しすることです。

生産と消費の間をつないでいるメーカー，卸売業，小売業などの流通活動に関連して相互伝達される情報のことを流通情報といいます。

取引情報，物流情報，市場情報，販売促進情報などがあります。

2　小売業態変化に関する理論仮説

2－1　小売の輪の理論

小売の輪の理論は，1958年にM.P.マクネアによって提唱されたもので，新しい革新的な業態は低コスト・低マージンで価格訴求型小売業として登場し，既存の業態に対して優位的な地位を築くが，その後革新的業態同士の激しい価格競争となります。

その後，競争者との差別化をはかるために，サービスや商品品質の向上，店舗施設のグレードアップなどを行い，非価格競争へと移行し，マージンアップをねらうようになります。

この結果，高コスト・高マージンの非価格訴求型小売業となり，また新たに価格訴求を標榜する革新者が登場する余地を生み出します。

このような過程が繰り返され，サイクルが一回りすると革新的業態が出現するという理論です。

＜差別化＞

ライバル企業との競争関係の中で，価格面，製品面，サービス面，店舗面などにおいて，他社と違う独自性を発揮して競争上の優位性を獲得する戦略です。例えば，製品面での差別化の場合は，顧客の選好が多様化しているようなマーケットでは比較的有効に働きます。

具体的には，木造在来工法の住宅を選ぶか，ユニット工法の住宅を選ぶかという選択の場合は，どちらかに断熱性あるいは耐震性に優れているなどという実証があれば，顧客はその差別的なメリットに対して高い評価を下しやすいでしょう。一方，（プロフェッショナル仕様でない）パソコンの購入を考えた場合は顧客の選好は同質的といえ，このような場合には，製品差別化はあまり有効性を発揮せず，価格面の差別化，つまり価格競争が激しくなる傾向があります（家電量販店の価格競争など）。

2－2　アコーディオン理論

アコーディオン理論は，S.C.ホランダーが提唱したもので，品ぞろえ面に視点を当て，商品構成の総合化と専門化の繰り返しという理論仮説です。

アメリカにおける小売業形態の変遷から，商品ラインが拡がったり，縮んだりすることをアコーディオンに模して命名しました。

2－3　真空地帯理論

O.ニールセンは，価格・サービス水準を横軸にとり，提供物を消費者が総合的に評価した消費者選好度として縦軸にとっています。

いくつかの店舗が互いに顧客を奪おうとすると，全体として消費者選好分布は中間に集中するようになり，両端の消費者欲求を満たす小売店がいなくなり，真空地帯が生じます。その新たな参入機会に，新たな小売業が参入することになるという理論です。

2－4　リーガンの仮説

W.J.リーガンは，小売業の発展を，提供される製品と小売サービスの組み合わせで説明をしており，次の3段階に分けています。

図表1－1－2

①　単一結合型	消費者の選好する小売サービスは，選択する製品の品質とほぼ等しいと仮定しています。革新的な競争がない場合に小売構造が向かう均衡状態を示しています。
②　複合結合型	小売サービスの水準を維持したまま，製品の品質を変動したり，また製品の品質を維持したまま，小売サービスを変動したりして，小売営業形態を開発します。
③　全面結合型	消費者に製品とサービスのいかなる組み合わせをも提供でき，完全に柔軟な状態です。

2－5　弁証法的仮説

既存の小売業態を「正」，革新的業態を「反」とし，これらが競争を通じて混合されて，新しい小売業態である「合」が生み出されるというアプローチであり，小売革新が競争によって引き起こされる連続的プロセスをたどることを説明しています。

2－6　適応行動理論

A.C.R.ドリースマンは，小売業者は社会の特定構造，経済成長の段階，消費者の生活水準に適応しなければならないことを主張しています。小売業態を取り巻く技術，法律，競争などの環境の変化に適応するものが生き残ります。

収斂（同一の小売技術を採用する）→異常発達（病的な成長がなされる）→退化（後戻りの進化）→同化（新方式の模倣）という，小売業態の変化の多様性を示した仮説です。

3　世界の主要な小売業の動向

3－1　グローバルリテーラーの主要形態と動向

近年，日本市場に参入または撤退した外資小売業は少なくありません。しかし，アメリカのウォルマートやコストコ，ドイツのメトロなど，総合品ぞろえ小売業としてのグローバルリテーラーも，日本市場に参入を果たしており，これからの動向が注目されます。

(1)　ハイパーマーケット

1963年にフランスに出現したカルフールの大規模なディスカウントストアを起源としています。「売場面積2,500㎡以上，食品を中心に生活に必要な商品を網羅する豊富な品ぞろえと価格訴求力を持つ大型のセルフサービス形態」と定義しています。

＜ハイパーマーケット（hyper market）＞

わが国では，根付きづらい業態です。ダイエーが「ハイパーマート」として開発しましたが，サービスをほとんど省いた無人化の運営などが受け入れられず，結果的に撤退しました。

⑵　スーパーセンター

1988年にアメリカのウォルマートが開発した大型総合小売形態であり,「食料品中心のスーパーマーケットと，非食料品中心のディスカウントストアをワンフロアに融合したフルライン商品構成で，売場面積10,000㎡～20,000㎡の低価格訴求力を持ったセルフサービス形態」です。

⑶　ホールセールクラブ（会員制卸売クラブ）

会員制で現金販売・商品持ち帰りの販売形態であるが，会員構成は事業者だけではなく一般消費者も対象としています。売場面積10,000㎡程度の倉庫型店舗で，少品目の単品大量販売を基本とし，低価格を訴求しています。

3－2　日本市場におけるグローバルリテーラーの課題

⑴　ローカライズ

参入国の消費者ニーズに適応して，店舗の品ぞろえや商品の品質，価格などを変えていくことです。

①　多頻度の買物行動への対応

日本の消費者の買物頻度は，特に生活必需品を中心として多頻度小口であり，鮮度へのこだわりも強いです。

②　豊富な品ぞろえ

日本の消費者は，多品目の中から選択購買するのが一般的であり，多品種多様な品種構成が不可欠となります。

③　店舗選択行動の違いへの対応

日本の消費者は，小売店舗の立地の密度が高く選択可能な店舗が多いため，品種や品目ごとに店舗を使い分けする傾向があります。

④　変化と賑わいに富んだ売場づくり

日本では製品のライフサイクルが短く，店頭の品目変更も多頻度となり，それが売場に変化をもたらして消費者の支持を得ています。売場変化を演出し賑わいを創出する店舗側のきめ細かな工夫が欠かせません。

＜ワンストップショッピング＞

消費者が１箇所でまとめ買いすること，あるいはそのような購買行動をさす意味で使われます。ＧＭＳ（総合品ぞろえスーパー）のような大型店ばかりではなく，中規模のスーパーなどにおいても，消費者にまとめ買いしてもらおうとする品ぞろえや売場作りなどの取組みが見られるようになっています。

＜ゴンドラエンド＞

ゴンドラと呼ばれる陳列棚の端をさします。この場所は来店客の目につきやすいため，各種のストアマーチャンダイジングの展開によって，売上の増加が見込みやすい場所とされています。

⑵　流通構造の多段階性への適応

日本の流通構造の特徴として，中間流通の多段階性があり，卸売業が多くの部分に介在しています。今後は，メーカー主導型から小売業主導型の流通システムへと変化していく兆候があります。

⑶　店舗網の拡大と物流基盤の整備

①　店舗網の拡大

日本国内での店舗網を拡大して，大量仕入・大量販売体制を構築することが必要となります。

②　物流基盤の整備

・　メーカーから店舗へ直接商品を納品する「直送」は，少品種少品目の品ぞろえをする業態への物流形態として適しています。

・　メーカーから物流センターを経由して店舗へ配送する「センター納品」は，多品種多品目の品ぞろえをする業態に適しています。

第2章 組織形態別小売業の運営特性

1 総　　論

組織小売業は，複数の店舗が同じ店舗名の看板を掲げ，仕入や店舗運営面などにおいて規格化された共通の基盤を活用して経営を行う形態です。一般にチェーンストアの仕組みを持ち，組織全体として規模のメリットを享受し，本部と店舗から構成されます。

1－1　チェーンストアの目的と使命

(1)　チェーンストアの要素

①　規格化，標準化，単純化

一定の原則や基準にもとづき，店舗や商品などが整備されており，経営形態が規格化されています。また，多数の店舗が同じ方法で継続的に運営され，運営技術の標準化や単純化が行われています。

②　マス・マーチャンダイザー

マス・マーチャンダイザーとは，大規模な小売企業を意味します。

マス・マーチャンダイジングとは，大量の買い付け力を前提とした商品計画の立案から大量販売に至る全プロセスの総称です。保管，加工，配送，ディスプレィ，販売促進などあらゆる活動が含まれています。

③　チェーンストアの産業化

経営理念としてのチェーンストアの産業化を目指し，消費者の生活を画期的に変化させることを念頭に置き，産業と呼ばれるにふさわしい地位の向上を目指しています。

＜標準化（standardization）＞

標準に合わせることです。大量生産を行う場合などでは，製品の質・形状・大きさなどについて標準を設けておき，それに合わせることになります。チェーンストアにおいては，大量販売を前提として各種のオペレーションを標準化しておくことが重要となります。

(2)　チェーンストアの使命

チェーンストアによる市場拡大化の余地は十分にあり，全国に散在する多数のチェーンストア志向企業は，本格的なチェーンストア産業の時代を築き上げていく使命を担っています。

(3)　チェーンオペレーションとは

チェーンオペレーションは，チェーンストアの全店舗の経営活動を標準化し，本部による徹底した集中型管理運営にもとづいた多店舗展開を可能にすることです。

＜チェーンオペレーションの特徴＞

①　市場シェアの拡大をはかる。

②　各店舗が本部によって統一的に管理・運営されている。チェーンシステムを通じてサプライヤーに対する交渉力が強まる。

③　対象需要が同一であるため，チェーン全体は標準化されマニュアル化されている。

④　本部が購買機能やスタッフ機能を集中的に果たし，各店舗は販売機能だけを担っている。

1－2　チェーンストアにおける組織・運営体制の特徴

規格化やシステム化によって運営されるチェーンストアは，従業員の管理と指導・養成していくための望ましい組織体制づくりが課題です。

(1)　単純で合理的な組織づくりの原則

① 専門化（スペシャライゼーション）

チェーンストアは,業務の専門化によって,従業員は短時間でそのセクションの専門的知識を習得することができます。専任する担当者の生産性（業務遂行の効率化）は，飛躍的に向上します。

② 責任と権限の明確化

チェーンストアは，従業員に販売目標や利益確保，部下の指導・育成などの責任を持たせる一方で，業務を効率的・効果的に遂行させるために適切な権限を与えることが重要です。

③ 命令系統の統一化

チェーンストアの組織における基本的原則として，管理者と従業員との良好な関係形成があります。命令系統の統一化を徹底し，従業員が共通の理解のもとで効率的な業務活動を行う必要があります。

④ 管理・調整範囲の確定

管理者1人当たりの従業員数を制限し，適正人数を効果的に管理・指導することによって人時生産性を高めることを目的とします。チェーンストアは店舗運営の方法を標準化しているため，従業員を管理・調整する範囲を拡大することができます。

⑤ 店舗運営責任の決定

チェーンストアの運営においては，異なる業務領域に責任を持つ複数の管理者を養成しなければなりません。経営戦略にもとづき日々の業務決定と実行に責任を持っているのは，オペレーティングマネジャーと呼ばれている管理者です。

＜バイヤー（buyer）＞

「Buy（買う）する人」ということで，商品の仕入担当者をさします。一般的には，マーチャンダイザーよりも権限や業務の範囲は狭くなります。

(2)　運営の組織

①　集中型管理組織の特徴

- 各業務を決定する際，少数のマネジャークラスの担当者がいればよいこと
- 地域に分散する各店舗を調整し均質的な商品販売を行うことから，仕入面ではバイングパワーを発揮できること
- 専門の知識を持った人材を育成し，活躍させる機会がつくりやすいこと
- 各店舗で同様の商品を取り扱うため，規模のメリットを発揮できること

集中型管理組織を採用するチェーンストアは，店舗オペレーションにおいて効率化を推進しています。

②　集中型管理組織の問題点

チェーンストアの店舗数が拡大すると，１人のバイヤーが商品仕入や在庫管理を引き受けることが難しくなります。

そのため，商品の仕入にかかわる業務と在庫管理にかかわる業務を，複数の担当者によって実行されるようになってきました。各店舗での市場の変化にきめ細かく対応することが可能となります。

＜バイングパワー（buying power）＞

「Buy（買う）するpower（力）」ということで，小売業側の仕入取引に係る交渉力をさします。大規模チェーン店などでは，一括で大量に購入する見返りとして，単価の引下げを実現する力，あるいはその状態をいいます。

1－3　ローコストオペレーションの実際

(1)　ローコストオペレーションの今日的意味

高度経済成長期においては，小売業は売上効率を最大化させることが最適化戦略でした。ところが，デフレ経済が浸透した今日では，高コスト経営の体質から脱却できずに収益を圧迫しています。

今日の成長小売業は，ローコストオペレーションの仕組みを構築しています。売上ではなくコストを基軸とした経営へ転換する必要があります。

①　売上高販売管理費比率の低さ

低い粗利益率をカバーするため，売上高販売管理費比率を低く抑えるシステムを構築し，高い営業利益を獲得することができます。

②　オペレーションコストの低さ

坪当たり売上高の減少をカバーしているのは，オペレーションの効率化です。高密度な面展開によるドミナント出店戦略を基本としています。

＜ドミナント出店＞

特定の地域に高密度で出店する戦略です。比較的狭い範囲に複数の店舗を出店するメリットは，例えば配送効率の向上などがあげられます。ファストフード店などが採用しており，新鮮な食材をできるだけ早く店頭に陳列して顧客満足度を高めつつ，物流費を低減することが狙いとされています。

(2)　ローコストオペレーション推進の方法

低成長経済化にあっても相応の利益を確保するためには，生産性を高めるための仕組みを構築し，稼動させることが必要です。

①　標準化政策の徹底

ローコストオペレーションの基本は，店舗規模，店舗形状，品ぞろえなどの画一化，発注方法やディスプレイ方法などを標準化することです。

②　物流システムの構築

小売業にとってローコストオペレーションの精度を高める絶対的条件は，物流システムの構築です。自社物流を構築することが望ましいが，多くの小売業が第三者物流に委ねています。

③　商品回転率の向上

坪当たりの販売効率が低下したとしても，商品回転率重視の経営を行うことが重要です。

④　従業員の計画的配置

人員計画や作業計画の適正化をベースとした従業員の計画的配置による合理的運営を推進することです。

⑤　パートタイム労働者の活用

小売業は，パートタイム労働者の採用比率が高いといえます。小売業は，曜日ごと，時間帯ごとの出勤計画であるレイバースケジューリング（稼動計画）を作成し，ワークスケジューリング（作業割当）を行うことが求められます。

＜第三者物流：3rd Party Logistics（３ＰＬ）＞

３ＰＬについての明確な定義はありませんが，直訳すると「第三者（3rd Party）によるロジスティクス（兵站（へいたん）：ここでは物流全般）」となります。

３ＰＬは，アメリカで生まれたビジネス概念です。荷主と運送業者をそれぞれ1st party，2nd partyとした場合の3rd Party（第三者）は，例えば荷主と運送業者の間に介在するフォワーダー（利用運送業）と考えられます。フォワーダーは，輸送依頼を荷主から請けて，最適な運送業者を探して利用することになります。このときの輸送責任は，フォワーダーが持っています。このようなビジネス形態によって，アメリカの運送業務が効率化されていったといわれています。

近年，３ＰＬは発展を続けており，我が国でも運送業者自体が積極的に取り組んでいます。従来のように単に荷物を動かすだけでなく，荷主企業の倉庫管理や業務の一部請負などのレベルから，物流システムそのものを改革するための提案というように，各種の高度なサービスの提供等によって，事業領域を拡大させてきています。

(3) セントラルバイング・システムの特徴

チェーンストアの特色は，各店舗の仕入を本部が一括して行うセントラルバイング・システム（本部集中仕入方式）です。

① セントラルバイング・システムの意義

本部に仕入部門や商品部を設置して，仕入に関する権限と責任の遂行を委譲することです。

② セントラルバイング・システムが不可欠な理由

ｉ）低価格販売に伴う単品大量仕入の必要性

売価の引下げを実現でき，仕入条件面で原価引下げのメリットを得ることができます。

ⅱ）多店舗化に伴う販売量の増加への対応

店舗数の増加に伴いチェーンストアの販売量は増加します。仕入コストの低減や過剰在庫の防止などに対応するために，本部集中仕入方式の確立が不可欠です。

③ セントラルバイング・システムのメリット

ｉ）専門化による顧客ニーズへの対応

仕入業務においては，専従者が市場の動向や変化を的確に把握し，顧客のニーズに対応した商品を仕入れることができます。

ⅱ）プロモーション活動の原動力

重点的商品を一括大量仕入することにより，有利な仕入条件を得ることができます。店舗の販売促進活動と連動することで，全店舗に共通する大量販売体制を確立することになります。

ⅲ）コスト吸収の基盤

物流センターの設置にあわせて，取扱数量の増大に伴う物流費や店舗別仕入に伴う諸経費を削減することができます。

ⅳ）二重構造の解消

店舗ごとに仕入部門を持つことは，チェーンストアにとっては二重構造であり，より多くの諸経費や人員が必要になります。仕入機能の集中化は，経費の削減や人員数の合理的削減を可能とします。

ⅴ）販売活動の強化

店舗の商品担当者を仕入業務から解放し，販売活動へ専念させることができます。

④　セントラルバイング・システムの問題点

ⅰ）地域性を軽視した画一的マーチャンダイジングとなるおそれがある

各店舗が立地する地域特性に対応することが難しく，地域間で異なる顧客ニーズに合致した品ぞろえが難しいことがあります。

ⅱ）きめ細かなマーチャンダイジングを展開しにくい

顧客ニーズに適合した品ぞろえを行うためには，仕入と販売の両機能を一体化し，部門ごとに仕入と販売の責任を明確化することが必要ですが，仕入と販売が分離しているため，同一商品の責任体制が欠如するおそれがあります。

ⅲ）本部から遠く離れた店舗への商品情報サービスが不足する

店舗からの品ぞろえニーズに反する商品を一方的に送り込むと，商品が大量に売れ残ることになりかねません。

2　レギュラーチェーン（ＲＣ）の運営特性

2－1　レギュラーチェーン（ＲＣ）の定義

レギュラーチェーンは，単一の法人格のもとで同一形態の直営店を，一定のルールにもとづき多店舗展開する小売業の組織形態です。

コーポレートチェーンともいい，店舗展開の標準的な手法となっています。本部の一括仕入機能によって多数の店舗を組織的に統合し，専門的な一元管理のもとでチェーンオペレーションを展開しています。

２－２　ＲＣのチェーンオペレーション

(1)　自己責任による多店舗展開

出店にあたっては，出店資金調達と事業リスクは自己責任であり，多店舗化には時間を要します。

(2)　チェーンオペレーションの特徴

①　本部主導による経営

各店舗は，本部の指示にしたがい，設定した数値目標の達成に向けて販売に専念します。

②　マス・マーチャンダイザーの発揮

大量一括仕入により仕入価格の引下げや仕入条件の面で優位性を実現します。

③　物流体制の整備・確立

自前の物流センターを建設，もしくは第三者物流（サードパーティロジスティクス）の設営により，メーカーから直接商品を仕入れ，仕分けして各店舗に一括配送する体制を構築します。

④　システム化による経営効率の追求

ＰＯＳシステム導入やＥＤＩなどによる業務の効率化をはかり，競争の優位性を実現します。

⑤　パートタイム労働者比率の向上

正社員の人数を抑え，パートタイム労働者比率を高めることで，人件費の低減をはかります。

2－3　ＲＣの運営特性

(1)　ＲＣの運営上の問題点

ＲＣの多くは，店舗運営の主要部分を本部が主導し，各店舗はそれにもとづく販売活動に専念するという中央集権体制型の店舗運営を行っています。

しかし，市場環境が激化している今日では，効率重視の店舗運営は地域顧客のニーズを妨げる要因となっており，地域特性を考慮に入れた店舗の独自性を発揮できず，従業員のモチベーションを低下させることにもなっています。

(2)　チェーンオペレーションの仕組み

ＲＣは多店舗展開によるバイングパワーを発揮するため，次のようなシステムを構築しています。

① 顧客ニーズに応えるフォーマット（店舗形態）の開発と改良を行う体制が整っている。

② 各業務の標準化，単純化，特殊化，集中化と，それを支える物流・情報システムを有する。

③ 多店舗展開やそれを支えるシステムへの投資力とメンテナンスの費用をまかなえる資金調達力がある。

④ 店舗内外の設計・施行や内装，什器備品類などを標準化することで，出店コストを削減している。

⑤ プライベートブランド，ストアブランド商品を製造する工場を指導できる企業としての信用度が高い。

⑥ パートタイム労働者の効率的活用のために，業務の標準化やマニュアル化を推進している。

⑦ 一貫した従業員の教育とそれを評価する制度を完備している。

(3)　本部集権型から店舗主体の経営へ

ＲＣのメリットとして，次の二つがあります。

① ストアフォーマット，作業スタイル，品ぞろえなどの標準化による運営の効率化があり，各種作業を合理化しています。

② 本部が主導で品ぞろえの決定や仕入・在庫管理や配送などを行うことで，スケールメリットを生かした低価格仕入が実現できます。

ただし，今日では本部主導の経営にとらわれることなく，脱標準化・マニュアル化をはかり，地域特性に応じた個店別の仕入体制を導入するなどの動きが顕著になっています。

3 ボランタリーチェーン（ＶＣ）の運営特性

3－1 ボランタリーチェーン（ＶＣ）の存在意義

(1) ＶＣの意義

ボランタリーチェーンは，複数の中小小売業などが店舗（経営）の独立形態を保持した状態で，部分的に小売機能を共同・協業化するチェーンストア形態組織です。

つまり，資本的に独立した複数の小売業が主に商品の共同仕入を目的として結成する共同組織のことです。

(2) ＶＣの定義

一般社団法人ボランタリーチェーン協会の定義では，ＶＣとは「異なる経営主体同士が結合して，販売機能を多数の店舗において展開すると同時に，情報などを本部に集中することによって組織の結合をはかり，強力な管理のもとで，仕入や販売などに関する戦略が集中的にプログラム化される仕組みとその運営」と規定されています。

(3) ＶＣの理念

基本理念は，次の三つとなっています。

① 独立系小売業の結合による経済的地位の向上

② チェーン本部の組織化・支援による加盟店の繁栄

③ 地域社会，世界への貢献

3－2　ＶＣの運営特性

(1)　ＦＣとＶＣの違い

＜共 通 点＞

①　チェーンオペレーションによる規模のメリットを追求する営利組織

②　資本的に独立した多数の小売店による組織形成

＜相 違 点＞

①　ＦＣは本部が別の企業であり，加盟店とのつながりは１対１の契約で成立。ＶＣは加盟店自らが本部の経営に参加する場合もある。

②　ＶＣには加盟店同士の横のつながりがある。ＦＣは横のつながりはない。

③　ＶＣの加盟店は本部利益からの利益の還元を受けることができる。ＦＣは契約パッケージの範囲内でしかメリットが受けられない。

(2)　ＶＣの原則

①　共同の原則

ＶＣ本部は加盟店に対する的確な支援・指導を行い，加盟店は積極的な協力を行います。

②　利益性の原則

ＶＣ本部は事業活動で得た利益を有効に再投資して，加盟店に利益を還元します。

③　調整の原則

ＶＣ本部は加盟店同士の過度の競争をできるだけ調整します。

④　地域社会への貢献の原則

加盟店は自己の店舗の立地している地域の一員という自覚と経営姿勢を持たなければなりません。

3－3　ＶＣ本部と加盟店の関係

ボランタリーチェーンの本部と加盟店は，相互補完の仕組みと役割の関係があります。

①　仕入集中管理

ＶＣの組織内に卸機能を取り込んだシステムを構築し，仕入の本部集中管理が必須です。

②　情報の本部集中と加盟店へのフィードバック

本部は，情報を集約するネットワーク・システムを構築し，情報の管理と有効活用をする必要があります。また，収集した情報を整理・分析し，加盟店にフィードバックしなければなりません。

4　フランチャイズチェーン(ＦＣ)の運営特性

4－1　フランチャイズチェーン（ＦＣ）の定義

フランチャイズチェーンは，フランチャイザー（本部）が開発したフランチャイズ・システムやノウハウと，商標，サービスマークやチェーン名などの事業を運営する方法を提供するのに対して，フランチャイジー（加盟店）は自己資金を投入して本部の開発した事業の方法やノウハウを使用して営業を行い，お互いに利益を得ようとする事業の共同体です。

4－2　ＦＣの仕組み

フランチャイザーとフランチャイジーが締結するフランチャイズ契約のもとで，フランチャイズ・パッケージとして特権が提供され利用されます。

＜ＦＣにおける特権＞

①　フランチャイザーの商標，サービスマーク，チェーン名称を使用する権利

②　フランチャイザーが開発した商品・サービス，情報など経営上のノウハウを利用する権利

③　フランチャイザーがフランチャイジーに継続的に行う指導や援助を受け

る権利

＜フランチャイズ契約においてトラブルが生じやすい項目＞

① 販売予測，費用予測などと実態との相違

② 加盟金の返還の有無

③ ロイヤルティの算定方法

④ オープンアカウントなどの本部との債権債務の相殺勘定

⑤ テリトリー権の設定の有無

⑥ 契約解除時における解約違約金　など

＜ＦＣの仕組みに関して：ロイヤルティ，オープンアカウント，テリトリー権＞

ロイヤルティ（royalty）とは，特許権使用料や著作権をさします。ＦＣの場合，フランチャイジーが加盟する段階では加盟料（イニシャルフィー）が必要であり，その後は継続してロイヤルティ（ランニングフィー）の支払いが必要となります。このロイヤルティは，フランチャイザーの開発したフランチャイズ・パッケージの使用料や経営指導料への対価という位置づけです。

オープンアカウント（open account）とは，フランチャイザーとフランチャイジーの債権債務を相殺するための会計処理の仕組みを指します。

テリトリー権とは，フランチャイザーがフランチャイジーに対して一定の地域など独占権を与えていることをいいます。同じチェーンのフランチャイジーが，近隣に出店する可能性の有無についての規定です。

４－３　ＦＣのメリットとデメリット

(1)　フランチャイズチェーンの社会・経済的なメリットとデメリット

メリット	デメリット
・事業機会の拡大 ・労働機会の提供，雇用の拡大 ・経営の近代化・合理化 ・イノベーションの迅速な普及 ・競争の促進，経済の活性化 ・社会資本の効率的活用 ・消費者の利便性向上	・加盟者が適切な情報を得たうえで，本部と契約する状況を確保することが難しい。 ・取引関係において，不公正な取引方法（独占禁止法）が発生する可能性がある。 ・システムを悪用した事業者が出現する。 ・本部が市場競争に敗れた場合は，加盟店もマイナスの影響を受ける。

(2)　フランチャイザーのメリットとデメリット

メリット	デメリット
・有能な人材を幅広い地域から活用可能 ・投下資本を節約しながら，急速に多店舗展開することができる。 ・本部は加盟店の統制をはかることができる。 ・安定した経営基盤を構築することができる。 ・営業努力に対する最適なインセンティブが加盟店に働く。 ・本部と加盟店との間の緊張関係が保持されることで，経営上の効率性が発揮される。	・店舗の再配置が難しい。 ・店舗のリニュアルが加盟店の資金力不足で実行できない場合がある。 ・本部間で営業譲渡を行うときに，加盟店の合意を得ることが必要となる。 ・加盟店側の自己責任意識や自助努力が欠如する。 ・一加盟店の不適切な経営でチェーンイメージ全体が崩されるリスクがある。 ・加盟店が複数業種展開する場合に，ノウハウの漏洩などが生じる可能性がある。 ・システム全体の均衡を常に意識して経営努力を行う必要がある。

(3)　フランチャイジーにとってのメリットとデメリット

メリット	デメリット
＜契約締結段階＞ ・本部のブランド力などによって，金融機関の信用が高まり，有利な融資が受けられる。	＜契約締結段階＞ ・加盟店が適切な情報を得て，本部と契約する状況を確保することが必要となる。 ・本部の一方的な契約のため，柔軟な契約が結べない場合もある。 ・加盟金などの支払いが必要となる。
＜契約期間初期段階＞ ・新たに事業を立ち上げる際のビジネスリスクを軽減することができる。 ・本部からの支援や店舗オペレーションの標準化などにより，比較的容易に開業できる。	＜契約期間中＞ ・ロイヤルティの支払い，兼業禁止などの制約がある。 ・取引関係において，不公正な取引方法（独占禁止法）に該当する事例が発生する可能性がある。 ・標準化・マニュアル化などにより，経営者の創意工夫が制限される可能性がある。 ・他の加盟者の不適切な行為や本部の弱体化によりマイナスの影響を受ける。
＜契約期間中＞ ・煩雑な事務処理や会計処理，宣伝活動や情報収集などのコストを軽減できる。 ・経営者としての独立性が一定水準確保され，経営意欲が働きやすい。 ・商品イメージや規模の経済により，商品コスト低減の恩恵を享受できる。 ・本部と利益を配分するため，本部からの真剣な経営支援が受けられる。	＜契約終了以降＞ ・契約上，事業の継続や撤退が制限される場合がある。 ・本部の許可がないと，営業権を第三者に譲渡することができない。 ・競業禁止がある場合は，ノウハウや経験を一定期間活用することができない。

第3章

店舗形態別小売業の運営特性

1 専門店の運営特性

1－1 概　　要

専門店は，ターゲット顧客を明確にし，専門領域に特化した品ぞろえと，販売やサービスの機能提供に，高水準の専門性を発揮する店舗のことです。

(1) 品ぞろえ

自店のターゲット顧客のニーズに対応し得る豊富な品ぞろえが不可欠であり，独自性を追求しています。

図表1－3－1

品種別専門化	取扱商品の品種を限定して，商品を深く品ぞろえ
用途別専門化	利用シーン（ギフト，旅行，アウトドアなど）に合わせた品ぞろえ
顧客層別専門化	年代層別の消費特性やニーズに合わせた品ぞろえ

<ナショナルブランド（ＮＢ），プライベートブランド（ＰＢ），ストアブランド（ＳＢ）>

ＮＢとは，メーカーや生産者によって製造・管理されるブランドです。全国的な流通が認められ広く一般消費者に認知されているものであり，一般にブランドと呼ばれる場合はナショナルブランドのことを意味します。

これに対しＰＢとは，大手の流通業者が独自に開発したブランドであり，メーカーと共同で商品開発を行い，自社のブランドをつけて，自社の顧客に販売するものです。ＰＢのメリットは，どこでも買えるＮＢでの価格競争を避けて，自社の収益状況を良化させることが可能である点，低価格かつ自社の顧客特性にあった商品を開発することで差別化を図ることが可能である点，などです。

そしてＳＢとは，ＰＢよりも狭義の概念であり，特定店舗だけで扱うような場合に用いられます。ただし，ＳＢとＰＢは，ほぼ同じような意味で使われています。

(2)　販売方式とサービス提供

販売員は，取扱商品に関する豊富な商品知識を有し，顧客に対してコンサルティングセールスができる高水準のサービス提供が必要です。

(3)　ビジュアルマーチャンダイジング

洗練された店舗内外装や，魅力的な商品プレゼンテーションを行うことにより，視覚的に店舗や商品を訴求する仕掛けが不可欠です。

<ビジュアルマーチャンダイジング（VMD）>

視覚（Visual）に訴える演出・陳列方法です。小売店の店舗コンセプトを表現し，商品１つひとつの特長を明確に訴求するための手法となります。コーディネートのセンスなど感性が求められる技術の１つと捉えられています。

1－2　店舗・立地特性

図表1－3－2

①　最寄品専門店	生活必需品が中心，郊外の駅前や近隣型商店街など
②　買回品専門店	顧客の細分化，都市の中心部，広域型商店街など
③　専門品専門店	取扱商品の独自性，都市の繁華街，超広域型商店街など

1－3　商品政策

(1)　新たな専門業態の台頭と新商品政策

近年では，商品の企画から販売までを手がけるＳＰＡ（製造小売業）という業態が台頭しています。「川上から川下までの機能」を垂直統合した専門小売業態として急成長しています。有力なＳＰＡの商品政策の特徴をみると，次のように分類できます。

①　ライフスタイルアソートメント型

商品の種類を限定せず，対象とする顧客層のライフスタイル特性に合わせて商品構成をします。用途面での購買選択性を増し，顧客一人ひとりのトータルコーディネートが実現できます。

②　リミテッド&デプス型

商品の種類を限定し，品種ごとの品目数を拡大して，奥の深い専門的で豊富な品ぞろえを実現するものです。

2　百貨店の運営特性

2－1　構造改革への取組み

百貨店は，同一資本の運営管理のもとで，衣食住健美遊などの分野を中心にさまざまな高級商品を総合的に取り扱い，部門別組織をベースとした華麗な売場を店舗内に展開し，対面販売方式によるホスピタリティと各種サービスの提供によって，顧客ベネフィットを追求する大規模小売店舗のことです。

＜改革への取組み＞

①　コスト削減の改革

社員の削減や，不採算店舗の閉鎖に踏み切る百貨店が現れました。

②　仕入・販売方法の改革

従来の委託仕入方式によって仕入れる商品の割合を減らし，自らが責任を持って仕入れて売り切る自主マーチャンダイジング強化型へと政策を大きく転換しました。

③　新たな顧客層の開拓

個性的な専門店チェーン店舗をテナントとして誘致しました。

④　一括仕入政策への着手

仕入の一部を地域ごとに仕入窓口となる基幹店舗を設けて，一括仕入する方法に着手しました。

⑤　強み部門の専門強化

集客力の高い食品売場などを強化するために，味のプロムナードの専門化・高級化をはかっています。

<百 貨 店>

百貨店の起源は，1852年にオープンした「ボン・マルシェ」(仏：パリ）といわれています。産業革命以降，市中に商品が溢れてくるに従って，それら商品を一括して取り扱い始めたことが発端とされています。

2－2　店舗・立地特性

(1)　立　　地

大都市の中心繁華街，大都市のターミナル駅を中心に立地し，地方ではその中心市街地に立地，また郊外型立地の百貨店も出現しました。

(2)　地域一番店政策

最近では，大都市の都心の基幹店舗に増改装などの投資を集中し，地域一番店を目指す傾向にあります。本店的役割を担い，売上高や売場効率において群を抜く存在です。

2－3　商 品 政 策

(1)　仕入・取引形態

百貨店は，次のような仕入形態に分けられます。

①　買 取 仕 入

商品を完全に仕入先から買い取り，基本的に返品しない。

②　消 化 仕 入

商品が店頭で売れてから仕入を立てる。派遣社員がメーカーから来て販売するケースが多い。

図表1－3－3　仕入形態別の売場の種類

売　場	内　容	メリット	デメリット
買取仕入による売場	商品を完全に仕入先から買い取り，返品をしない。	自発的なマーチャンダイジングが可能。	商品ロスや在庫リスクを店舗が負う。
消化仕入による売場	商品が店頭で売れてから仕入を立てる。派遣社員が販売することが多い。	商品ロスや在庫リスクを負わない。人件費が少なくてすむ。	仕入が安易に行われる。

＜契約内容不適合＞

期待される状態や性質が欠けていたり，不足していたりすることをさします。製造上の過失や製造工程の欠陥，設計段階のミスなどに加え，契約に定められた機能，性能，品質，数量などが備わっていないことです。

(2)　自主マーチャンダイジング

百貨店の自主マーチャンダイジングは，商品を計画的に買い取り販売することです。顧客との接客や売場の自主管理を通じて，顧客ニーズに沿った品ぞろえや適正な在庫量の維持をはかり，運営を効率化していくため，自主編集売場への取り組みが行われています。メーカーに頼らないＰＢ商品開発が求められます。

3　総合品ぞろえスーパー(Super Store)の運営特性

3－1　概　　要

総合品ぞろえスーパーは，日用の実用的な商品を幅広く総合的に取りそろえてワンストップショッピングの機能を提供し，セルフサービス販売方式を採用した店舗形態です。

(1)　運営の特徴

運営は，標準化された大型店を多店舗展開し，本部が集中管理するチェーンオペレーションによって効率化がはかられています。

(2)　物流センターの設営

本部で集中仕入される商品を各店に納品する機能として物流センターを設置し，サプライヤーから店舗までロジスティクスの効率化をはかっています。

3－2　店舗・立地特性

総合品ぞろえスーパーは，店舗を大型化しており，小規模な店舗でも3,000㎡程度，大規模な店舗では1万㎡を超える店舗もあります。

(1)　法的規制

1973年に中小小売商業を保護するために，大規模小売店舗法が制定され，その後2000年に大規模小売店舗立地法の施行により，大店法は廃止されました。

(2)　ショッピングセンター化

郊外では，ショッピングセンターの核店舗として直営売場を運営し，専門店が囲むように配置される共同出店が本格化し，ディベロッパー役も果たしました。

3－3　商品政策

量販型専門店が成長し大規模化するにしたがい，特定の商品カテゴリーにおいては，総合品ぞろえスーパーよりも豊富な品ぞろえを実現し，価格訴求力を高めています。このような背景から，利益部門を強化し，不採算部門はテナントへの賃貸借契約に切り替え，店舗運営効率化によるコストダウンをはかっています。

3－4　ネットスーパーの展開

近年はネットスーパーの仕組みを導入する総合品ぞろえスーパーが増えてお

り，注文を受けた商品を店舗で集荷して自宅へ配送するタイプと，専用の集荷センターから配送するタイプがあります。

4　スーパーマーケット（ＳＭ）の運営特性

4－1　商品政策

(1)　生鮮三品

商品構成は，生鮮三品と，即食性の高い惣菜や日配品を強化する店舗が多いです。加工食品と併せて，ワンストップショッピングにつながっています。

(2)　ミールソリューション

家庭で調理する機会や時間が減少する傾向にあり，ミールソリューション（食事に関する問題解決）として，即食性の高い惣菜や日配品に対するニーズが高まっています。

(3)　ＰＢ商品

価格競争への打開策として，ＰＢ商品を強化しています。低価格で販売し，かつ高粗利益率の獲得ができます。

(4)　食の安全

食の安全のため，トレーサビリティの導入や，衛生管理の徹底を行っています。また，地産地消として，近隣農家で栽培される農産物などを，コーナー展開しています。

＜ＢＳＥ問題とトレーサビリティ＞

ＢＳＥとは，牛海綿状脳症，狂牛病ともいわれる牛の脳の病気のことであり，国際的な社会問題になりました。我が国でも，輸入牛肉に関してかなり神経質になっていた時期もあります。

トレーサビリティは，「追跡可能性」と直訳されます。これを製品や商品の製造面に応用し，「どこで生産され，どのような流通経路で，どのような加工が施されたか」というような内容を確認できるシステムとして，トレーサビリティ・システムと呼ばれるものがあります。生産から販売までの全工程を追跡できれば，安全管理や品質管理の徹底，不具合発生時や事故時の原因究明などが可能になることから，ＢＳＥ問題でも活用されています。出荷後に不具合が判明した場合には，同じ不具合を持つ製品を特定できるため，顧客への連絡など素早い対応も可能になることから，製品供給側による顧客への安心・安全を提供するシステムといえます。

4－2　今後の方向性

(1)　ライフスタイルの変化への対応

今後のスーパーマーケットにおける消費者への対応をマーケティングという視点で考えるとき，簡便化志向と拡大化志向を視野に入れた「時間の節約」と「味の追求」の２点が重要な鍵となります。

図表１－３－４　ライフスタイルの変遷と食生活とのかかわり

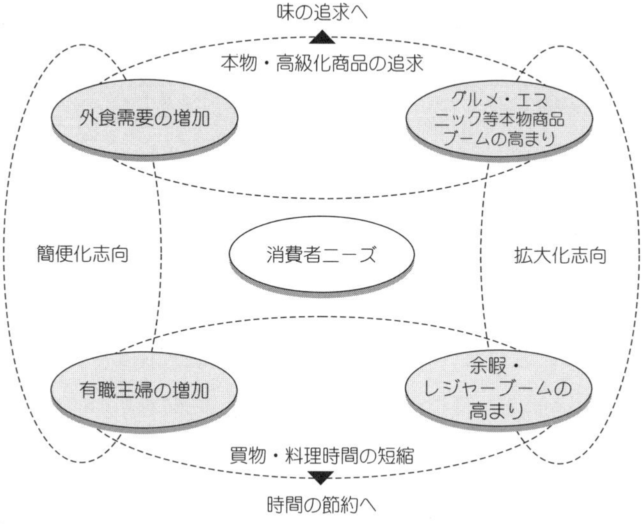

出所：「小売業　新業態革命」（日本実業出版社）

⑵　ワンストップコンビニエンス志向へ

今日，スーパーマーケット業界は，サービスおよび機能の複合化によるストアロイヤルティの形成期へとシフトしています。あらゆるサービス機能を提供する利便性（ワンストップコンビニエンス）を追求しなければなりません。

⑶　利便性と品質性の追求

スーパーマーケットは，マーチャンダイジングの方向性として，さらなる「利便性」と「品質性」を追求することが重要となります。

利便性の面では，家庭の台所機能の拡大へと移行し始めています。タイムセービングへの対応を強化することが必要です。

一方，品質面では，産地などの遠距離から届けられる商品をジャスト・イン・タイムで仕入れ，短時間で売り切るシステムを確立するという，商品保存時間短縮機能へと，保存という概念を打破すべきです。

図表1－3－5　ライフスタイルの変化と食生活とマーチャンダイジングの方向

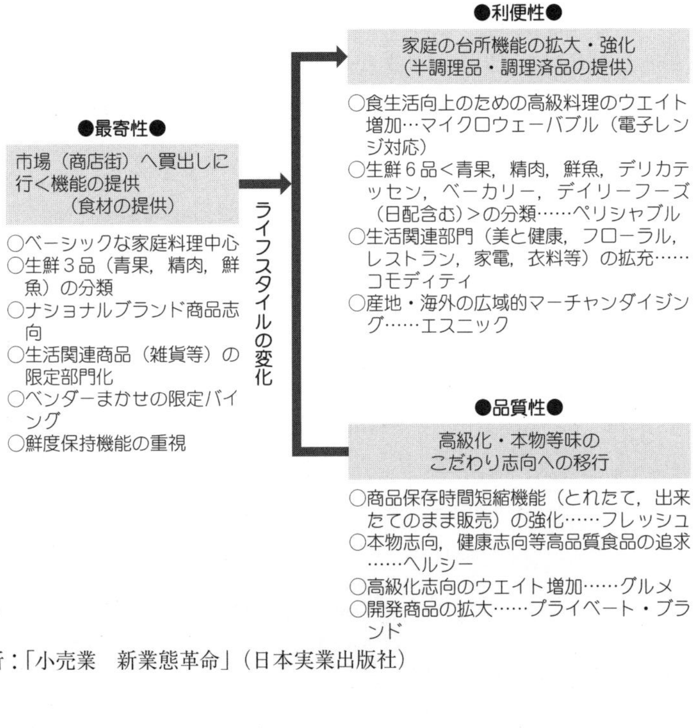

出所：「小売業　新業態革命」（日本実業出版社）

5　ホームセンター（ＨＣ）の運営特性

5－1　運営の特徴

ホームセンターの商品回転率は低めであり，売場１㎡当たりの売上高も低めです。つまり，比較的少ない売上高でも利益が獲得できるよう損益分岐点の低い店舗運営をしなければなりません。

5－2　運営の形態

①　ＤＩＹ型ホームセンター

ＤＩＹ型ホームセンターは，扱いアイテム数が多く，商品回転率の低いものが多いため，基本的には本部の商品部を通じて集中仕入を行います。

販売面では，対面販売とセルフサービス販売の中間的なセミ・セルフサービス販売方式が必要とされます。

②　バラエティ型ホームセンター

バラエティ型ホームセンターは，購買頻度の高い消耗品などのコモディティ商品を拡充し，マス・マーチャンダイジングや店舗と売場の標準化などによるチェーンオペレーションを行い，運営効率化を追求しています。

＜損益分岐点＞

総費用と同額になる売上高を指します。利益は，売上高から総費用を差し引いたものであることから，売上高と総費用が同額であれば利益はゼロとなります。「損益分岐点の低い店舗運営」という場合は，総費用を可能な限り低減させた店舗運営ということを意味しています。なお，損益分岐点となる売上高より実際の売上高が低ければ赤字となり，実際の売上高のほうが高ければ黒字となります。

5－3　店舗・立地特性

(1)　立　　　地

ホームセンターの立地は基本的に郊外であり，ロードサイドビジネスを代表する店舗形態の一つです。取扱商品は重量商品や大型商品が数多くあり，大きな駐車場を設置することが不可欠となります。広い敷地の大型店舗施設は，土地価格や地代や低い郊外が適しています。

(2)　店 舗 施 設

店舗施設についても建設費用を抑えるために，ローコストな店づくりを行います。ホームセンターでは，平屋建ての店舗が多い理由となっています。

(3)　売 場 面 積

ホームセンターの売場面積は，1,000㎡前後から10,000㎡超まで，大小さまざまですが，バラエティ型よりもＤＩＹ型のほうが大規模な店舗が多く，スーパーホームセンターになると6,000㎡を超えるほどの規模となります。

5－3　商 品 政 策

ＤＩＹ型では，相対的にＤＩＹ素材・用品の割合が高いです。一方，バラエティ型では，家庭日用品の割合が高く，住生活関連用品を低価格で販売して集客してきました。

ＤＩＹ素材や園芸用品を小ロット多品目で効率的に商品調達するには，有力な卸売業のバックアップや，物流センターを整備することなどが不可欠となります。

6　ドラッグストア（ＤｇＳ）の運営特性

ドラッグストアは，一般用医薬品を主体として健康と美容（Ｈ＆ＢＣ）に関する商品や，日用雑貨や加工食品などをセルフサービス販売方式で販売する店舗形態です。

6－1　ドラッグストア業界の現状と課題

(1)　業界の概要

①　ドラッグストア業界の現状

＜概　要＞

・企業数……409社（2018年度）

・店舗数……20,228店

・推定売上高……７兆2,744億円（前年対比6.2％増）

②　成長の理由

・ワンストップショッピングの強化

・インバウンド需要の取込み

・積極的なストアフォーマット（店舗形態）の開発　　など

(2)　ワンストップショッピング・ニーズへの対応

飲食料品の拡大強化への邁進により，異業態間競争を引き起こしています。ドラッグストアは，飲食料品や日用雑貨類を低価格で販売することで集客力を高め，粗利益率の高い一般用医薬品，化粧品，健康食品などで利益を確保する，「食と健康」という市場を創造する業態です。

(3)　インバウンド需要への対応

インバウンド（訪日外国人旅行者）対応店舗を積極的に出店し，買物場所として，ＣＶＳ，空港の免税店に次ぐ存在となっています。

(4)　業界の再編・淘汰

有力ドラッグストア企業によるＭ＆Ａの展開に伴い，企業数は減少傾向にあります。一方，店舗数は着実に伸びていることから，オーバーストア化の状況を生み出しています。

6－2　運営の特徴

(1)　医薬品医療機器等法

2014年に施行された医薬品医療機器等法では，一般用医薬品を副作用などのリスクに応じて，第１類医薬品，第２類医薬品，第３類医薬品の３つに分類しています。そのうち，第２類と第３類の医薬品については，薬剤師でなくても登録販売者であれば販売することができるように規制緩和されました。

(2)　調剤部門と学術部門

① 調剤部門は，店舗において医療機関から出される処方箋を患者から受け取り，薬剤師による医療用医薬品の調合や情報提供を行います。

② 学術部門は，製薬メーカーからの医薬品情報収集，薬事行政の動向把握，薬剤師の調剤およびカウンセリング教育などを行います。

＜医薬に関する専門用語＞

「一般用医薬品」とは，いわゆる市販薬や大衆薬であり，カウンター越しに販売されるという意味でＯＴＣ薬（Over The Counterdrug）とも称されます。

「第１類医薬品」とは，服用による安全性について，特に注意すべき成分を含んだ医薬品です。薬剤師が常駐する店舗か薬局でのみ販売が可能です。

「第２類医薬品」とは，入院に相当するような健康被害がまれに生じる可能性がある成分を含んだ医薬品です。

「第３類医薬品」とは，日常生活に支障をきたすほどではない健康被害を生じさせる可能性を持つ成分を含んだ医薬品です。

「医療用医薬品」とは，医者の診断と処方にもとづいて用いられる医薬品を意味します。

「医薬分業」とは，医師と薬剤師という複数の専門家によるダブルチェックで，医薬品服用の安全性を高め，よりよい医療を提供するために採用されている制度です。

(3)　商品化政策の方向

①　都市部を中心に展開するチェーン企業

小型の店舗で多店舗展開することが多く，Ｈ＆ＢＣカテゴリー商品を主体にすることで，専門店としての特徴を高めています。

②　郊外で展開するチェーン企業

広いエリアからの集客をはかるために，Ｈ＆ＢＣカテゴリーに加えて，日用雑貨や食料品などの生活必需品を幅広く品ぞろえしています。

7　コンビニエンスストア(ＣＶＳ)の運営特性

7－1　運営の特徴

(1)　標　準　化

フランチャイズシステムを導入したコンビニエンスストア・チェーンは，本部の経営ノウハウをパッケージ化し，店舗・商品構成・サービス，オペレーションなどの標準化に成功しました。当初から，売場面積30坪，約3,000アイテムという基本基準を崩していません。

(2)　フランチャイズシステム

フランチャイザー（本部）が店舗開発，サプライヤー開発，商品開発，商品構成，販売促進，人材教育などのチェーン運営のノウハウを提供し，フランチャイジー（加盟店）はそのノウハウに対してロイヤルティという形で対価を支払う契約を結ぶものです。

(3)　流 通 革 新

①　ＰＯＳシステムを早くから導入し，単品管理や販売予測などに活用しました。

② ＥＯＳを導入し，発注業務での作業の合理化や効率化など，店舗のシステム化を推進しました。

③ ロジスティクス面でも，多頻度小口納品や時間帯指定納品などの体制を構築しました。

7－2　店舗・立地特性

(1)　多店舗展開

比較的少ない経営資源の投入で，毎年大量に出店することを可能にし，小規模フォーマットの運営を標準化し，店舗構造を画一化してきたことは，成長の大きな要因です。

(2)　立地の多様化

初期には駅前や商店街などの商業集積地への出店が主流でしたが，今日ではロードサイド立地，都心オフィス街立地，ショッピングセンターや病院内，駅ナカ店舗など多様化しています。

(3)　売場面積の多様化

立地の多様化に伴って，売場面積も多様化しつつあります。最少15坪程度から最大60坪程度で，出店する例もみられます。

7－3　商品化政策

(1)　単品管理

商品政策は，基本的に約3,000アイテムという限定された品ぞろえのなかで，ＰＯＳシステムを駆使して売れ筋商品を徹底的に追及し，単品管理手法を採用しています。

(2)　オリジナル商品とＰＢ商品による差別化と粗利益率向上

商品構成は，加工食品を中心にしたグローサリーと，即食性の高いファストフードが主力カテゴリーです。ＰＢ商品の取扱いが増大傾向にあり，差別化の実現や粗利益の確保に貢献しています。

(3)　サービスの商品化

さまざまなサービスを商品化することによって，顧客に対し利便性というベネフィットを提供しています。近年の宅配サービスの導入は，近くて利便性が高い店舗をさらに家庭に近づける試みとして注目されています。

(4)　生鮮三品の導入

生鮮三品を導入することにより，家庭の主婦（主夫）や高齢者層の集客に結びつけ，主要顧客層を広げることによって，客数増加による売上高アップをはかれる可能性がみえてきています。

8　スーパーセンター（SuC）の運営特性

8－1　概　　要

スーパーセンターという店舗形態は，アメリカのウォルマート・ストアーズが開発しました。大規模駐車場を備え，ディスカウントストア（非食品）とスーパーマーケット（食品）を融合して，フルライン商品構成された大型小売形態で，EDLP（Everyday Low Price）という価格政策に特徴があります。

オペレーションは，仕入原価や販売費の徹底低減をはかるEDLC（Everyday Low Cost）を前提とし，低価格の常態化によって集客力を高める手法です。

8－2　店舗・立地特性

(1)　ルーラル立地

スーパーセンターがルーラル立地を選択する理由は，次の2点があります。

○　競争店が少なく，低価格を訴求することで，当該エリアにおける圧倒的顧客シェアの獲得が期待できること

○　地価が安く，大規模な駐車場や店舗施設をローコストで整備できること

⑵　ワンフロア，ノンフリル型店舗

店舗施設はワンフロア構造で，陳列什器にはローコスト什器が用いられています。倉庫のように，内外装の装飾などを最低限に抑えたノンフリル型店舗となっています。オペレーションコストの低減につながるメリットがあります。

8－3　商品化政策

商品化政策の基本は，単品大量仕入でバイングパワーを生かして仕入原価の低減をはかり，単品大量販売によって低価格を実現することです。

商品の補充や陳列作業を効率化して，ローコストオペレーションが実施しやすいです。また，商品カテゴリーごとの価格構成は，低プライスラインを中心としています。

＜フェイス数＞

ゴンドラに陳列された状態で，個々の商品の正面部分（フェイス）がいくつ顧客に認識されるかということです。例えば，コンビニエンスストアのドリンクケースでは，横方向に同じ商品が２～３列並んでいるものと，１列しかフェイスがない商品があります。これは売れ筋か否かを示しており，３列並びの商品は，１列並びの商品の３倍売れるというイメージです。仮に奥行方向に10個あるとし，１列並びの商品が１時間で10個売れて完売するなら，３列並びの商品も１時間で30個売れて完売するということです。この仮定では，１時間後に商品補充作業を一気に行うことが可能となり，効率的です。

9 生協（消費生活協同組合）の運営特性

9－1 生協の運営上の特性

(1) 出資・利用・運営

生協は，原則として組合員自身が「出資，利用，運営」のすべてを行います。

① みんなで出資……資金は組合員の出資金であり，生協の財産は組合員共有の財産です。

② みんなで利用……共同購入の利用や各種サービスを受けるのも組合員です。

③ みんなで運営……運営は組合員によって行われ，さまざまな意見を出し合い運営参加をします。

(2) 加入と脱退

生協への加入と脱退はまったくの自由です。加入のときには出資金が必要であり，また脱退するときには出資金は全額返却されます。

9－2 生協の事業運営

消費生活協同組合法では，生協の事業の種類を次の通り規定しています。

① 物資の購買事業……生活物資を組合員に供給する事業

② 利用事業……生活に有用な協同施設を設置し，各種サービスを組合員に利用させる事業

③ 生活文化事業……組合員の生活の改善，文化の向上をはかる事業

④ 共済事業……組合員の生活の共済をはかる事業

⑤ 教育事業……組合事業に関する知識の向上をはかる事業

⑥ 組合員に対する医療に関する事業

⑦ 高齢者や障害者等の福祉に関する事業

⑧ 前各事業に付帯する事業

(1)　共同購入と個配

共同購入事業は，組合員同士が班をつくり，まとめ買いをする仕組みです。しかし近年では，暮らしの変化とともに，個人宅配事業が牽引しています。

(2)　コープネット

地域生協が一つになって新しいネットワークを構築しています。会員生協は各々の機能をコープネットに統合して規模のメリットを生み出し，生協事業の発展強化を目指しています。

＜小売業の類型＞

本試験形式問題

第1問　次の文章は，流通と小売業の役割全般について述べている。正しいものには1を，誤っているものには2を，解答欄に記入しなさい。

ア　取引総数単純化の原理は，在庫を流通業が集中的に保有すれば，在庫量が減少し，流通費用が節約されるというものである。

イ　集中貯蔵の原理は，流通に卸売業が介在することで，取引数が単純化され，それによって流通費用が節約されるというものである。

ウ　小売の輪の理論は，価格訴求型の革新的業態は，やがて高コスト・高マージンのオペレーション形態となり，新たに価格訴求を標榜する革新者が登場するというものである。

エ　アコーディオン理論は，品ぞろえ面に視点をあてており，商品構成の総合化と専門化の繰り返しが行われるというものである。

オ　生産と消費の間には，所有権フローとしての商流，財のフローとしての物流，情報のフローとしての情報流がある。

解答欄	ア	イ	ウ	エ	オ

第2問　次の文章は，ボランタリーチェーンについて述べている。文中の〔　　〕の部分に，下記に示すア～オのそれぞれの語群から最も適当なものを選んで，解答欄にその番号を記入しなさい。

ボランタリーチェーンは，複数の中小小売業などが経営の〔　ア　〕を保持した状態で集まり，部分的に小売機能を共同・〔 イ 〕するチェーンストア形態の組織である。〔 ウ 〕的に独立した複数の小売業が，主に商品の〔 エ 〕を目的として結成するものであり，〔 オ 〕を享受するために連携する組織である。

【語群】

ア 〔1．地域性　2．理念　3．所有　4．独立形態〕

イ 〔1．分担　2．協業化　3．拡大　4．促進〕

ウ 〔1．資本　2．商品　3．地域　4．社会〕

エ 〔1．共同販売　2．共同配送　3．共同仕入　4．共同保管〕

オ 〔1．範囲のメリット　2．規模のメリット　3．利益
4．顧客満足〕

解答欄	ア	イ	ウ	エ	オ

第3問　次の文章は，フランチャイズチェーンについて述べている。正しいものには1を，誤っているものには2を，解答欄に記入しなさい。

ア　フランチャイズ契約において，力関係はフランチャイジーのほうが強くなりがちである。

イ　加盟店は，個人や中小規模の地場資本であることが多い。

ウ　加盟店は，フランチャイザーの開発した商品やサービス，情報などの経営上のノウハウを利用する権利を有する。

エ　本部企業は，ロイヤリティの徴収により，安定した経営基盤を構築することができる。

オ　フランチャイズチェーンは，単一の法人格のもとで同一形態の直営店を多

店舗展開している。

解答欄	ア	イ	ウ	エ	オ

第4問 次の文章は，スーパーマーケットについて述べている。文中の〔　〕の部分に，下記に示すア～オのそれぞれの語群から最も適当なものを選んで，解答欄にその番号を記入しなさい。

スーパーマーケットは，〔　ア　〕を中心に〔　イ　〕方式で販売する店舗形態である。食料品を中心とした〔　ウ　〕機能を実現したものであり，多くは単一資本の〔　エ　〕による店舗運営が一般的であり，〔　オ　〕方式が最も多い。

【語群】

ア〔1．加工食品　2．買回品　3．生鮮食料品　4．専門品〕

イ〔1．セルフサービス販売　2．セルフセレクション　3．対面販売　4．インターネット〕

ウ〔1．コンビニエンス　2．ワンストップショッピング　3．販売促進　4．スタッフ〕

エ〔1．委託　2．任意　3．直営　4．部門化〕

オ〔1．ボランタリーチェーン　2．ナショナルチェーン　3．フランチャイズチェーン　4．レギュラーチェーン〕

解答欄	ア	イ	ウ	エ	オ

第５問　次の文章は，店舗形態別小売業の特徴について述べている。正しいものには１を，誤っているものには２を，解答欄に記入しなさい。

ア　ドラッグストアは，調剤部門と学術部門を設け，薬剤師とともに登録販売者を店頭に配置している。

イ　百貨店は，商品を買取仕入して自らの責任と危険負担の下で販売をする自主マーチャンダイジングを進めている。

ウ　コンビニエンスストアは，その多くがフランチャイズシステムを導入し，標準化を徹底している。

エ　ホームセンターは，日曜大工を起源としたＤＩＹ型から始まり，その後バラエティ型が出現し，住生活関連用品を幅広く取扱いするようになっている。

オ　スーパーセンターは，カルフールが開発したハイパーマーケットを起源として，ＥＤＬＰという価格政策を実行している。

解答欄	ア	イ	ウ	エ	オ

第６問　次の文章は，チェーンストアの組織づくりについて述べている。正しいものには１を，誤っているものには２を，解答欄に記入しなさい。

ア　業務の専門化を行うことによって，専門知識を習得することができ，担当者の業務遂行の効率化が向上する。

イ　責任と権限の明確化については，店舗の管理者に多くの権限が与えられている。

ウ　命令系統の統一化により，管理者と従業員との良好な関係を形成することができる。

エ　管理・調整範囲の確定については，店舗運営の方法の標準化により，従業員を管理・調整する範囲を拡大することができる。

オ　店舗運営責任の決定については，異なる業務領域に責任を持つ複数の管理者を養成する必要がある。

解答欄	ア	イ	ウ	エ	オ

第7問　次の文章は，消費生活協同組合について述べている。文中の〔　　〕の部分に，下記に示すア～オのそれぞれの語群から最も適当なものを選んで，解答欄にその番号を記入しなさい。

生協事業の1つの柱である〔　ア　〕事業は，近所に住む組合員同士が数世帯で〔　イ　〕をつくり，生協から〔　ウ　〕をする仕組みである。しかし近年では，社会や生協組合員の〔　エ　〕の変化とともに**ア**の利用状況は大きく変貌してきている。それに代わって事業を牽引しているのが，〔　オ　〕事業である。**オ**は，生協の利用を広げる新しい業態として登場した。

【語群】

ア〔1．地縁購入　2．共同購入　3．社会貢献　4．地域購入〕

イ〔1．班　2．地区会　3．ＮＰＯ法人　4．ボランティア団体〕

ウ〔1．割引買い　2．まとめ買い　3．単品購入　4．会員購入〕

エ〔1．年齢層　2．暮らし　3．競合　4．年収〕

オ〔1．店舗展開　2．個配　3．チェーン展開　4．介護〕

解答欄	ア	イ	ウ	エ	オ

1　小売業の類型

〔解答・解説〕

第1問

【2－2－1－1－1】

流通業の役割における二つの原理，生産と消費の間における三つのフローとしての商流・物流・情報流，また小売業態変化に関する二つの理論仮説の説明である。アとイは，説明が逆である。

第2問

【4－2－1－3－2】

ボランタリーチェーンは，自発的連鎖店または任意連鎖店などと呼ばれ，意欲的な独立系小売業の結合による経済的地位の向上，強力なチェーン本部の組織化・支援による加盟店の繁栄，地域社会および世界への貢献を基本理念としている。

第3問

【2－1－1－1－2】

フランチャイズとは，フランチャイザーがフランチャイジーとの間に契約を結び，同一のイメージのもとに各種経営ノウハウを利用する権利を与え，一方その見返りとして一定の対価を得る継続的関係を持つシステムである。アは，フランチャイザーのほうが強くなりがちである。オは，レギュラーチェーンの説明である。

第4問

【3－1－2－3－4】

スーパーマーケットは，地域密着力が使命となっており，生鮮食料品と惣菜・日配商品を強化している。最近ではメニュー提案やミールソリューション

（食料品の問題解決）などに取り組んでおり，プライベートブランド商品の開発強化を行っている。また，食の安全策として，トレーサビリティなどによる生産から販売までの一貫した管理体制の構築，そして地産地消として地元の生産品は地元で消費するという動きにも対応してきている。

第５問

【１－１－１－１－２】

オは，アメリカのウォルマート・ストアーズが開発したスーパーセンターに由来する。それぞれの小売業の基本事項とともに，今日的な動向についても理解をすることが重要である。実際に店舗見学をして確認をするとよい。

第６問

【１－２－１－１－１】

チェーンストアは，経営上の各資産を効果的に活用し，売上や利益などの経営目標を達成することを目的としている。規格化やシステム化によって運営されるため，従業員の管理と指導・養成していくための組織体制づくりが望まれる。イは，多くの業務は本部に権限が与えられているため，各資源を有効的に活用することが難しい。

第７問

【２－１－２－２－２】

生協は，他のチェーンストア企業と異なり，組合員のための非営利組織である。生協の運営上の特性は，みんなで出資，みんなで利用，みんなで運営である。各種小売業とは違う独自の存在意義や特性があることを理解することが重要である。

2

マーチャンダイジング

第1章 マーチャンダイジングの戦略的展開

1　変革するマーチャンダイジングの概念

(1)　マーチャンダイジングの意味

マーチャンダイジングは，顧客の欲求や欲望する商品を，適切な数量で，適切な価格で，適切なタイミングで提供するための諸活動を意味しており，商品計画や商品化政策などと呼ばれます。

メーカーの製造段階では製品（プロダクト）と呼ばれても，小売業で扱う段階では‘商品（マーチャンダイズ）’と呼ばれます。よって，マーチャンダイジングという概念は，小売業の経営において適用されることになります。

(2)　マーチャンダイジングの定義

① 定義改定のポイント

マーチャンダイジングの定義は，全米マーケティング協会（AMA）によって，時代とともに改定されてきています。

2008年には，「インストア・ディスプレイを展開するメーカーの販促活動，および小売業における商品（アイテム）と商品ラインの明確化」と定義が改定されました。

② 定義改定の要点

マーチャンダイジングの対象は，小売業だけではなくメーカーにも適用され，小売業とメーカーが共同して行う活動であるという方向性が示唆されています。

そして，アイテムとライン（品群）という複数のレベルがあるという主張も目新しい点ですが，今日注目される小売業では，ラインをクラス（品種）単位に細分化し，深さをアイテム単位で構成して商品管理を行うという，マーチャンダイジングに変革してきています。

2 マーチャンダイジング・サイクルにおける構成要素と経営管理

2－1 チェーンストア本部の業務

① 商品計画の策定

商品を「フロアゾーニング（品群構成）→フロアレイアウト（品種構成）→シェルフマネジメント（品目構成）→フェイシング（単品構成）」と細分化します。

② 販売計画の策定

1年を52週に分け，週間単位の販売計画を立てます。年間販売計画から，前期・後期，四季（四半期），1か月，1週間の計画を立案します。

③ 仕入計画の策定

商品，数量，時期，仕入先，価格，方法の六つの要素を決定します。

④ 仕 入 交 渉

商品担当者は，市場シェア1位か2位のメーカーから，販売動向，成長性，仕入対象アイテムの位置づけ，マーケティングの展開内容などについて説明を受けます。

⑤ 仕入にかかわる業務

目標達成奨励金（リベート），アローワンス（販売促進費）などの取引条件の交渉を行います。

⑥　値入，価格の設定

市場を綿密に分析し，競争店との差別化の度合いを解明することで，販売計画に沿った販売可能性が高い価格帯を把握します。

⑦　棚割，販売促進の企画の作成

棚割りの巧拙は売上を左右しますので，極めて重要なスペースマネジメントとなります。固定的，定番的な内容に終始させず，旬の提案や地域需要の創出などを目的として企画します。販売促進では，地域に潜在する購買需要をカテゴリーごとに掘り起こすことが重要になります。

⑧　店舗への商品の送込み

ディストリビュータの役割でもあり，各店舗の環境や特性を考慮した上で，店舗ごとに最適な品ぞろえを行うことが求められます。

＜ディストリビュータ＞

カテゴリーごとの商品を，いつ，どの店舗に，どのくらい供給するかを設定する専門家です。他にも，ある店舗の死筋商品を他のどの店舗に移送すべきかなども設定します。

2－2　店舗の業務

⑨　荷受，検品

作業コストがかかるため，効率的物流システムを導入していく必要性が高まっています。また，仕入先企業との間に自動補充発注システムを構築することで，ノー検品，ノンストップという検収（検品と保管）体制を確立することも求められています。

⑩　保管，値付

入荷後すぐに売り場に出してディスプレイすることが望まれますが，一時的に保管する商品も多々あります。これらにも在庫コスト（金利や保管費）がかかっていることを忘れてはいけません。また，値付け作業にもコストは生じます。

⑪ ディスプレイ，売価変更

見やすく，選びやすく，手に取りやすいディスプレイパターンの採用が求められます。鮮度劣化の早い生鮮食品などは，値下げによって効率的な販売を実現するようにします。

⑫ 商品管理

在庫量や回転率は販売計画に影響を受けます。他方，それらの結果を計画立案プロセスにフィードバックすることが肝心です。

⑬ 補充発注

発注量や時期などの仮説を立て，実践しながら差異を修正していきます。

第2章

商品計画の戦略的立案

1 カテゴリー別の商品計画の立案

1－1 業績，活動などの分析ならびに評価

① 過去の活動内容と実績の評価

過去にさかのぼって，以下のような計画に対する実績を分析・評価し，次期に生かすことが商品計画の基本的業務となります。

- 過去数年間の販売計画および販売実績（目標達成度合い）はどうか
- 目標達成度はどの程度伸縮しているか
- 業界と比較して，自社の実績はどの程度伸縮しているか
- 自社の市場シェアはどの程度伸縮しているか
- 過去数年間の趨勢として，商品への顧客の反応はどう変化しているか
- 単価，店舗当たり営業利益率，１人当たり販売効率などはどう変化しているか
- ＰＬＣ（プロダクト・ライフサイクル）と商品構成比の変化はどうなっているか

② 現況の分析

以下のような商品販売を巡る環境変化に影響される動向を分析し，適切に

データを加工して商品計画に組み入れることが重要となります。

・　社会・経済情勢はどう変化していくか
・　小売業を取り巻く経営環境はどう変わっていくか
・　顧客の期待はどのようなもので，どのような購買行動をとるだろうか
・　メーカーはどのような新製品を発売するか
・　ライバル店はどのような戦略を打ち出してくるか

③　目標の予測

過去や現在の延長線上で商品計画を立ててはいけません。以下のような視点で，売上高，粗利益高，営業利益率などの予測を高める取組みが必要です。

・　目標を予測する能力の評価
・　商品構成の能力の評価
・　販売能力の評価
・　費用や予算を適切に計上する能力の評価
・　販売促進策の企画・立案・展開能力の評価
・　人材を活用する能力の評価
・　売り場づくりの能力の評価

1－2　商品計画作成における重点的目標の設定

過去の実績や評価を行い，今期の改善事項を抽出し，次の重点的目標を設定します。

・　品種構成の拡大および品目構成の縮小（絞り込み）による売上高の増加
・　品種構成の縮小（絞り込み）および品目構成の拡大による粗利益率の増加

上記のような重点的目標に対しては，以下のような視点で取り組むことになります。

・　売上高増加のためには，商品計画のどの箇所をどう改善するか
・　粗利益率を向上させるためには，商品計画のどの箇所をどう改善するか
・　商品回転率の向上を重点的目標とする場合，品ぞろえはどう改善するか

- 付加価値を高めるための販売促進活動は，どう行うべきか
- 販売員の能力（推奨能力や商品知識）をどうやって引き上げるか
- 異業態に対する競争にどう取り組むか
- 顧客管理システムをどう活用するか

1－3　商品計画の作成

カテゴリー別の商品計画では，以下の六つの方針を明記することが肝心です。

(1)　品揃えの幅（品種）と深さ（品目）との均衡

①　品種構成の確立

品種構成とは，「商品のカテゴリーをどこまで拡大するか（水平化）」という意味であり，例えば「冷蔵庫」と「洗濯機」を取り扱っている店舗が，「エアコン」も取り扱うか否かということになります。

②　品目構成の確立

品目構成とは，設定した品種ごとの１つひとつの品目（アイテム）数をどこまで拡大するか（垂直化）」という意味であり，例えば「冷蔵庫」の場合は，その種類（ブランドや価格ランク）をどこまで増やすかということになります。

(2)　定番商品と提案型商品との均衡

一般的な小売店では，定番商品の構成比率が高く，顧客に継続的に購入してもらえるような仕組みを構築しています。他方，流行商品など提案商品は売れ残りの危険性があるため，より専門的な販売方法が求められます。

(3)　商品カテゴリー別販売方法の明記

小売店経営では，販売が一部の商品に偏ることのないように，平均的・継続的に売り続けられる仕組みを作ることが大切です。よって，需要と供給の適合度を常に把握しておく必要があります。

(4)　収益性の向上

商品計画の核心的目標は利益確保であり，財務計画の記載は欠かせません。マーチャンダイジングの成否はＲＯＩ（当期純利益÷総投資額）で判定可能で

あり，部門別やカテゴリー別に計算して判定することが望ましいといえます。

＜ＲＯＩ＞

Return On Investmentの略であり，投資（Investment）の成果（Return）を図る経営指標です。投資とは，その事業全体に投下した資本であり，具体的には借入金や社債などの他人資本（＝負債）と，資本金や内部留保などの自己資本（＝純資産）の合計額です。財務諸表でいうと，貸借対照表の貸方合計額となります。成果としてのリターンは，本文では当期純利益としていますが，経常利益や営業利益で計算する場合もあります。

(5)　カテゴリーにおける役割の明確化

効率的な販売に寄与させるため，カテゴリーに次のような役割を持たせます。

- 収益性を高めるとともに，小売店の特長を明示する主力商品……推奨販売の強化
- 定期的な来店を促すための，小売店の顔としての継続的商品……売場づくりの強化
- 特定時期に重点的に販売し，売上と利益を上げる時期的商品……提案型販売の強化
- 顧客の購買単価を引き上げるための利便的商品……関連販売の強化（クロスマーチャンダイジングやコーディネート陳列）

1－4　商品計画を実行に移す各手段の決定

商品計画立案上の基本的業務以外に，次のような留意点があります。

(1)　商品計画立案上の留意点

①　カテゴリー別の売場配置

カテゴリー別売場構成は，次のように場所とスペースを重視します。

- 一等地の配置：成長期にあり，利益面に大きく貢献するカテゴリー
- 三等地の配置：利益にあまり貢献しないカテゴリー
- 最大スペース：ライバルとの競争上，優位性を得られるカテゴリー

・　最小スペース：補完的なカテゴリーであり，見せ筋商品など

② 月別売上指数の決定

月別にカテゴリー単位の商品改廃計画を盛り込むようにします。

③ 販売促進策の概要と実施時期の決定

・　カテゴリー別プロモーションの概要（時期や予算）を決定する

・　チラシやDM広告におけるプロモーションテーマ，時期や予算を決定する

・　メーカーのプロモーションの概要（時期や予算）を把握・活用する

・　地域イベントの概要（時期や予算）を把握・活用する

④ 売場づくりの概要の決定

ビジュアルマーチャンダイジング（VMD）の概要を決定します。

1－5　商品計画に基づく仕入計画や販売計画の策定および販売

カテゴリーごとの商品計画を，マーチャンダイジング・サイクルに従って実行します。

1－6　結果の分析と調整

結果を次年度に反映させるために，次のような方針を明確にしておきます。

・　営業数値の分析：昨年対比の売上高，粗利益率（高），交差比率，㎡当たり売上高など

・　品ぞろえの分析：計画との比較，重点商品の売れ行き，価格政策，欠品状況など

・　売り場づくり，プロモーションの分析：ディスプレイ，什器，時期の適切さなど

・　その他の分析：業界比較，仕入先比較，競争店比較など

1－7　商品計画の作成

(1)　商品分類を明確化する

商品カテゴリーごとに商品を分類する場合，一般用医薬品などという広いカテゴリーではなく，風邪薬，胃薬，頭痛薬というような中分類で分けて実績を把握するようにします。

(2)　商品計画における目標の立て方

小売業は，商品計画における目標設定について，次の計算表を作成する必要があります。

図表2－2－1　　事例1　売上高計算表

（売上高前年比109.7％の計画の場合）

中分類	小分類	差　益 実　績 （％）	前　年 売上高 実　績	構成比 （％）	今年の 計　画	構成比 （％）	前年比 （％）	前年比 増　減 （％）
○○	A商品	28.3	700	42.4	650	35.9	92.9[※2]	▲7.1[※4]
	B商品	28.0	200	12.1	400	22.1	200.0	＋100.0
	C商品	31.0	150	9.1	160	8.8	106.7	＋6.7
	D商品	23.1	600	36.4	600	33.2	100.0	±0.0
合　計		26.6[※1]	1,650	100.0	1,810	100.0	109.7[※3]	＋9.7[※5]

※1　(700×28.3％＋200×28％＋150×31％＋600×231％)÷1,650＝26.6％

※2　650÷700＝92.9％

※3　1,810÷1,650＝109.7％

※4　$\frac{650-700}{700}=-7.1\%$

※5　$\frac{1,810-1,650}{1,650}=9.7\%$

事例1は，売上高の目標設定のための計算表です。B商品の売上高伸び率を最大としているのは，過去の実績から対前年比200％も達成可能という判断によるものです。実現するために，売場づくりやディスプレイ，プロモーションや社内勉強会などの具体策を講じることになります。

図表2－2－2　　事例2　粗利益高計算表

（売上高前年比109.7%で粗利益高同115%の案）

中分類	小分類	前年粗利益率	前年粗利益高	要請粗利益高	前年比（%）	要請粗利益率予算（%）	粗利益高増減率（%）
○○	A商品	28.3	198.10	198.10	100	30.48[※2]	±0.0
	B商品	28.0	56.00	112.00	200	28.00	＋100.0
	C商品	31.0	46.50	53.00	114	33.13	＋14.0
	D商品	23.1	138.60	141.98	102	23.66[※3]	＋2.4[※5]
合　計		26.6	439.20	505.08	115[※1]	27.90[※4]	＋15.0

※1　505.08÷439.20＝115%

※2　198.1÷650＝30.48%

※3　141.98÷600＝23.66%

※4　505.08÷1,810＝27.9%

※4　（141.98－138.6）÷138.6＝2.4%

事例2は，粗利益高計算表であり，事例1の表と合わせて，次のような方針にもとづいて作成されたものです。

i）A商品とC商品……売上高はあまり期待しておらず，その代わり粗利益率を上げる工夫が必要である。具体的には，仕入先企業のと価格交渉が重要になる。

ii）B商品とD商品……売上高確保のための商品としての位置づけ。商品手配の方法，仕入先の再検討，アイテム数や品ぞろえの妥当性，プロモーション計画やディスプレイの適切性が重要となる。

2　商品構成の原理原則

小売業が顧客ニーズに応えるためには，顧客のライフスタイルにもとづいて仕入方針を決定し，テーマにもともとづいた商品分類（商品構成）を行い，売場を編成していくことが必要です。これら一連の流れをライフスタイルアソートメントと呼びます。アソートメント(商品の組み合わせや編集)の巧拙によって，小売店の成否が決まるといっても過言ではありません。

２－１　商品構成の原則

①　分類基準をパーセンテージで考える

金額単位での商品配分を判断することは困難です。よって，以下のような手順でパーセンテージによる商品構成を考えるようにします。

ⅰ）分類されたグループごとに100％と設定する

ⅱ）パーセンテージで商品構成を検討する

ⅲ）商品構成計画はパーセンテージで作成する

ⅳ）計画数量を割り当てて，最後に金額を記載する

２－２　商品分類の概念

(1)　商品分類の方法

小売業の業種・業態によって商品分類のやり方は変わってきますが，一般的には大分類から中，小，細分類，最終的にＳＫＵとなります。

図表２－２－３　ＧＭＳにおける基本的商品構成（分類基準）

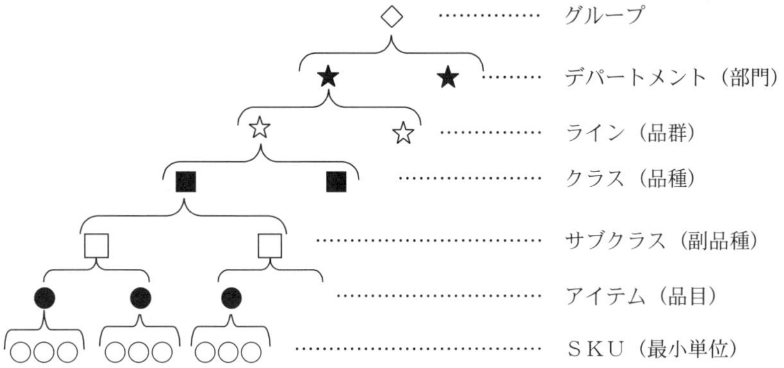

①　グ ル ー プ

最も大きく分類した単位であり，衣食住の３分類などが該当します。

② デパートメント

グループを細分化した単位であり，例えば衣料品グループなら紳士用品や婦人用品など，食料品グループでは精肉・青果・鮮魚などの区分となります。売場の設計段階での区分であり，仕入担当者が通常使う単位としては適切ではありません。

③ ラ イ ン

デパートメントを機能別などの基準で細分化した単位であり，婦人用品ではブラウスや婦人靴などとなります。

④ ク ラ ス

ラインを，顧客が選別できるような基準で細分化した単位です。例えばブラウスなら，半袖か長袖か，カジュアルかフォーマルかなどとなります。

⑤ サブクラス

クラスを，共通の品種として細分化した単位です。フォーマルのブラウスであれば，素材別や色別という区分になります。

⑥ ア イ テ ム

サブクラスを，明確に区別できるように細分化した単位です。フォーマルでブルーのブラウスでも，例えば価格帯によってアイテムを複数設定することになります。

⑦ ＳＫＵ（Ｓtock Keeping Unit：単品）

１品１品を指し，これ以上細分化できない単位です。顧客が購入する単位となります。

(2) 商品分類の実施手順

商品のディスプレイでは，大・中・小分類へと細分化した上で，棚に陳列することになります。加工食品を例に考えると，次のようになります。

① デパートメント（部門）スペースの決定

地域の需要を検討し，加工食品部門に対するゴンドラ什器（900㎜幅）の数を決定します。

② ライン（品群）スペースの決定

決定した部門スペースの中で，例えば調味料というラインのスペースを決定します。

③ クラス（品種）スペースの決定

ラインの中に設定するクラス（商品群）を決めます。例えば，ソースやマヨネーズというクラスになります。ちなみに，ここでいうクラス単位が，カテゴリーマネジメントにおける「カテゴリー設定」となります。

④ サブクラス（副品種）の分類決定

例えばソースであれば，ウスターソース，中濃ソース，濃厚ソースなどという基準によって，サブクラスを決定します。

⑤ アイテム（品目）の決定

サブクラスの分類から，アイテムを決めます。

⑥ ＳＫＵ（単品）の決定

アイテムの中から，売れ筋の予測等を考慮して，内容量，サイズ，カラーなどによってＳＫＵを決定します。

2－3　商品構成における商品分類の方法

商品分類の方法には，生産（ブランド）体系型商品分類と生活（シーン）体系型商品分類という二つがあります。

(1) 生産（ブランド）体系型商品分類

従来の小売業で主に用いられてきた商品部類です。具体的には，メーカー別に分ける大分類，そのメーカーのブランド別に分ける中分類，そのブランド内における商品の用途別で分ける小分類というような分類方法です。

この場合には，同じ機能や用途を持つ商品でも，メーカーが違えば売場も違うということになってきます。そのため，「機能」を商品選定基準とする顧客にとっては買いづらくなり，どちらかというと商品供給サイドの都合を優先した分類方法となります。

(2) 生活（シーン）体系型商品分類

商品を用途別に分類していく方法です。シャンプーを例にすると，メーカーやブランドにこだわらず，大分類で「ヘアケア」，中分類で「ヘアシャンプー」，小分類で「サラサラ髪」というように分類することになります。

ＧＭＳやＨＣなどでは，例えば手袋の場合，炊事用は台所用品売場，防寒用は衣料品売場，大工用はＤＩＹ用品売場，掃除用は家庭用品売場，ファッション用はファッションウエア売場，スポーツ用はスポーツ用品売場，医療用は衛生用品売場というように，いくつかの売場に分けてディスプレイされています。

ただし，百貨店で見られるようなブランド別のショップ展開においては，生産（ブランド）体系型の商品分類によって，同一ブランドの品種をまとめることになります。

2－4　商品分類の変革方向

商品分類の方法は，小売業ごとに異なりますが，一般的には大分類から中分類，小分類，ＳＫＵという流れになります。

(1) 商品カテゴリーから需要カテゴリーへの創出へ

近年では，用途や効用などを重視した新しいカテゴリーのくくり方として，「クラス」をさらに大・中・小に分類する考え方が注目されています。これは，メーカー側の視点に立ったものではなく，消費者側の視点に立った分類であり，需要カテゴリーと呼ばれます。

需要カテゴリーでは，特にサブクラスの分類基準が重要となり，それによって取扱商品や売場のイメージも変わってくることになります。

(2) 戦略的サブクラス（副品種）の設定

消費者が買いやすい売場とは，サブクラスのカテゴリー分類の適切さや明確さに左右されます。適切なサブクラスのくくり方は時代とともに変化するので，それに対応した需要創造型の商品分類基準や商品化政策を有することが小売店にとって重要となります。

第3章

販売計画の戦略的立案

1　販売計画の立案から販売管理までの概要と作業体系（フロー）

小売業の販売計画の立案から販売管理までのフローは，次のような流れとなります。

(1)　自社の販売実績の分析と当該業界の動向分析

①　販売実績の分析

ＰＯＳデータや売上管理諸表をもとに，時系列分析などの方法で，店舗別やカテゴリー別の販売動向，営業活動の成果などを分析し，問題を見出します。

②　業界動向の分析

小売業を取り巻く環境要因等について実態を明らかにします。

(2)　販 売 予 測

カテゴリー（特定市場）ごとに市場需要の変化を予測し，自己の商圏内の購買需要の比率を算出します。他方，店舗単位や売場単位の実績から今後の予測を行います。両者の接点から販売目標を予測し，全体的な販売目標との合致を検証します。

(3)　販売計画の作成

(1)と(2)に，財務面の検証を加えて全体の販売目標を決定し，カテゴリーごとの販売目標と管理・統制する基準までを明確に決定します。

(4)　販売計画の戦略的展開

販売計画は，マーチャンダイジング計画に準じて週単位での計画化をします。週単位での販売活動の主たる業務には，死に筋アイテムの発見と適正商品の販売，祝日や地域行事への対応，陳列の変更，売れ筋アイテムの追加発注などがあります。

また，各担当者・商品別・販売方法別の視点で週間販売計画を実行します。重視すべきポイントは，来店客数，販売数量，単価，売上高，顧客単価，粗利益額（率），週間目標数値，その達成率，投入総労働時間，１時間当たりの売上高や粗利益高などです。

(5)　販売活動の管理

販売活動の指揮と統制では，目標管理の方法などを用い，最も望ましい具体策（５Ｗ１Ｈ）を決定します。管理者は，販売員が適切な行動をとるよう監督・指導するようにします。

(6)　販売業績の管理

ＰＯＳシステムによる単品レベルでの商品情報把握が必要です。留意すべき点は，金額ではなく数量による単品管理を行うこと，リアルタイムの情報を活用すること，品種やカテゴリー，クラスなどのくくりで販売情報を活用すること，商品ロス情報を時系列で分析すること，時間帯別・価格帯別の販売情報に注目し活用することなどとなります。

2　カテゴリー別販売管理方法

(1)　カテゴリーマネジメントの基本的原則

カテゴリーマネジメントとは，「消費者へ価値を提供しながら，経営効率を高めるためにカテゴリーを一つの戦略的事業単位ととらえ，小売業がメーカーなどの協力を得ながら当該カテゴリーの最適化を求めて販売および管理していくプロセスである」とされています。

ここでは，カテゴリーは一つの戦略的事業単位であり，戦略的ビジネスプランにもとづいた運営がなされるべきであること，カテゴリーマネジメントはプロセスでありプロジェクトではないこと，店舗レベルで実行されて実績が上がること，製配販三層が協力し合うことで相乗効果が発揮されることが明示されています。

(2)　カテゴリーマネジメントの意義

カテゴリーマネジメントとは，顧客ニーズを汲み取った商品カテゴリー（クラス単位）ごとの戦略を構築して実行する手法です。

例えば，胃薬というくくり方だけでなく，「モタレ解消」，「胸焼け対策」，「消化不良改善」というようなグルーピングをサブカテゴリーとして設定して，忘年会シーズンなどや休日明けなど時期という切り口などで，適切なプロモーションを実施することになります。

切り口の前提は，標的顧客の属性となります。同様に胃薬の場合には，標的顧客が若年層（飲み過ぎや食べ過ぎが多め）か高齢層（慢性的要因が多め）かによって，サブカテゴリーのくくり方は変わってきます。

(3)　カテゴリーマネジメントの取組み方

手順は，次の通りです。

①　標的顧客（メインターゲット）の設定

自店の顧客としてふさわしいターゲットを明確にします。

②　カテゴリーの定義と役割の設定

顧客ニーズに合致したカテゴリーを設定します。

③　購買促進企画の作成

カテゴリーごとに，いかなる購買促進を実施するか，年間の利益をどれだけ確保するかを検討します。

④　サプライヤーとのパートナーリング

カテゴリーキャプテン（カテゴリーごとの主力メーカー）を設定し，一緒になってカテゴリープランや棚割などを検討します。

⑤　業績の評価と分析

評価と分析により，売上と利益の拡大に貢献させます。ここでは，「なぜ売れたのか，売れなかったのか」という原因の分析が重要です。

＜カテゴリーマネジメント（Category Management）＞

自社の経営戦略や目標達成のために，特定の商品カテゴリーを一つの単位として，顧客にアピールしていくための販売促進施策です。例えば，パスタ料理を商品カテゴリー単位とするなら，パスタ，缶入りミートソース，粉チーズなどをひとまとめに特定の棚に陳列して顧客に訴求します。まとめ買いによる顧客単価の増大，買い忘れ防止，関連商品の購買にも結び付けようとすることが目的です。

カテゴリー内の商品構成は極めて重要であり，日々仮説と実証によって，成果拡大を狙うことが必要です。カテゴリー単位ごとに目標の収益を得られるようになれば，小売業全体としての目標達成につながっていくことになるため，顧客の消費動向を見極めながら，商品構成を綿密に設計することが成否を分けることになります。

3　予算編成および利益計画の概要

3－1　予算の概要

(1)　予算の意義

予算には，売上予算や販売経費予算があります。予算は，抽象論や希望的観測ではなく，目標利益を得るための実行計画として，有機的に経営管理面と関連付ける必要があります。

(2)　予算管理の機能

予算管理とは，当該期間における目標利益達成のための貨幣的指針であり，利益管理のための技法を意味します。

① 計画機能

予算は，経営目標を具体化するための計画設定の役割を持ちます。

② 調整機能

社内各部門の調整（垂直・水平調整）により，一つの体系に構成します。

③ 統制機能

予算と実績の差異分析により，改善措置に貢献します。

(3)　予算の逆機能と組織の硬直化

① 予算の逆機能

ある部門において，市場の変化等で販売額が大きくなった場合は，次期の予算拡大を懸念して，販売努力を抑制するというような傾向を意味します。

② 予算編成の強化による組織の硬直化

予算編成の強化によって費用が増加傾向になり，新規事業や設備投資に経営資源が配分されないといった組織の硬直化を招くことがあります。すると，長期的視点による適正な意思決定が排除される可能性も生じます。

3－2　予算編成と予算統制

(1)　予算の種類と体系

① 経常予算と資本予算

大きく二つに区分されます。

a）経常予算

毎期繰り返される経常的な活動についての予算であり，損益予算と資金予算に区別されます。

・　損益予算……収益と費用の予算であり，損益計算書の項目に関連します。

・　資金予算……運転資金や現金勘定の予算であり，短期の財務予算となります。

b）資 本 予 算

長期的視点による中長期経営計画に基づく予算です。具体的には，研究開発予算，設備投資に関する予算などとなります。

②　予算の合理的運用

全社的視点から部門予算を調整し，適切な総合予算の体系を確立するようにします。

③　見積損益計算書と見積貸借対照表

売上高，仕入原価，販売費，一般管理費，営業外損益などの見積りをもとに，見積損益計算書が作成されます。なお，見積貸借対照表では，長期・短期の財務予算を反映させて作成されます。

(2)　予算編成の方式

①　トップダウン方式

経営トップ層の設定した目標を，各部門の活動を査定しながら一方的に強制する方式です。現場，つまり各部門においては，予算達成の動機付けが高まりづらいというデメリットがあります。

②　ボトムアップ（積上）方式

各部門が自主的に算出した予算を統合して予算を編成しようとする方式です。企業としての目的志向が表れづらく，また現状維持の傾向が強くなり，総じてバランスを欠いた予算になりやすいというデメリットがあります。

③　折 衷 方 式

トップの総合的な方針の提示と，これにもとづいた各部門の自主的な作成予算を合わせ，全社的な調整を加えて予算を確定させる方式です。経営層の意向と各部門の動機付けが両立しやすい方法です。

④　最近の傾向

経営戦略の策定と確実な実行が重要視される昨今では，折衷方式ではあるものの，トップダウン方式にウェイトをおいた方法が増加しています。

(3) 予算編成における留意点

- 経営戦略や経営方針を十分反映したものになっているか
- 経営環境が変化した場合に柔軟に対応できるか
- 科学的な手法が活用されたものになっているか
- 権限と責任の関係が明確になった予算であるか
- 予算編成能力をレベルアップさせるように配慮されているか
- 現場の各部門への動機付けは十分か

(4) 経常予算の編成方法

一般的には売上高の予算を中心に編成し，それをもとに仕入予算，営業費予算，資金予算を作成していきます。

① 売上高予算の編成方法

販売分析，市場分析，経済予測を経て，売上高予算の収益性を把握した上で，販売割当を行うという流れになります。

② 売上高予算から仕入予算を編成

a）売上高予算と期末に残すべき在庫数を鑑み，商品仕入数を決定します。

b）標準的な仕入単価を乗じ，当期の仕入予算を算出します。

③ 売上高予算から営業費予算を編成

まず，過去の営業費予算を変動費と固定費に分解します。売上高に対する変動費の割合（変動費比率）を求め，今期の変化を考慮した上で，売上高予算に乗じることで営業費中の変動費予算とします。固定費は，物価の上昇や経営方針にもとづく要因を加減して決定します。

④ 売上高予算から資金予算を編成

売上を，現金売上，掛売上，手形売上に区分します。これらをもとに平均回収日数から月別の入金予算を求めます。出金予算は，仕入予算や営業費予算から月別に求めます。これらに営業外収支，資本予算，借入・返済という各予算を合計することで資金予算を設定します。

(5)　予算統制と差異分析

① 予 算 統 制

予算統制は，経営活動実行途中の段階で，予算の計画どおりに進行しているかを確認し，計画に近づけるように働きかける活動を意味します。

予算と実績の差異を把握する技法に予算差異分析があります。例えば，売上高の差異を求める場合には，数量が減ったのか，値引で予定単価が低下したのかというように，差異要因を価格要因と数量要因に区分して分析する手法です。

② 差 異 分 析

a）販売価格差異（価格要因）

価格の変動が売上高や原価にどの程度影響を与えたかを分析します。売上高の販売価格差異は，以下のように求められます。

「販売価格差異＝(実際販売価格－予算販売価格)×実際販売数量」

販売価格差異の原因には，価格競争の激化，品質低下による値引販売，流通チャネル選定のミス，割引政策の不適切さなどがあげられます。

b）販売数量差異（数量要因）

数量の変動が売上高や原価にどの程度影響を与えたかを分析します。売上高の販売価格差異は，以下のように求められます。

「販売数量差異＝予算販売価格×(実際販売数量－予算販売数量)」

販売数量差異の原因には，需要の低迷，ライフサイクルが衰退期に入った，広告宣伝など販売促進の不適切さ，販売能力の不足などがあげられます。

3－3　利益計画の概要

(1)　目標利益を求める必要性

利益目標の算出が，予算編成で最も重要となります。企業は，適正な利益を継続的に確保しなくては経営の存続が危ぶまれます。

目標利益は，次のように捉えます。

目標利益＝売上高予算－許容費用

売上高予算－目標利益＝許容費用

(2) 損益分岐点分析

損益が0となる売上高を損益分岐点と呼びます。つまり，「売上高＝費用」となるような売上高のことです。また，費用は固定費と変動費に区分されるため，「損益分岐点売上高＝固定費＋変動費」となります。

損益分岐点売上高の算出式は，以下の通りです。

$$損益分岐点(P)=\frac{固定費(F)}{1-\frac{変動費(V)}{売上高(S)}}$$

それぞれの用語について解説します。

① 固 定 費

売上高（数量）の増減にかかわらず発生する費用です。店舗の賃借料，給料としての人件費，光熱費等が該当します。

② 変 動 費

売上（数量）の増減に伴って発生する費用です。売上原価は，代表的な変動費です。また，販売費としての広告宣伝費も変動費として捉えます。

売上高から変動費を差し引いた部分を限界利益と呼びます（必ずかかってくる固定費をどこまでまかなえるかという額）。

限界利益＝売上高(S)－変動費(V)

限界利益率(%)＝1－変動費率

＝{1－(変動費(V)÷売上高(V))}×100%

③ 固定費と変動費の区分の問題

変動費と固定費の区分が難しい場合があります。大切なことは，このような区分をあらかじめ一定の基準として決めておき，毎期同じ基準で継続して損益分岐点売上高を求めることです。つまり，毎期の結果を検討材料として改善に役立てていくことが重要となります。

④　損益分岐点の求め方

@¥60で仕入れて，@¥100で売るというケースで確認します。

$$変動費率(\%)=\frac{変動費}{売上高}$$

※　このケースにおける変動費率は，$\frac{¥60}{¥100}=60\%$となります。

$$損益分岐点売上高=\frac{固定費}{1-変動費率}$$

※　このケースで，固定費が800万円かかるなら，損益分岐点の売上高は，800万円÷（1－0.6）＝2,000万円となります（検証：2,000万円を販売し，その60％の1,200万円は仕入代として支払う。残りは800万円となり，ちょうど固定費を賄える）。

⑤　目標売上高の求め方

目標とする売上高は，固定費と目標利益の合計額が限界利益と一致するようなレベルです。よって，固定費と目標利益の合計額を限界利益率で割ることで求められます。

＜限界利益＞

変動費は，売上が生じたら必ずかかる費用であり，固定費は，売上高から変動費を差し引いた部分でまかなうことになります。この「売上－変動費」が限界利益であり，固定費の回収に貢献する利益という意味から，「貢献利益」とも呼ばれます。

第4章

仕入計画の策定と仕入活動の戦略的展開

1 仕入計画の策定

1－1 仕入計画策定上の要素

小売業の仕入活動は，消費者の購買のために行われます。よって，「適正な商品を，適正な場所で，適正な時期に，適正な数量を，適正な価格で，適正な方法で」販売することが前提となります。

(1) 仕入商品選定の要素

仕入れるべき商品の品ぞろえでは，従来の販売実績を分析して，売れ筋商品や利益貢献度の高い商品を把握しておくことが重要です。商圏内の顧客の生活実態を把握しつつ，顕在的な欲求だけでなく潜在的な欲求も知っておくべきです。また，商品の種類を増やせば多くの顧客ニーズに対応できますが，商品回転率が低くなる可能性があります。逆に，高回転商品だけの品ぞろえでは，顧客の多様なニーズを充足し切れなくなります。

(2) 仕入数量決定の要素

年間・月間の販売計画にもとづき，いつ，どこから，どれだけの数量をどの方法で仕入れるべきかを決定します。1回当たりの仕入数量は，一定期間における仕入回数と関係します。

(3)　仕入時期選定の要素

季節商品は需要期に先駆けて仕入れることが必要で，流行商品はその商品のライフサイクルに適応した仕入を行うことが肝心です。

(4)　仕入価格設定の要素

仕入価格は，数量，時期，取引条件などと関連します。さらに，販売時のプライスゾーンとプライスラインも考慮する必要があります。なお，仕入価格には，引取運賃，荷役費，手数料，保険料などの仕入費用が加わります。

1－2　仕入計画の策定に必要な各種調査

①　商圏内の主たる顧客層の需要動向調査

・　トラフィックカウンツ

通行量調査であり，仕入・販売の数量調整に役立ちます。

・　ファッションカウンツ

流行性調査であり，やはり数量調整に反映させます。

・　コンシューマパネル

消費者調査であり，多数の消費者から情報を得ます。

②　市 況 調 査

2次資料を用いて常に把握しておき，競争者の状況と合わせて，自店の売上高実績を正しく評価することが重要です。

③　新仕入先企業の調査

業界団体に紹介を依頼したり,展示会や見本市に参加したり,インターネットなどで探索します。

④　価 格 調 査

仕入原価が低いものの品質が若干劣るブランドと，仕入原価は高めだが良質なブランドを比較した場合は，後者を選択したほうが望ましいといえます。

2　仕入活動の戦略的展開

2－1　主要な仕入形態と商慣行の実際

一般的に小売業は，メーカー等から仕入れた段階で所有権を有し，商品に対する責任を負うことになります。これを買取仕入と呼びますが，次のような仕入形態もあります。

(1)　委託仕入

委託仕入とは，小売業がメーカーや卸売業から商品を預り，販売が実現した段階で手数料を受け取るものです。貴金属，美術品，図書など，幅広く用いられています。販売するまでそれらの商品の所有権はメーカーや卸売業が保有することになりますが，保管責任は小売業が負います。

小売業としてのメリットは，売れ残っても返品が可能であり，仕入れ資金も節約できます。デメリットは，返品を前提とした安易な姿勢になる傾向があるということです。

メーカーや卸売業のメリットは，小売業に仕入れてもらいづらい高額商品などについて，比較的容易に店頭に並べられること，販売価格設定の主導権も有することなどです。

(2)　消化仕入

消化仕入とは，売上仕入とも呼ばれ，小売業がメーカーや卸売業から商品を預り，販売が実現した段階で仕入計上するというものです。やはり，販売するまでは商品の所有権はメーカーや卸売業が保有し，販売した段階で小売業に移転し，同時に消費者に移転するということになります。なお，小売業は商品の保管責任を負いません。

消化仕入は，流行商品など小売業がリスクを避けたがる商品の導入のために，メーカーや卸売業が提唱したことから広がりました。また，百貨店などは仕入交渉力が強いために，自身のリスク軽減のために通常仕入を消化仕入に変えたという経緯があります。

(3)　当用仕入

少量ずつ頻繁に仕入れる方式で，小口仕入とも呼ばれます。小売業としてのメリットは，商品が新鮮さを維持できる，保管場所をとらない，仕入資金が少額で良い，売れ残りリスクの回避，資金の固定化の回避，金利負担の軽減などです。デメリットは，仕入価格が下がらない，欠品リスクを抱える，陳列時のボリューム感が損なわれて，顧客から敬遠される可能性があることなどです。

(4)　集中仕入

チェーン組織を持つ小売業が，本部など中央機構によって，一括で大量に仕入れる方法です。仕入数量は多大となり，仕入コストを引き下げることが可能となります。

集中仕入は，以下のような条件を充足する必要があります。また，仕入機能と販売機能が分離され，仕入業務が集権化されていることが必要です。

- 多店舗を統括する本部や集中的に商品管理を行う組織であり，販売力があること
- 物流センターや大量保管できる倉庫施設を有し，各店舗に配送できること
- 消費者動向や流行など，当該商品の購買需要を十分に予測できること
- 商品の分類が標準化され，各店舗の売場構成も標準化されていること

集中仕入のメリットは，仕入コスト低下など仕入条件を有利にできる，仕入計画を中央機構が集中的に実施するため各種作業コストが削減できる，商品に関する社内のスペシャリストを中央機構に集中させることで効果的な商品企画・開発が可能となる，取扱商品の価格・品質・イメージを統一できる，各店舗に在庫が不要となることなどです。

2－2　仕入業務に関わる発注システムの実際

(1)　ＥＤＩへのシフト

ＥＤＩ（Electronic Data Interchange：電子データ交換）は，物流データや

決済データなどの標準化の進展により普及しました。ＥＤＩの導入により，ペーパーレス化などの恩恵を享受でき，マーチャンダイジングにかかわる事務処理作業を効率化，合理化できます。

(2)　商品コードの各業務への活用

企業間の電子データ交換では，国際基準の商品コードであるGTIN（ジーティン：Global Trade Item Number）が使用されています。

図表２－４－１　ＧＴＩＮの活用効果

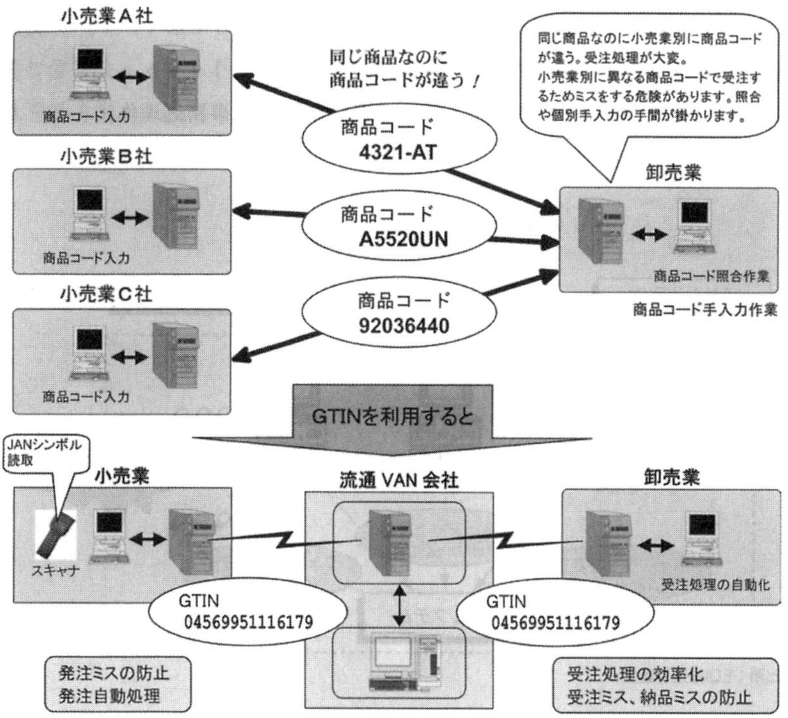

出所：「バーコードの基礎」（一般財団法人法人流通システム開発センター）

① ＰＯＳシステムへの活用

商品にGTINが貼付され，ＰＯＳシステムでＪＡＮシンボルを読み取っています。

②　発注システムへの活用

店内の商品に貼付されたＧＴＩＮを読み取って発注するシステムが普及しています。

③　検品業務への活用

入荷・検品業務は，ＪＡＮシンボルやＩＴＦシンボルの読み取りで行うことが可能です。

④　棚卸業務への活用

棚卸作業も，ＪＡＮシンボルやＩＴＦシンボルの読み取りで，正確かつ迅速に行えます。

3　消費財の分類別再発注のポイント

3－1　発注の視点

(1)　単品動向の把握

一般的に店頭の販売員は，どれが売れ筋商品であるかは把握していますが，どれくらい売れているのかや，今後も売れ続けるのかについての認識は深くありません。ＸとＹという商品が１週間で50個ずつ売れていたとしても，一方は拡大基調，他方は縮小基調ということもあります。単品ごとの動向まで把握していないと，的確な再発注はできません。

(2)　単品としての売れ筋商品動向の把握

小売業は，ＰＯＳシステムの普及により単品管理が可能となりましたが，その狙いとするところは，次のようなものです。

①　品切れによる販売機会のロスを防ぐために，発注の精度を高める。

②　在庫の適正化を図るため，単品ごとの最高在庫と最低在庫（発注点）を把握する。

③　売場変更や方針決定のために，単品販売データから利益管理面のデータ

を取る。

(3)　プロダクト・ライフサイクル（ＰＬＣ）と売れ筋商品の発注ポイント

①　流行商品に見るＰＬＣの特徴

流行商品は，総じてライフサイクルが短命です（短命サイクル現象)。特定商品が急に売れ始めた場合には，小売業からの発注がメーカーに集中し，製造側の在庫は品薄になります。急いで増産体制をとったとしても，市場に提供される頃には流行は既に終焉を迎えており，一転して死に筋商品，不良在庫になるということがよく見られます。特にテレビ番組で紹介されたような場合は，導入期からいきなり成長期に入り，さらに一気に衰退期に入ってしまうことも少なくありません。

②　定番商品に見るＰＬＣの特徴

流行商品に比べ，ライフサイクルは比較的長めとなります。売場に初めて投入してから徐々に成長期に向かい，一定期間安定した売れ行きを示す（高原状のライフサイクル）ことになります。

＜プロダクトライフサイクル＞

ＰＬＣ（Product Life Cycle）は，商品の一生という意味で，導入期・成長期・成熟期・衰退期という四つのステージで検討することが一般的です。アパレル業界など流行り廃れが激しい商品領域では，ＰＬＣは短くなります。ただし近年では，アパレルのみならず，あらゆる商品のＰＬＣが短くなっているといわれています。

(4)　死に筋商品のパターン

①　仕入段階での選定ミス

チェーンストアなどで見られることが多く，商品部が「売れる」という判断で導入したものの，売場にとっては「売れない・売りづらい」などというように，分業のデメリットとして生じます。

②　初回仕入数量の過剰さ

初回仕入数量が契約時に締結されますが，それが店舗の販売能力をオーバーしているような場合に生じます。

③　1回当たりの発注数量の多さ

販売予測数量をオーバーするような発注数量が原因となって生じます。

④　衰退期前での発注

成熟期を終えそうな商品でも，量的に売れているという実績から発注してしまい，売り切る前に衰退期を迎えてしまうようなケースです。

(5)　死に筋商品の対応方法

死に筋商品を店頭から排除するということは，正しいことですが，店舗でそれを実行するのはかなり難しいのが現実です。特に，「当該商品を，いつまでに，どのような方法で排除するか」が問題となります。一般的には，死に筋商品と認定した時から数回の値下げを行い，最後の最後で見切り価格で処分するようなやり方（なし崩し）がよく見られます。一気に短期で処分するというフンギリがつかないのが原因でしょうが，このやり方には以下のようなデメリットが付随します。

①　顧客への印象の悪化

売場の商品全体の品質や鮮度が悪く映りやすい。

②　新商品が導入できない

死に筋商品が場所を取るため，新商品の展示場所がない。

③　在庫金利の増加

在庫保有期間が長期化するため，在庫金利が増加する。

④　作業効率の悪化

値下げ作業が増え，接客サービス面の劣化につながりやすい。

(6)　死に筋商品のデータ分析

チェーンストア等では，死に筋商品の選定と処理に関して，個店データと全店データの両面からの分析が欠かせません。ある店舗で死に筋の基準に乗ってしまったとしても，他店では売れている可能性があります。このような現象の原因は，ＰＯＰがない，品薄である，陳列場所が目に付きづらいなど，別の理由があると想定されます。本部は，全店データと個店データを詳細に分析して，速やかに処理の方針を打ち出すことが肝心です。

3－2　消費財の分類と仕入業務

消費財は，購買慣習から，最寄品，買回品，専門品に分類されます。図表2－4－2にあるように，それぞれ特性を持っています。

図表2－4－2　購買慣習からみた消費財の分類とその特性

	最寄品の一般特性	買回品の一般特性	専門品の一般特性
①購買性格	日常の生活用品で購買頻度が高い。	購買頻度は低く，個人によって欲求が異なる。	購買頻度はきわめて低く，購入の満足志向は個人で異なる。
②購買ポイント	商標で慣習的に購入する割合が高い。	小売店のムード，演出あるいは伝統に関心が強い。	商標に対する信用や小売店の店格を重視する。
③価格傾向	販売単価は低く，当用買いの性格を持つ。	販売単価は比較的高く，満足感からの意識で購入する傾向にある。	単価はきわめて高いが，心の充足を志向する。
④購買慣習	消費についての計画性は少なく，利便性が優先する。	計画的に購入され，情報などもよく検討する。	予算準備や商品情報の入手など，購買の計画性が高い。
⑤購買意識	購買のために時間と労力はかけない。	購買のための時間と労力をかけ，それを楽しむ傾向にある。	購買に時間と努力を惜しまず，商品決定まで時間が長い。
⑥購買行動	住居や生活場所に近い小売店を選ぶ。	繁華街や地域中心地，ショッピングセンターなどで比較検討の購買を行う。	専門性イメージの高い小売店を選び，サービスや演出に左右される購買を行う。
⑦商品性格	商品寿命は総じて短い。一般に量産商品，規格化された商品を指し，取扱い店舗は多い。	スタイルやデザイン，ファッション性を重視する。個性化された商品で独自性の商品への志向が強い。	購入商品の価格より品質を重視する。信用のある小売店と商標を重視し，アフターサービスも商品選択要因となる。
⑧販売側視点	商品回収率は高い。仕入頻度は高い。粗利益率は低く，量販に適合する。価格競争が高まる。	商品回収率は低く，仕入の計画性が要求される。粗利益率は比較的高く，接客サービスが重視される。	商品回収率は低く，サービスシステムが要求される。粗利益率は高く，オリジナル性と小売店の信用や格調が重視される。

出所：「マーチャンダイジングの基礎と実務知識」評言社

2　マーチャンダイジング

(1) 最　寄　品

コンビニエンスグッズ（Convenience goods）ともいわれます。食料品・日用雑貨・雑誌や書籍など，多くの生活必需品が該当します。特性として，購入頻度が高く，客単価は低い，消費者は購入努力（労力，時間，費用）を最小限にしようとする傾向が強い，などがあります。このことから，消費者の買い物は近隣・近場で済ませることが多くなります。また，量販に適しており，小売店間の競争性が高くなる傾向があり，粗利益率は相対的に低めに抑えられます。

(2) 買　回　品

ショッピンググッズ（Shopping goods）ともいわれます。スーツや少々値の張る身の回り品，あまり高価ではない絵画やインテリア商品などが該当します。最寄品に比較すると，購買頻度は低く，客単価は高め，消費者は多少の購入努力をしても満足できる商品を購入しようとする傾向が見られます。消費者の買い物場所は，デパートやショッピングセンター，繁華街などが多くなり，販売側には接客サービスやコンサルティング・セールスが求められます。最寄品に比較すると，粗利益率は高めとなります。

(3) 専　門　品

スペシャルティグッズ（Specialty goods）ともいわれます。買回品の中でも高額な商品，例えば宝石や高級ブランド品，高級乗用車や高級インテリアグッズなどが該当します。購買頻度は極めて低く，客単価は相当高くなります。消費者は，入手するために多大な購入努力を払っても苦にしないという傾向が強く表れます。ブランドロイヤルティやストアロイヤルティの度合いが消費者の購入決定に強い影響を与えます。商品回転率はかなり低く，粗利益率はかなり高めとなります。

＜ブランドロイヤルティ＞

ブランドに対する忠誠心，愛顧心，こだわりなどを意味します。顧客が，他の代替可能なブランドが市場に存在するにもかかわらず，特定のブランドを購入し続けることをさしています。顧客にブランドロイヤルティを根付かせることができれば，ライバル企業との競争も有利となり，顧客基盤を守ることができます。なお，独占市場などのように，他に代替可能な機能の製品が市場に存在しない場合には，ブランドロイヤルティとはなりません。

＜ストアロイヤルティ＞

ブランドロイヤルティが，特定のブランドに対する愛顧心をさすのに対し，ストアロイヤルティは，特定の店舗に対する愛顧心をいいます。

3－3　最寄品の特性を考慮した仕入政策実施上の留意点

最寄品の仕入政策の留意点は，次のようにまとめられます。

- 商品が低価格であるため，仕入原価を低く抑えつつ，販売数量を増加させる
- 仕入先は，欠品を生じさせず，安定的な仕入数量を確保できるところにする
- 品ぞろえの幅をむやみに広げず，売れ筋商品に集中した仕入政策により，商品回転率を高めて販売数量を拡大させる
- 保管コストや在庫コストを高めないために，大量に仕入れすぎないようにする

3－4　買回品の特性を考慮した仕入政策実施上の留意点

買回品は，季節性，趣味性，ファッション性が高いため，仕入政策の留意点は，次のようにまとめられます。

- 変化するターゲット顧客のニーズにきめ細かく対応するため，商品計画はシーズン単位や月単位，さらには週単位など短期間のスパンで樹立する必要がある。
- 消費者によって，サイズ・タイプ・色柄・価格など求める条件に差があるため，同一商品系列内でもできるだけ幅広い品ぞろえ（品目構成）を整

える必要がある。

・ 店舗イメージにあわせた価格帯（プライスゾーン）を設定し，さらにその価格帯の中に価格線（プライスライン）を複数設けることが必要である。

・ 商品は，その価格線ごとに，スタイルやタイプ，サイズ，素材，色調，柄などの基準によって分類していく。

・ 月単位での取扱商品一覧表を作成し，継続して再発注する品，類似商品へ変更すべき品，発注対象から除く品，というように内容を適宜修正する必要がある。

・ 季節性や流行性が高い商品は，日々の販売動向を詳細に把握し，動きが悪化したら早めに値下げ（ディスカウントやマークダウン）を行って在庫処分をしていく。

第5章

販売政策の戦略的展開

1 販売政策において実施する価格政策の概要

1－1 カテゴリー別価格政策の種類と概要

(1) プライスゾーン（価格帯）

小売業が設定する商品カテゴリーごとの上限価格と下限価格の範囲を指します。具体的には，ドラッグストアの歯磨き粉の場合は，最低価格が198円，最高価格が1,100円であれば，この198円から1,100円までがプライスゾーンとなります。プライスゾーンが狭いほど，顧客にとって選びやすく買いやすい売場となります。

(2) プライスライン（価格線）

小売業が設定した品目ごとの価格です。先ほどの「198円～1,100円」のプライスゾーンで，10品目がある場合は，それぞれの価格がプライスラインとなり，10個のプライスラインがあることになります。プライスラインが少ないほうが，顧客としては商品の選択がしやすいといえます。

(3) プライスポイント（値頃点）

同一の商品カテゴリー（品種）でも，品目ごとにパッケージデザインや容量などが違い，売れ行きも同じではありません。プライスポイントとは，商品カテゴリーの中で最も売れ筋であり，陳列数量も最も多い品目の価格をさします。

1－2　プライスゾーンとプライスラインの設定方法

(1)　プライスゾーン

プライスゾーンは，特別価格帯（超高価格帯），高価格帯，中価格帯，低価格帯に分けられます。最上価格帯として特別価格帯を設けることがありますが，これは呈示商品（見せる商品）の役割となります。

(2)　プライスライン

プライスゾーンの中にいくつかのラインが設定されます。図表２－５－１で，プライスゾーンとプライスラインの関係を表しています。

例えば,高価格帯のプライスゾーンの中に1.6万円から３万円までに５個のプライスラインを設定しており，プライスラインごとに品目数も決定しています。高価格帯の品目数は19個であり，これは全体の品目数の39％であることがわかります。同じように中・低価格帯の内容も読み取ることができます。

図表2－5－1　プライスゾーンとプライスライン

プライスゾーン	特別価格帯	◇	50,000円	（1品目）	3品目
		◇	45,000円	（1品目）	
		◇	40,000円	（1品目）	
	高価格帯	◇◇	30,000円	（2品目）	19品目（39%）
		◇◇◇	25,000円	（3品目）	
		◇◇◇◇	20,000円	（4品目）	
		◇◇◇◇◇	18,000円	（5品目）	
		◇◇◇◇◇	16,000円	（5品目）	
	中価格帯	◇◇◇◇◇◇◇	12,000円	（7品目）	20品目（41%）
		◇◇◇◇◇◇◇	9,500円	（7品目）	
		◇◇◇◇◇◇	7,900円	（6品目）	
	低価格帯	◇◇◇◇◇◇	4,900円	（6品目）	10品目（20%）
		◇◇◇◇	3,900円	（4品目）	

計　高～低価格帯49品目
＋特別価格帯3品目

(3) プライスゾーンを設定する狙い

プライスゾーンやプライスラインを設定することは，小売業の商品管理面と顧客の商品選択面の両方にメリットがあります。商品管理面としては，多種多様で煩雑な価格の出現を避け，商品管理や商品説明等の作業が軽減できます。商品選択面としては，予算の目安になり，購入のわずらわしさを感じさせません。

また，特にプライスゾーンについては，その店舗の価格政策面からの「位置づけ」が決まります。つまり，他店より一段上にゾーンを設定すれば，地域内では「高級店」として認知され，一段下にすれば「大衆店」のレッテルが貼られることになります。つまり，プライスゾーンの設定は，店舗側からの顧客への提案として捉えられます。

1－3　プライスライン（価格線）政策の戦略的展開

(1)　プライスライン政策の実施ポイント

プライスライン政策は，値頃政策，あるいは価格段階政策とも呼ばれます。その内容は，顧客の商品選択を容易にするために，カテゴリーごとの品目について，顧客ニーズに適合するいくつかの価格に区分して価格を設定する方法です。

シューズショップについて考えてみます。普及タイプのカテゴリーにおいて，普通に売価設定をすると2,880円，2,980円，3,150円となる3品目について，2,980円に統一します。同じように，3,700円，3,980円，4,200円となる3品目を3,980円に統一し，4,500円，4,980円，5,290円の3品目を4,980円に統一します。以上から，この普及タイプのカテゴリーは，2,980円，3,980円，4,980円という三つのプライスラインで展開することになります。

それぞれ統一しない場合には，全部で九つの価格が生じ，顧客の商品選択も面倒かつ労力が必要となり，店舗側も商品管理が煩雑になります。統一した場合には，これらの問題が解消します。ただし，品目によって高い値入率，低い値入率というように混在することになります。

基本的にプライスライン政策は，デザインやスタイルを判別する必要性の高い買回品に適しており，その必要のない最寄品，さらには専門品には向いていません。

(2)　プライスライン政策のメリット

次のようなメリットがあります。

①　顧客の購買選択の容易性と販売の促進

顧客は，商品価値を見出した同一売価の中からの選択が可能となります。販売側も運営管理が効率的になり，効果的な販売促進活動を行えるようになります。

②　均衡在庫の維持と仕入の単純化

在庫の価格面の均衡がとれ，仕入も単純化できます。

③　値下げの単純化

売れない場合には，下のプライスラインに移動させるなど，値下げ業務が単純化できます。

<プライスライニング>

取扱商品が多く，さまざまな価格を設定しなくてはならないような場合に，プライスラインを設定します。プライスライン自体の数が多くなってしまう場合は，低価格帯から高価格帯というようにプライスゾーンで切り分けることになりますが，この切分けをプライスライニングといいます。

1－4　値入額の戦略的設定

(1)　マネジメントの一環としての値入額設定

小売業は，値入額と値入率を明確に把握した上で，適正な利益を確保していくことが必要です。値入額には，次のような要素を含有しておく必要があります。

・　販売に関するすべての経費（店舗の賃借料，人件費，水道光熱費，各種作業費など）
・　販売遂行上の損失（値下，盗難や万引き，消耗・腐敗・破損など物理的損失額）
・　営業利益（営業活動の結果の利益）

(2)　売価基準と原価基準の選択

値入率には，売価基準と原価基準があります。仕入原価が60円という商品の売価を100円とした場合は，値入額は40円となります。この時の値入率は，売価基準では40.0％（値入額÷売価＝40円÷100円），原価基準では66.7％（値入額÷原価＝40円÷60円）となります。一般的に売価基準で管理する小売業が多いため，本テキストにおいても売価基準で解説します。

(3)　売価値入率が与えられている場合の計算

売価値入率が決まっている場合は，次のような計算ができることが必要です。

a）原価が判明している状況での売価設定

原価が1,200円で，値入率が40％という場合は，

値入率＝値入額÷売価

0.4＝(売価－1,200円)÷売価

0.4＝(売価÷売価)－(1,200円÷売価)

0.4＝１－(1,200円÷売価)

1,200円÷売価＝0.6

売価＝2,000円

b）売価が判明している状況での原価の計算

売価が150円で，値入率が40％という場合は，

値入率＝値入額÷売価

0.4＝(150円－原価)÷150円

0.4＝(150円÷150円)－(原価÷150円)

0.4＝１－(原価÷150円)

原価÷150円＝0.6

原価＝90円

c）値入額が判明している状況での売価と原価の計算

値入額が120円で，値入率が40％という場合は，

値入率＝値入額÷売価

0.4＝120円÷売価

売価＝120円÷0.4＝300円

原価＝売価－値入額＝180円

2　価格政策の実際

2－1　価格弾力性の考慮

〔需要の変化率÷価格の変化率〕の絶対値で算出され，価格の変化に消費者が敏感に反応するか否かを見定める指標です。マークアップやマークダウンなど，売価政策に活用します。例えば，￥100なら50個売れていた商品を￥90にしたら60個売れるという場合は，次のようになります。

{(60個－50個)÷50個}÷{(￥90－￥100)÷￥100}

＝20%÷－10%＝｜－2｜＝2

一般的に，上記の値が「1」より大きければ価格弾力性が高い，小さければ価格弾力性が低いといわれています。価格弾力性が高い商品は，ブランド力が強くない生活必需品などであり，売価を下げれば売れるようになるため低価格志向になりやすいといえます。逆に，価格弾力性が低い商品は，嗜好品やぜいたく品，ブランド力が強い，代替品がないというような商品であり，顧客にその価値を認められているといえます。

2－2　値入に関する基本的な事項

(1)　マークアップ

マークアップとは，「値入」ともいわれます。仕入原価に加えるマージンの額（＝利益額）を指す場合，あるいは販売価格を決定する行為自体を指して使われる言葉です。

マークアップした後に販売価格を下げることを，マークダウンといいます。

(2)　リベート

①　リベートとは

一定期間の取引高に応じて，卸売業や小売業に対してメーカーが支払う割戻金です。一定期間の終了後に，遡って値引きを行うようなイメージです。

② リベートの意義

現在は，特に中小規模のメーカーにとって，販売戦略の武器と捉えられています。継続的な販売促進のために行われる，メーカーの利益の分配という位置づけです。

③ リベート目的の多様化

リベートの目的としては，販売促進目的のもの，報奨目的で支給するもの，メーカーが卸・小売業を統制・管理しようとして支給するものという三つに集約されます。特に3つ目の管理目的のリベートは，独占禁止法に抵触する場合があります。

リベートのあり方については，現代的な運用方法が求められています。

(3) アローワンスの戦略的活用

① アローワンスとは

メーカーが卸・小売業に提供する販売奨励金の意味です。メーカーにとって，自社商品を有利に取り扱ってもらうためのものであり，一般化している商習慣です。

② アローワンスの種類

アローワンスには，広告アローワンス（アドバタイジング：チラシ等で有利に取り扱ってもらうため），陳列アローワンス（スロッティング：希望する商品を一定期間陳列してもらうため），販売促進アローワンス（プロモーショナル：キャンペーンの広告作成費や人件費を肩代わりするもの）の三つがあります。

③ リベートとアローワンスの違い

リベートは，一定期間の実績を基にし，基本的に両者間の秘密裡で行われます。アローワンスは，積極販売してもらう代償としての実費補填であり，公開的に行われます。

(4) マージンとコミッション

① マージンとは

販売価格から仕入原価を差し引いた売買差益が，マージンです（＝粗利益)。以前はメーカーが建値制に基づき小売業のマージンを定めていましたが，現在では小売業が仕入原価にマージンを加算して販売価格を決定する，オープン価格制が一般的になっています。

② コミッションとは

手数料であり，仲立ち商や代理商など卸売業が，メーカーの商品を小売業に販売すると，販売価格の一定比率をメーカーから受け取るような場合に利用されます。

2－3　その他の商慣行

(1) 返　　品

① 返品の意義

正当な返品は，売り手側（メーカーなど）の製造や配送上のミスによるものであり，不当な返品は，買い手側（小売業など）の販売上のミスによるものと捉えられます。我が国では，出版業界や百貨店業界において，返品が当然のように行われてきていますが，欧米では「ケイビエット・エンプター（Caveat Emptor：一旦購入したら買い手が商品のリスクを負うべき)」の基本原理が働いています。

② 委託仕入と返品

出版・百貨店業界では，ほとんどが委託仕入であり，売れ残ったら当然のごとく仕入先に返品しています。このような安易な商品政策は小売業自身の経営体質を弱体化させ，さらには返品リスクが上乗せされた高価格化によって，消費者離れを招きかねません。

③ 返品制度の見直し

返品制度は，我が国の商慣行として長期にわたり根深く定着しています。もっとも，企業が成長するための戦略として有効であったことも否めません。ただし今後は，労働や資源の有効活用の観点から，削減に向けて取り組むべきテーマといえます。

(2) 協 賛 金

小売業が，メーカーなど取引先企業に対して，創業祭などイベントの費用や開店・改装費用などを要求する場合の総称です。単に優越的な地位の乱用という場合もあり，金額の算出根拠やその理由が曖昧なものは，公正取引委員会の取り締まり対象となります。

3 棚割システムの戦略的活用方法

(1) 棚割と科学的経営

情報化が進展し，死に筋商品のカットや新商品の導入など，ＰＯＳデータを活用した棚割構成の必要性が高まってきています。

メーカーとしては，自社商品の売れ行きが，小売店頭の棚割の巧拙によって決まってきます。小売業としてもより多くの利益獲得のために，ディスプレイ戦略と同様に棚割戦略が重要となってきています。

(2) 棚割の概念

棚割は，棚割表として商品分類基準にもとづいて作成することになり，基本的商品政策の前提として位置づけられます。

① 棚割の定義

棚割とは,「ゴンドラの任意の場所に，顧客に発見されやすく，また比較や選択がしやすいよう,効率的に分類するディスプレイ方法であり,効率アップ，売上拡大，利益獲得のための小売業におけるスペースマネジメント手法」です。

② 棚割の意味

小売店における棚割の意味と考え方は，次のとおりです。

ｉ）的確な棚割表に基づいたディスプレイで，売場の主役である商品を引き立たせる。

ⅱ）棚割とは，ディスプレイの前段階の作業であり，顧客が買いやすいように商品を配置するための表である。

iii）的確な商品分類が効果的な棚割を可能とする。

iv）棚割表をもとにしたディスプレイが，小売店の商品構成の根幹である。

③　棚全体の機能向上

一般的に，売れ筋商品を最も目立つ場所に配置しますが，逆に他の商品が目立たなくなるという側面があります。行き過ぎると，ゴンドラ全体の売上や利益を減少させてしまいかねません。このようなことに配慮した棚割戦略が必要となり，マーチャンダイジングとしての商品政策の効果を向上させるように取り組みます。

④　棚割の目標

棚割の最終的目的は，商品の効果的な組み合わせによって，一定のスペース（ゴンドラ）から，より多くの利益を獲得することとなります。

(3)　棚割システムの戦略的展開

棚割表は，次のような手順で実施します。

i）ストアコンセプトに基づいたゾーニングとフロアレイアウトを決定する

ii）ディスプレイパターンを決定する

iii）戦略的な陳列方法を決定する

iv）プラノグラムによるスペースマネジメントの展開

v）単品のフェイシング

vi）ディスプレイを実施する（棚に配置する）

(4)　棚替えの理由

売場の棚替えを行うことは，売場を活性化させる手段です。顧客にとっても，スムーズかつ適切に棚替えを行う小売店の評価は高くなります。メーカーとしても，棚替えのタイミングで新商品を提案して，ゴンドラのシェア拡大を図ろうと試みます。

売場の棚替えの理由には，次のようなものがあります。

i）季節の変化による商品の入れ替えのため……最大のポイントです。

ii）ゴンドラエンドなどでの季節商品の訴求（クリスマスやバレンタインな

ど）のため

iii）死に筋排除や新商品導入のための入れ替えのため

iv）コンセプトの刷新による棚割表の改定のため

v）店舗のリニューアルなどのため

第6章

商品管理政策の戦略的展開

1　商品管理の意義と方法

1－1　単品管理の必要性

(1)　品ぞろえの豊富さを支援するシステム

ＰＯＳシステムの普及により，従来行われていた部門別管理の必要性が薄れ，単品管理の有効性が顕在化してきています。

(2)　単品管理（unit control）とは

単品管理とは，カテゴリー別にすべての商品をＳＫＵ単位に分類し，なぜそのデザインが売れたのか，そのサイズが売れなかったのかというような点を分析して，店舗業績向上につなげる手法です。ＳＫＵ単位での改善により，労働生産性や単位面積当たりの生産性を上げることで，販売計画を実現することが目的となります。

単品管理は，品切れ防止や過剰在庫防止のための最重要マネジメント手法と位置づけられています。その取組み方法は，次のような流れになります。

①　データ収集

過去の販売実績について，単品ごとに数量を把握します。ジャケットの購買というケースを考えると，Ｘ色で，Ｙデザインの，Ｚサイズというものを求めた顧客に対し，３条件の１つが欠ければ,顧客にとっては100%の欠品率となります。このような状態を防ぐために，ＰＯＳシステムを活用して販売動向についてのデータを収集します。

②　仮説の設定

単品ごとに販売数量計画を立てるために，売れている理由について仮説を設定します。素材のレベル，天候の状態，ライバル店の動向によって左右される点もありますが，例えば「ファッショナブルで，明るくて，手入れが簡単」という理由で30歳代主婦に好評であることがわかれば，広告等で訴求して売上拡大につなげられます。

③　実　　践

販売数量計画の仮説設定にもとづいて販売活動を実践します。棚割，フェイシング，ＰＯＰ広告，接客トークなど，多面的な観点から，単品ごとの販売促進を行います。

④　検　　証

販売計画と実績を比較分析し，売れた理由や売れなかった理由を探求します。原因が明確化できたら，次期の単品販売計画に反映させます。

１－２　死に筋商品の取扱い

(1)　死に筋商品を放置することの損失

仕入代金を支払ったら，売れ残っている商品に対しても「やがて売れるから大丈夫」という錯覚に陥りやすくなります。そして，そのまま放置する小売業が数多く見られます。

(2)　死に筋商品発見の役割

チェーンストアでは，死に筋商品を発見する役割は，商品部と各店舗の両者となります。さらに商品部においては，死に筋商品が全般的に生じているのか，特定店舗で生じているのかを判別する必要があります。

また，死に筋商品が発生する原因については，仕入段階のミスなのか，店舗における販売段階のミスなのかに分類して対応する必要があります。

(3)　死に筋商品の処理方法

①　商品部のバイヤー

仕入先企業との契約時に，死に筋となった場合の対処方法にまで取り決めを行っておく。

②　死に筋商品の基準作り

売場担当は死に筋が見えづらいため，客観的な基準を作っておき，組織的に判別・処理するようにする。

③　処分の責任所在

全店舗で同様の死に筋が生じた場合には商品部が，個店特有の死に筋は当該個店が，それぞれの判断で処分する。

④　適切な処理方法

死に筋商品ごとに適切な処理を行えるよう，処理方法を変えられるようにしておく。

⑤　仕組みの見直し

再度発生する場合には，仕組みを根本的に改善する。

1－3　過剰在庫の取扱概念

(1)　過剰在庫の問題点

過剰在庫を抱えることによる問題は，次のようなものです。

①　在庫金利の増大……小売業としての利益の圧迫要因となります。

②　無駄なスペースが増える……新商品や売れ筋商品を陳列できなくなり，販売機会ロスが生じます。

③　商品ロスの増加……商品の損傷や汚れが生じやすく，顧客離れにつながります。顧客は日頃から注視しているため，クリンリネスなディスプレイや鮮度管理を徹底することが必要です。

④　商品の整理整頓ができず，在庫も多いが品切れも多いという状況になりがちです。売れ筋の把握や単品残数の確認もしづらくなります。

⑤　以上が重なることによって，さらなる死に筋商品の発生と過剰在庫の拡大につながります。

(2)　適正在庫の考え方

店舗が立地している地域にフィットした在庫を持ちつつ，売れ筋商品の拡大と死に筋商品の排除を行っていく必要があります。そのためには，例えばサイズについて，次のような観点から，発注に対する考え方を深めるよう心がけます。

・　サイズはどこまでそろえるべきなのか（特殊サイズ，全サイズ）
・　回転率の低いサイズを排除するべきなのか
・　柄や色合いなどのバラエティ性を抑えてまで，サイズの種類を維持するべきか

(3)　個店対応と在庫削減の因果関係

個店対応とは，チェーンストアの本部によるセントラルバイング（バイングパワーの発揮）に，個店の声を反映させるような仕組み作りのことを指します。しかしながら，チェーンストア等の本部担当者は，次のような理由から個店別仕入について否定的見解が根強く残っています。

・　過去の体験と実績から品ぞろえを決めているので，個店単位での変更は混乱のもととなる。
・　個店単位での品ぞろえを行うと，処分品も増え，総じて売上が減少すると考えられる。
・　商品部の計画が完遂できなくなるし，定番商品が外されると商品部の業績が悪くなり，都合が悪い。

しかし，チェーンストアに見られるような統一された品ぞろえは，地域に連動した個店単位の業績向上につながりづらくなってきています。

つまり，今後は地域の実情に合わせた品ぞろえを個店ごとに研究していくことが必要となっているのです。

(4)　在庫の削減方法

①　商品回転率を一定とする

必然的に売れていない商品が排除されることになり，在庫額の減少につながります。

i）商品回転率が高い商品ほど，在庫を多く持てるようになる。

ii）商品回転率が低い商品は，品切れの心配も少なく，最大在庫量を低く抑えられる。

iii）リードタイムが短い場合には，在庫日数も減少して効率が上がる。

② 商品ごとに，最小・最大在庫量を決定するようにする

商品特性や販売特性によって変更するようにします。例えば，カタログによる取り寄せ販売が可能な商品であれば，極端にいえば１セット陳列しておけばよいことになります。

③ 商品量を一律に減らす

販売の状況によらず，全商品一律に在庫量を半減させるような手法です。ただし，売れ筋商品が品切れする，死に筋商品が半分残る，商品の性格が曖昧になる，というようなデメリットが生じることが多く，適正な方法とはいえません。

1－4　商品回転率

(1)　商品回転率の算出方法

小売業のマーチャンダイジングの根底には，商品回転率という指標が存在しています。商品回転率とは，商品の入荷から販売によって出て行くまでの期間の速さを意味します。換言すると，一定期間（通常１年間）において，平均の手持在庫が入れ替わった回数となります。１年間で商品回転率が６回という場合は，手持在庫が２か月に１回入れ替わったということになります。

商品回転率の求め方は，金額ベースで経営的観点や部門業績を見るものと，数量ベースでカテゴリー別や仕入先別という販売速度を見るものの２つの側面があり，以下のように算出されます。

・　商品回転率＝売上高÷平均在庫高

（分子を売上原価とする場合，在庫高も原価ベースとする）

・　商品回転率＝売上数量÷平均在庫数量

平均在庫高の求め方にはいくつかの考え方がありますが，次の２つが一般的に用いられています。

・　平均在庫高＝(期首棚卸高＋期末棚卸高)÷２
・　平均在庫高＝(期首棚卸高＋中間期棚卸高＋期末棚卸高)÷３

(2)　商品回転率を高める方法

上式の分子または分母，あるいは両方の改善によって高めます。

①　在庫高を減少させる

売上高を維持しながら，または売上高を増加させながら，あるいは売上高の減少速度よりも早く減少させることで商品回転率が高まります。

ａ）商品ラインを整理，縮小する……在庫の種類を減らすことですが，顧客の乖離を防ぐ手立て（残ったサイズや種類の積極的提案）が必要です。

ｂ）単一商品の在庫縮小……多品種少量仕入によって，同一商品の在庫数量を減らすことであり，売れ筋商品の品切れを防ぐ注意が必要です。

②　売上高を増加させる

在庫高を維持しながら，または在庫高の増加速度よりも速く売上を増加させることで商品回転率が高まります。

ａ）販売活動の効率化……接客，イベント，広告，ディスプレイなどの強化によって販売活動を活発にし，売上高増加につなげます。

ｂ）低価格戦略の実施……よく見られる策です。しかし，一般的には商品回転率が向上するにしても，粗利益の減少を招くことになる点に注意が必要です。

2 商品ロスの基本的原因

2－1　商品ロスとは

帳簿在庫は，本来あるはずの在庫ですが，実地棚卸で確認すると，不足することがあります。この差，つまり帳簿在庫と棚卸による実在庫との差が商品ロスとなります。

商品ロスは，廃棄や盗難などによる数量のロスに加え，値下による金額のロスもあります。そのため，通常，商品ロスは金額で把握することになります。

図表2－6－1　商品ロスの捉え方

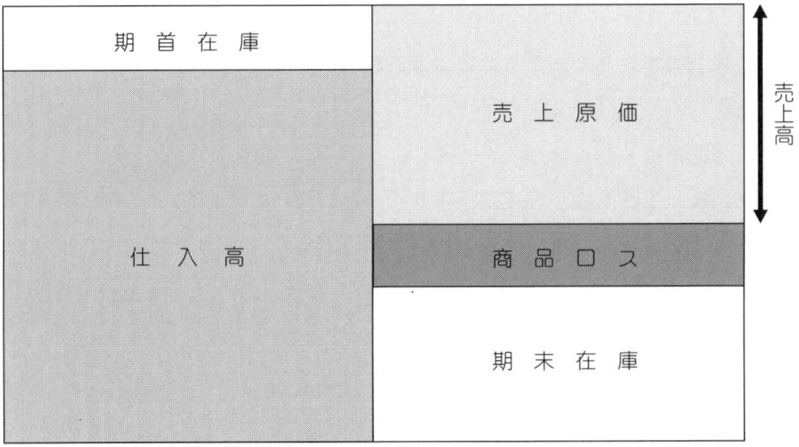

・期末在庫……決算日（営業年度の末日）における在庫商品
・期首在庫……営業年度の初めの在庫商品

図表２－６－２　売上高と商品ロスの考え方

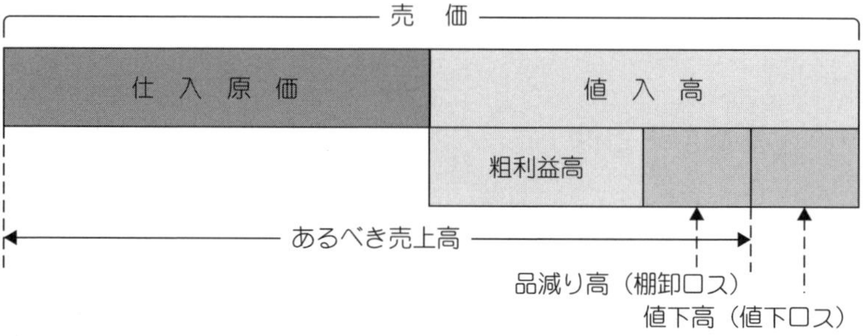

２－２　商品ロスの種類と発生原因

商品ロスの主な内容と発生原因は，次のようになります。

①　値 下 ロ ス

需要予測の誤りや発注ミスによる商品の売れ残りを防ぐために，仕方なく実施される値下げのロスです。

②　商品廃棄ロス

売れない死筋商品，鮮度が低下した商品，傷ついた商品などを廃棄処分するロスです。仕入原価の全額が損失になるため，小売店のダメージも大きくなります。

③　棚 卸 ロ ス

実地棚卸によって判明するロスです。外的要因として万引きや盗難，内的要因としてレジの打ち間違い，棚卸のミス，従業員の不注意や不正行為，不注意な検品などがあげられます。

3　ＰＯＳシステムの戦略的活用方法

3－1　ＰＯＳシステムによる戦略的商品管理

(1)　ＰＯＳシステムの段階的活用

次のように三つの段階に大別できます。

① 第１段階＜レジ機能としての活用レベル＞

毎日の，単品別の売上数量と金額を把握する段階です。

② 第２段階＜売れ筋や死に筋という商品管理への活用レベル＞

売れ筋商品のフォロー体制の構築と死に筋商品の排除など，販売効率を高める段階です。

③ 第３段階＜応用レベル＞

時間帯別・価格帯別販売データの活用，バスケット分析や利益管理面への活用に展開していく段階です。

(2)　ＰＯＳデータの戦略的活用法

最近では，パソコンＰＯＳなどのシステム化が進んでおり，顧客情報の収集をもとに販売促進への活用に役立てようとする傾向が見られます。

なお，ＰＯＳデータは，決して売れ筋商品を生み出す玉手箱ではなく，あくまで過去の販売実績を示すものであることを忘れないでください。

① インストア・プロモーションへの活用

顧客情報のデータを加工し，来店頻度の向上や１回当たり購買金額の改善という販売促進に生かすことが，今後のＰＯＳ活用の狙いになると考えられます。

例えば，大手コンビニエンスチェーンでは，購買顧客の年齢層に合わせて，レシートに「○○ソフト予約受付中」，「新しい化粧品の紹介」などというプロモーション情報が印字されるようになっています。

②　購買ニーズの把握が基本

顧客の購買に関するニーズを知り尽くすためのツールとして認識した上で，ＰＯＳシステムを活用することが必要となってきています。

(3)　重点管理の必要性

小売店の戦力としての人材，資金，施設などを，あらゆる販売活動に総花的に割り振っていると競争力が弱まってしまいます。効果が上がると判断される商品カテゴリーに対し重点的に戦力を投入すること，つまり重点管理が必要です。

①　ＡＢＣ分析（パレート分析）の概要

重点管理部門を見出すための代表的分析手法です。

図表２－６－１では，ａ～ｔ商品までの売上高を集計し，売上高の大きい順に並べ替え，それぞれの売上構成比，上位からの構成比累計を算出しています。これをグラフ化したものが図表２－６－２であり，上位５品目で，総売上の75％を占めていることがわかります。さらに，上位９位までで総売上の90％を占めていることも判明します。

パレート分析では，要素数の２～３割で総売上の７～８割を占めるという傾向が見出せます（図表の例では，品目数の25％で総売上の75％を占めている）。

②　ＡＢＣ分析の実施

ＡＢＣ分析では，上記の例でいくと，総売上の75％を占める５品目をＡグループとして重点管理し，続く７品目（合計12品目で売上の95％）をＢグループとして，Ａグループに準じた管理を行うようにします。

Ａグループは（Ｂグループも加える場合がある），きめの細かいマーチャンダイジングを実施し，Ｂグループについては，Ａグループへの昇格をめざして育成します。残りのＣグループに関しては，Ｂグループへの昇格をめざして育成しますが，死に筋商品としてカットしていくこともあります。なお，Ａ，Ｂ，Ｃグループをそれぞれ何％～何％とするかについての明確な指針はありませんが，一般的には累計比75％程度がＡグループ，80～95％程度がＢ

グループ，それ以外がＣグループというような区分になっています。

図表２－６－３　ＡＢＣ分析（パレート分析）

商品名	売上金額
a	17,000
b	31,000
c	20,000
d	199,000
e	175,000
f	113,000
g	13,000
h	153,000
I	6,000
j	10,000
k	12,000
l	9,000
m	1,000
n	2,000
o	42,000
p	7,000
q	51,000
r	110,000
s	26,000
t	3,000
合計	1,000,000

順位	商品名	売上金額	構成比	構成比累計
1	d	199,000	19.9%	19.9%
2	e	175,000	17.5%	37.4%
3	h	153,000	15.3%	52.7%
4	f	113,000	11.3%	64.0%
5	r	110,000	11.0%	75.0%
6	q	51,000	5.1%	80.1%
7	o	42,000	4.2%	84.3%
8	b	31,000	3.1%	87.4%
9	s	26,000	2.6%	90.0%
10	c	20,000	2.0%	92.0%
11	a	17,000	1.7%	93.7%
12	g	13,000	1.3%	95.0%
13	k	12,000	1.2%	96.2%
14	j	10,000	1.0%	97.2%
15	l	9,000	0.9%	98.1%
16	p	7,000	0.7%	98.8%
17	I	6,000	0.6%	99.4%
18	t	3,000	0.3%	99.7%
19	n	2,000	0.2%	99.9%
20	m	1,000	0.1%	100.0%
	合計	1,000,000	100.0%	

図表２－６－４　パレート図（ＡＢＣ分析の結果）

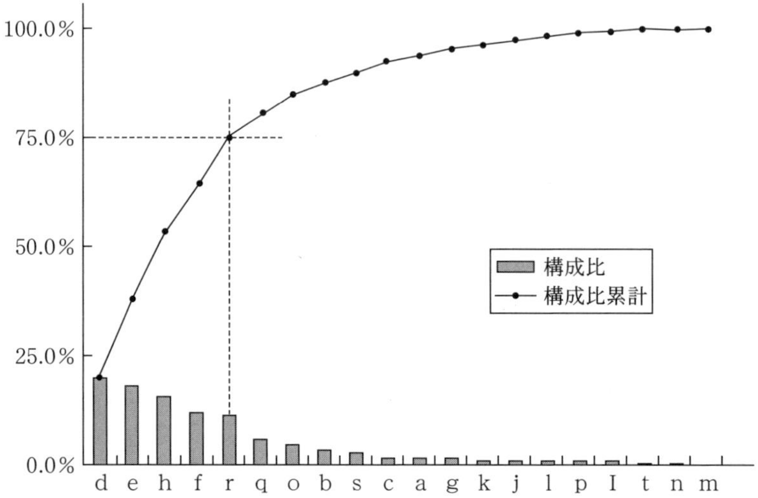

(4)　ＰＯＳシステムの活用

①　商品の売上情報

単品管理，顧客データ管理，レジ管理の効率化を図ります。

②　商品の市場情報

取扱商品や関連商品の情報の収集が必要です。

＜バーコード＞

標準タイプのバーコードは13桁であり，短縮タイプとして８桁のものもあります。詳細については，３級の範囲になります。

３－２　ＰＯＳシステムのハードメリットとソフトメリット

小売店の各従業員が，商品・売場の改善にＰＯＳシステムを活用することが必要です。

(1)　ハード面でのメリット

レジスターの精算業務が自動となり，商品名・金額・数量などの情報が得られます。

① 顧客サービスの向上

レジ待ち時間の短縮，自動的に印字されるレシートによる顧客への安心感の供与，金額や商品部門の入力ミスの削減という効果が期待できます。

② レジでの人的作業の合理化

レジ操作習熟のための実習時間の削減，レジ業務の速度アップ，正確さの向上という効果が期待できます。

③ 値付け作業の省力化

バーコードが商品のパッケージについているため，値付け作業が省力できます。

(2) ソフト面でのメリット

従来の経験による経営判断が，正確な商品情報や顧客情報にもとづく判断に転換できます。

① 死筋商品の把握

死筋の早期発見，販売方法の変更などがタイムリーに行えます。

② 欠品と過剰在庫の防止

発注報告書により，売れ筋商品の欠品や品薄状態を防止でき，また売上日報により，売れ行きのよい商品を把握することが可能になります。

③ 各種セールなどの商品販売動向の評価

対象とする商品の実績評価が容易になります。

④ 品ぞろえの向上

品種ごとに顧客の平均買上点数を分析し，対策を講じることが可能であり，また新商品の定番商品化の判断が容易となります。

⑤ そ　の　他

チェッカー別の稼働状況を把握することで，効率的な指導や教育を行えます。

3－3　商品コードの種類と概要

国内の標準方式のＰＯＳシステムでは，ＪＡＮ（ＥＡＮ）コードと12桁のＵＰＣ（Universal Product Code）の読み取りができます。

(1)　ＪＡＮシンボル

ＪＡＮシンボルは，コンピューターと同様に，全ての情報を「０」と「１」の組み合わせで表示します。具体的には，バーコードスキャナ（読取機器）で，白バーか黒バーか，太バーか細バーかを判別し，それを「０」と「１」の組み合わせにして判読することになります。ＪＡＮシンボルの寸法や光の反射率などについては，ＪＩＳ規格で決められています。

(2)　集合包装用商品コード

物流のために用いられる，ケース単位（段ボール箱等）の商品コードです。

①　集合包装用商品コード

国際標準では，ＧＴＩＮ－14（Global Trade Item Number）と呼ばれており，受発注，納品，入出荷，仕分け，棚卸作業などに活用されています。企業間取引のために設定された商品識別コードです。

②　商品アイテムコードの設定

小売店のＰＯＳレジを通過する際，つまり消費者が購入する段階では，集合包装用商品コードとは別に，単品ごとの商品アイテムコードを設定する必要があります。

③　集合包装用商品コードの体系

14ケタで表示され，最初の１桁はインジケーター，続く12桁がＪＡＮ企業コード（メーカー），最後の１桁がチェックデジットという体系になっています。

第7章

物流政策の戦略的展開

1　小売業界における物流システムへの取組視点

(1)　物流システムへの取組視点

①　顧客志向の物流システム

大手メーカーが主導してきた物流から，小売業が物流の全過程に関わり主導していく必要性が高まっています。つまり，店頭を起点とした，小売主導の「顧客ニーズ対応型物流」の展開が必要となってきているのです。

②　売場基準のディマンドチェーン・マネジメント

小売業には，「必要な商品を，必要な量だけ，必要な時期に，必要な場所へ」合理的に配送するシステム化が求められています。つまり，小売業主導のディマンドチェーン・マネジメント（一括統合納品や共同配送システム）を進める必要があります。

③　新総合物流戦略

さらに小売業は，「新総合物流体制」を構築する必要性が高まっています。具体的には，生産者から店頭までの販売をトータルマネジメントすることで，顧客に安全かつ安心な商品をいかに低コストで供給していくかを実現することとなります。

④　物流システム重視の組織体制

加えて小売業には，部分最適を回避して全体最適を実現するために，業務プロセスを抜本的に改革する役割が求められており，そのためには企業目標の明確化，組織体制作り，物流ネットワークの構築が必要となっています。

⑤　環境負荷を軽減させる物流体系の構築

企業の社会的責任を果たすため，環境マネジメントシステムの導入が求められています。

(2)　店舗形態別物流システムの分化方向

小売業の物流は，品ぞろえの幅（店舗規模）と商品特性（店舗形態）という観点から，以下のように類型できます。

①　総合的品ぞろえ＆買回品中心

代表格として百貨店があげられ，最先端の季節商品や高級ブランド品を素早く導入する「時期集中型小口物流」システムが基本となります。

②　総合的品ぞろえ＆最寄品中心

代表格としてＧＭＳがあげられ，多品種少量商品を欠品させることなく安定供給する「クロスドック型トランスファーセンター物流」が基本となります。リードタイム短縮が重要ポイントです。

③　限定的品ぞろえ＆最寄品中心

コンビニエンスストアが代表格です。きめ細かな発注による「一日複数回時間帯指定の混載型納品」が基本システムとなります。

④　限定的品ぞろえ＆買回品中心

専門店が代表格です。低頻度発生かつ小口納品の「不定期型納品」システムが基本となりますが，店舗規模が大型化すると「高頻度納品」システムへ移行することが必要となります。

＜クロスドック型トランスファーセンター＞

クロスドック型トランスファーセンターと，後で出てくるトランスファーセンターは，ほぼ同義です。具体的には，複数の仕入先からの入荷品を受け入れ，即時的に仕分し，納品先別の複数の配送便に積み合わせる作業を担う物流センターです。商品を在庫として保有しない通過型物流センターです。

2　店舗形態別にみる物流システムへの取組状況

(1)　百貨店業界の物流

①　百貨店業界の現状

従来からの委託仕入方式を改め，自主マーチャンダイジングの強化に注力しています。物流面においては，コストの削減や商品在庫の削減のために，同業者との共同配送化やＱＲ(クイックリスポンス)への取組みが必要となっています。

②　百貨店業界の物流合理化と共同配送

売場への商品供給（調達物流）と顧客への宅配（販売物流）という二つのパターンを統合した物流システムが必要です。既に共同して物流合理化と共同配送に取り組んでいる事例が見られます。

③　百貨店業界の物流の課題

物流の合理化が重要課題と捉えられますが，優先すべきはＱＲへの取組みによる，商慣行を含めた業界構造の改革といえます。そのことによってこそ，百貨店の物流が進展していくことになります。

(2)　ＧＭＳ（総合品ぞろえスーパー）業界の物流

①　新物流体制の構築

ＧＭＳでは，EDLPを実現するためにEDLCへの体質転換を推進しています。商品調達においては，店舗別の各サプライヤーの納品を一括して行う「統合型物流システム（一括統合型納品)」という方式が定着化しています。

GMSの物流センター運営方式は，次の三つとなります。

a）TC（トランスファーセンター)……通過型センターであり，在庫を持ちません。

b）DC（ディストリビューションセンター)……在庫型センターで，在庫を持ちます。

c）PC（プロセスセンター)……生鮮食品において，食材の加工・調理・プリパッケージ化を行うセンターです。

今日，ほとんどのGMSでは，保有する物流センターの中で，上記の機能を併せ持つようになってきています。

② 物流センターの機能

需要予測に基づいたCRP（商品自動補充システム）を導入し，日本型ECRを進めているGMSの事例等があります。

(3) コンビニエンスストア業界の物流

コンビニ業界は，自社で配送センターを持っているところはなく，全社が共同配送会社を介した「共同配送」を行っています。サプライヤー各社が共同出資して設立した共同配送会社では，サプライヤーがその配送センターに納品し，店別に仕分けした上で共同配送会社が一括店舗納品を行っています。サプライヤーは，共同配送会社に対して，これらの費用を支払います。コンビニは主としてドミナント出店を行っており，地区別に共同配送システムを活用しています。

(4) 専門店業界の物流

① 専門店業界の現状

ここでいう専門店とは，小規模あるいは業種専門店を指します。これら専門店の多くは，物流面も卸売業（問屋）に依存しているなど，総じて経営手法が脆弱といえます。

② 専門店業界の物流

専門店の多くは商店街に位置しており，納品時の路上駐車などの問題に直面しています。近くに駐車して台車で店舗に納品したり，早朝や夜間に納品したりするような状況にあります。

③ 専門チェーンＳ社の物流システム

総合衣料品専門チェーンのＳ社では，低価格戦略，完全買取制，完売のための店間移動システム，情報システムの完備による単品管理の徹底などの取組みにより，独自の総合物流システムを構築しています。

3 総合型物流システムの展開

３－１　需要予測・自動補充システム

需要予測・自動発注システムとは，仕入先企業が販売・在庫データから需要予測を行い，過剰在庫や在庫削減を実現しつつ，物流コストを下げるシステムを指します。

① ＣＲＰ

店舗や物流センターの在庫を仕入先企業が管理するというＶＭＩの一方式です。具体的には，店舗の販売・在庫データが物流センターに送られ，センターの在庫変動に応じて仕入先企業が需要予測を行い，センター補充量を決定して出荷します。

② ＣＰＦＲ

ＪＭＩ（Joint Management Inventory）とも呼ばれ，小売業と仕入先企業が共同して需要予測を行う方式です。ＣＲＰは実需をベースとして需要予測を行いますが，ＣＰＲＦでは，それに将来計画も加えて需要予測を行い，精度をより一層向上させることが狙いです。

3－2　ＤＣＭの動向

(1)　ＤＣＭの概要

川上（原材料から生産段階）を起点とするサプライチェーンに対して，ディマンドチェーン（ＤＣＭ：Demand Chain Management）は，消費者を起点として流通合理化を図る需要連鎖という考え方です。

小売～卸～メーカー間の多種多様な流通情報の交換と共有により，受発注の合理化，および在庫圧縮と欠品減少という効果を生み出すための取組みです。

(2)　ＤＣＭの効果

ＤＣＭの効果を顕在化させるために必要な流通情報には，次の四つがあります。

① 取引情報

具体的には，受発注情報や代金決済情報となります。ＥＯＳ（電子受発注システム：Electric Ordering System）による小売からの発注情報をメーカーがリアルタイムで共有できれば，実需に合わせた生産・在庫計画が立てられます。

② 物流情報

取引の発生に伴う商品の物理的な移転情報となります。この物流情報をディマンドチェーン全体で共有できれば，流通在庫全体を正確に把握することが可能になるため，補充精度の向上や物流の効率化を図ることが可能になります。

③ 市場情報

需要情報や競争情報となります。消費者の実需を表すＰＯＳデータを卸やメーカーが共有できれば，生産・在庫・補充計画の一掃の精度向上が可能になります。

④ 販売促進情報

ＥＯＳ・ＰＯＳデータのみならず，小売店頭の販売促進情報をチェーン全体で共有できれば，さらに精度の高い生産・在庫・補充計画が立てられます。

3－3 流通情報化インフラとしてのＥＤＩ

(1) ＥＤＩの定義と概要

ＥＤＩとは，電子データ交換（Electric Data Interchange）であり，ＥＤＩ推進協議会の定義では「異なる企業間で，商取引のためのメッセージを，通信回線を介して標準的な規約（可能な限り広く合意された各種規約）を用いて，コンピューター間で交換すること」とされています。

複数企業間のネットワークにおいては，個々の企業ごとの変換システムが必要になるため，投資負担がかさんで普及の障害になる懸念がありました。そこで，日本チェーンストア協会は，1980年にはＪＣＡ手順を制定し，1982年には標準データ交換フォーマットを導入してこの問題を解決したため，ＥＤＩの普及の促進が本格化しました。

(2) チェーンストアにおけるＥＤＩ展開

チェーンストアでは，ＥＤＩが最も普及しており，次のような分野まで活用範囲が拡大されています。

① ＥＯＳによる発注と受発注ＥＤＩ

i）発注業務

小売業は，ＥＯＳ端末で単品ごとの発注数量を入力し，オンラインでチェーンストア本部にそのデータを送信します。チェーンストア本部では，各小売業からの発注データを集計して，仕入先企業に送信します。

ii）受注・出荷業務

仕入先企業は，チェーンストア本部からの受発注ＥＤＩデータをもとに，納品伝票（チェーンストア統一伝票）の作成と出荷指示を行います。

iii）納品業務

仕入先企業から出荷された商品は，チェーンストアの物流センターに納品され，店舗別・カテゴリー別に仕分けされて配送されます。この物流センターにおいて検品がなされるため，店舗ではノー検品で店内に陳列されます。

② 物流ＥＤＩ

ｉ） 受注・出荷業務

仕入先企業が品ぞろえする単品集合包装単位（段ボール等）には，ＩＴＦ（物流標準シンボル：Inter- leaved Two of Five）コードが印字されます。これは，商品の荷姿を示すパッケージ・インジケータが先頭に設定されたコード体系であり，入出荷検品・仕分け・在庫管理が合理化されます。

また，異なる単品を混載で出荷するオリコン（折りたたみコンテナ）には，ＳＣＭラベルが貼付されます。これは，店舗別仕分コード・情報系コード・店舗コード・取引先コード・納品指定日などが印字されており，仕分けの合理化や仕入先企業の納品実績の管理などに活用されます。

さらに，仕入先企業の出荷予定データは，事前にチェーンストア本部と物流センターに送信されます。これをＡＳＮ（事前出荷明細）といいます。

ii） 物流センターから店舗への納品

ＩＴＦコードやＳＣＭラベルの導入により，物流センターでの検品システムは機械化されます。また，ＡＳＮによって納品伝票がペーパーレス化されます。よって，検品作業や店舗別仕分け作業が大幅にオートメーション化されることになります。

③ 決済ＥＤＩ

チェーンストアと仕入先企業の取引により債権・債務が確定すると，代金請求と支払いが必要になりますが，そのデータ交換に決済ＥＤＩが活用されています。

小売業と銀行，仕入先企業と銀行，それぞれの振込依頼と入金報告について，流通業界用標準メッセージ（ＥＤＩに用いる標準電文フォーマット）が開発されています。

＜マーチャンダイジング＞

本試験形式問題

第1問　次の文章は，マーチャンダイジング･サイクルにおける構成要素と経営管理について述べている。文中の〔　　〕の部分に，下記に示すア～オの語群から最も適当なものを選んで，解答欄にその番号を記入しなさい。

マーチャンダイジング・サイクルにおけるチェーンストア本部の業務において，〔　ア　〕では商品を細分化することが重要となる。まず，品群構成として〔　イ　〕，そして品種構成として〔　ウ　〕，続いて品目構成としてシェルフマネジメント，単品構成の〔　エ　〕という流れとなる。販売計画の立案では，1年を〔　オ　〕に分けて計画することになる。

【語群】

ア〔1．商品計画　2．店舗別計画　3．仕入計画　4．販売計画〕

イ〔1．カテゴリー　2．アローワンス　3．フロアゾーニング　4．フェイシング〕

ウ〔1．フェイシング　2．フロアレイアウト　3．カテゴリー　4．アローワンス〕

エ〔1．アローワンス　2．フェイシング　3．フロアレイアウト　4．フロアゾーニング〕

オ〔1．四半期　2．12ヵ月　3．12週ずつ　4．52週〕

解答欄	ア	イ	ウ	エ	オ

第2問　次のア～オは，総合型物流システムの展開について述べている。正しいものには1を，誤っているものには2を，解答欄に記入しなさい。

ア　小売業がイニシアティブをとって，メーカーまでの流通合理化をはかる需要連鎖をディマンドチェーンという。

イ　効率的品ぞろえとは，受発注の合理化をはかりながら，在庫圧縮と欠品減少という効果を現出させることである。

ウ　受発注ＥＤＩにおける発注業務は，小売店がＥＯＳ端末に発注数量を入力した後，チェーン本部にＡＳＮデータを送信することになる。

エ　物流ＥＤＩでは，受注データと自社在庫マスターファイルを照合し，在庫確認と出荷指示を行うことになる。

オ　決済ＥＤＩでは，流通業界用標準メッセージが開発されており，活用が広がっている。

解答欄	ア	イ	ウ	エ	オ

第3問　次のア～オは，損益分岐点分析について述べている。正しいものには1を，誤っているものには2を，解答欄に記入しなさい。

ア　損益分岐点の公式は，【変動費÷（1－固定費率）】である。

イ　限界利益とは，【売上高－固定費】で求められるものである。

ウ　単価650円で仕入れた商品を単価1,000円で販売するとし，固定費が500万円かかる小売店の場合，限界利益率は42.5％となる。

エ　単価150円で仕入れた商品を単価200円で販売するとし，固定費が250万円かかる場合，損益分岐点となる売上高は1,200万円である。

オ　単価300円で仕入れた商品を単価500円で販売する場合，変動費率は60％である。

解答欄	ア	イ	ウ	エ	オ

第4問　次の文章は，主要な仕入形態と商習慣の実際について述べている。文中の〔　　〕の部分に，下記に示すア〜オの語群から最も適当なものを選んで，解答欄にその番号を記入しなさい。

〔　ア　〕とは，メーカーや卸売業が所有権を保有したまま，店舗で販売が実現した段階で小売業に手数料を支払うという仕入形態である。同様の流れで，販売が実現した段階で小売業が仕入計上する仕入形態を〔　イ　〕といい，この場合は**ア**と違い，小売業側は商品の〔　ウ　〕を負わない。当用仕入は，資金の固定化を防ぐ効果があるが，〔　エ　〕が高まることになる。それに対して集中仕入は，主にチェーン組織で用いられており，〔　オ　〕を下げられる可能性が高まる仕入形態である。

【語群】

ア〔1．消化仕入　2．定期仕入　3．定量仕入　4．委託仕入〕

イ〔1．消化仕入　2．定期仕入　3．定量仕入　4．委託仕入〕

ウ〔1．保管責任　2．配送責任　3．加工責任　4．製造物責任〕

エ〔1．保管コスト　2．販売機会ロス　3．金利負担　4．仕入資金〕

オ〔1．在庫コスト　2．損益分岐点比率　3．仕入コスト
　4．保管コスト〕

解答欄	ア	イ	ウ	エ	オ

第5問　次の文章は，消費財の分類別再発注のポイントについて述べている。
文中の〔　　〕の部分に，下記に示すア～オの語群から最も適当なものを選んで，解答欄にその番号を記入しなさい。

〔　ア　〕の仕入政策実施上の留意点は，主要顧客の購買需要の変化にきめ細かく応じるために相対的に〔　イ　〕で商品計画の策定期間をとること，また売上高の伸びが鈍化してきた商品は早めの〔　ウ　〕で在庫処分を迅速に行うことなどとなる。

〔　エ　〕の仕入政策実施上の留意点は，〔　オ　〕をできるだけ低く抑えること，売れ筋商品に集中した仕入政策を行うことなどとなる。

【語群】
ア〔1．最寄品　2．買回品　3．専門品　4．定番品〕
イ〔1．利益率　2．商品回転率　3．長期　4．短期〕
ウ〔1．値上　2．返品　3．値下　4．棚替え〕
エ〔1．最寄品　2．買回品　3．専門品　4．定番品〕
オ〔1．利益率　2．商品回転率　3．販売価格　4．仕入原価〕

解答欄	ア	イ	ウ	エ	オ

第６問　次のア～オは，値入額の戦略的設定について述べている。正しいものには１を，誤っているものには２を，解答欄に記入しなさい。

ア　仕入原価が105円の商品の売価を140円とした場合，売価基準の値入率は25.0％である。

イ　仕入原価が1,400円で，値入率が30.0％の場合，売価は2,000円となる。

ウ　売価が350円で，値入率が20.0％の場合，仕入原価は280円である。

エ　値入額が50円で，値入率が40.0％の場合，仕入原価は85円である。

オ　単価200円で100個売れていた商品を単価160円に値下げしたところ120個売れるようになった場合，価格弾力性の値は２となる。

解答欄	ア	イ	ウ	エ	オ

第７問　次のア～オは，商品管理の意義と方法について述べている。正しいものには１を，誤っているものには２を，解答欄に記入しなさい。

ア　商品回転率を高める方法の一つは，売上高の増加よりも早く平均商品在庫高を増加させることである。

イ　単品管理は，品切れ防止や過剰在庫防止のための最重要マネジメント手法と位置づけられている。

ウ　チェーン組織では，死に筋商品を発見する役割は本部（商品部）である。

エ　過剰在庫の問題点の一つに，在庫金利の増大があげられる。

オ　個店対応とは，チェーンストア本部のセントラルバイングを個店の品ぞろえに反映させる仕組みのことをさす。

2　マーチャンダイジング

解答欄	ア	イ	ウ	エ	オ

〔解答・解説〕

第１問

【１－３－２－２－４】

専門用語が多く難解かもしれないが，チェーンストア本部の業務については，確実に理解しておきたい。

第２問

【１－２－２－２－１】

ＤＣＭの概要，チェーンストアにおけるＥＤＩ展開の説明である。イは，ディマンドチェーンの効率化のうち，効率的在庫補充についての説明になっている。ウは，チェーン本部に送信するのは発注データであり，ＡＳＮデータではない。エの内容は，受発注ＥＤＩにおける仕入先企業の受注・出荷業務についての説明になっている。

第３問

【２－２－２－２－１】

アは，【固定費÷(１－変動費率)】である。イは，【売上高－変動費】である。ウは，【１－(650円÷1,000円)＝35.0%】となる。エは，【250万円÷｛１－(150円÷200円)｝＝1,000万円】である。この程度の計算式は，確実に正解できるようにしておきたい。

第４問

【４－１－１－２－３】

委託仕入における販売実現の代償は，手数料の授受となる。この場合，小売業は，商品保管責任を負うことになる。消化仕入では，小売業が商品保管責任を負うことにはならない。当用仕入は，小量仕入であり，売れ残りリスクの回避，仕入資金の少額化，金利負担の軽減などがメリットとなるが，販売機会ロスが高まる。集中仕入の主たる目的は，仕入コストの低減である。

第5問

【2－4－3－1－4】

最寄品と買回品の特性については，しっかりと理解を深めておきたい。消費者の購買行動に販売が左右されるため，それを予測した計画的仕入活動が必要である。また，再発注業務は，重要な項目であるので，しっかり復習しておくこと。

第6問

【1－1－1－2－2】

アは，(140円－105円)÷140円＝25.0％，イは，1,400円÷(1－0.3)＝2,000円，ウは，350円×(1－0.2)＝280円となる。エは，50円÷0.4＝売価125円となり，仕入原価は125円－50円＝75円である。オは，｛(120個－100個)÷100個｝÷｛(160円－200円)÷200円｝＝0.2÷0.2＝1となる。

第7問

【2－1－2－1－2】

アは，平均商品在庫高の増加よりも早く売上高を増加させることになる。ウでは，本部（商品部）のみではなく，各店舗もその役割を担うことになる。オは，個店の声をセントラルバイングする本部（商品部）に反映させる仕組みである。

3

ストアオペレーション

第1章

店舗運営サイクルの実践と管理

1 売上と利益向上のためのストアオペレーション

ストアオペレーションの巧拙は，顧客満足に影響するだけでなく，店舗の損益計算書（企業の会計期間の経営成績を表す）において売上高や利益に大きな影響を与えます。

売上高を顧客の視点からとらえた場合は，

売上高＝客数×客単価

で求め，客数の増加策または客単価の向上策を高めることで売上高が向上します。

小売業が本業によって稼ぎ出す「儲け」を表す営業利益は，

営業利益＝売上総利益(粗利益)－販売費及び一般管理費

で求め，売上総利益を高めるか，販売費及び一般管理費を抑えることで営業利益が向上します。

≪ストアオペレーションによる売上高と利益向上の仕組み≫

(1) 売上高向上のためのストアオペレーション

売上高は，顧客満足を表すバロメーターです。高い顧客満足を提供することで，客数または客単価の向上をはかります。しかし，客数を増やすことは，人口減少などにより困難な状況にあり，もう一つの政策である客単価向上に目を向ける必要があります。

「客単価＝買上点数×一品単価」であり，１回当たりの買上点数の増加，または，より高い一品単価の商品を購入してもらうことで客単価を向上させることが必要です。後者の方法は，不況時には推進しにくいため，そこで，どんな経営環境下においても常に推進したいのは，買上点数の増加になります。

粗利益を下げずに買上点数の向上をはかるには，クロスマーチャンダイジング（主商品と副商品をセットにして同じ売場に並べ，同時購買の確率を高めるディスプレイ技術のこと）やコーディネート陳列などの販売促進手法がありますが，販売機会ロスの発生を防止することが大切です。

＜販売機会ロスの防止＞

① 欠品の発生防止

欠品が発生する原因は，発注数量の不足，単純な発注ミス，サプライヤーの遅納，誤納，未納などです。特に売れ筋商品や広告掲載商品などを欠品しないことが重要です。

② 不的確な販売方法の修正

目立たない場所での陳列，陳列数量が少なく目立たない陳列，ＰＯＰ広告などの商品説明の不備，接客の不適切な仕方などの修正が大切です。

③ 新商品や売れ筋商品に関する情報収集

自店だけでなく，サプライヤーなどから業界の商品動向や他店の売れ筋商品に関する情報を把握して，トレンドを見逃さないことです。

＜クロスマーチャンダイジング＞

商品カテゴリーにこだわらず，あるテーマに関連する商品をまとめてディスプレイする手法です。ギョーザ売場にラー油を並べたり，肉売り場に焼肉のたれを並べたりすることで，ついで買いや関連購買を促進します。また，顧客にとっても買い忘れなどを防ぐ効果があります。

(2) 売上総利益向上のためのストアオペレーション

小売業経営の基礎的利益である売上総利益は，

3　ストアオペレーション

売上総利益＝売上高×粗利益率

で求め，売上高または粗利益率を高めることで売上総利益は向上します。粗利益率が向上することで，売上総利益を向上させる方法について見てみます。

＜粗利益率を向上させる方法＞

①　仕入価格を引き下げる

売価が一定ならば，仕入価格を下げることで粗利益率は向上します。仕入価格を下げるには，同一の商品について低価格を提示したサプライヤー（仕入先企業）と商談し，商品を調達することです。一括大量仕入というバイングパワーの方法もあります。

②　ＰＢ商品を販売する

小売業にとってプライベートブランド（ＰＢ）商品は，ナショナルブランド（ＮＢ）商品より低い価格で調達でき，低い価格で販売しますが，マス広告をしないなど費用がかからない分，粗利益率はＰＢ商品のほうが高い傾向にあります。また，ＰＢ商品の製造委託を受けるメーカーにとっても，販路開拓や需要喚起のコストの節約，さらに，工場の稼働率が高まり生産単位コストの低減といったメリットがあります。

③　値入率の高い商品の推奨販売

値入率の高い商品は，売れ残りによる値下，減耗発生につながる危険性といったデメリットもありますが，高い値入率を設定しても売れそうな「高付加価値商品（コストや手間をかけたこだわり商品，高級商品，高品質商品，高機能商品，多機能商品，差別化商品）」を積極的に推奨販売することで粗利益率は向上します。

④　値下・値引を減らす

値下や値引は，粗利益率の低下になるので最小限に抑えるためには，適切な仕入数量の予測，売れ筋商品の仕入，適正在庫の確保，さらに季節や流行商品は，時期内に早期の販売ピークをつくり，在庫をシーズン末期まで持ち込まないことです。

⑤　減耗を減らす

値下や値引でも売れず廃棄処分とする商品，破損・汚損・腐敗などにより廃棄処分となる商品，万引・盗難・紛失なども減耗となります。

減耗を減らすには，破損・汚損を防止する商品保管や陳列の工夫，生鮮食料品などの消費期限（期限を過ぎたら食べないほうがよい期限のこと）の短い商品では鮮度管理の徹底，さらに，万引，盗難を防止する対策が重要です。

また，減耗は，売上総利益の低下を招きます。売上総利益を求める計算式は，

売上総利益＝売上高－売上原価－ロス（品減り）額

で求め，売上原価が低いと売上総利益は高くなります。

売上原価を求める計算式は，

売上原価＝期首商品棚卸高＋純仕入高－期末商品棚卸高

で求め，期末商品棚卸高が高いほうが売上原価を低くすることができます。

しかし，減耗は消失することなので，結果として売上総利益の低下を招くことになるので，減耗を減らすことが大切です。

＜消費期限と賞味期限＞

農林水産省のホームページでは，次のように説明されています。

- 消費期限……お弁当や洋生菓子など長くは保存がきかない食品に表示してあります。開封していない状態で，表示されている保存方法に従って保存したときに，食べても安全な期限を示しています。消費期限内に食べるようにしましょう。
- 賞味期限……ハム・ソーセージやスナック菓子，缶詰など冷蔵や常温で保存がきく食品に表示してあります。開封していない状態で，表示されている保存方法に従って保存したときに，おいしく食べられる期限を示しています。賞味期限内においしく食べましょう。ただし，賞味期限を過ぎても食べられなくなるとは限りません。

(3)　販売管理費低減のためのストアオペレーション

店舗において，売上高や売上総利益に対して販売管理費（人件費，賃借料，広告宣伝費，水道光熱費など）の割合を低減することによって，営業利益は向上します。販売費及び一般管理費低減のためのストアオペレーションは，ローコストオペレーションとも呼ばれます。

＜販売管理費低減のためのストアオペレーション＞

①　粗利益に応じた適切な労働分配率と労働生産性の向上

ストアオペレーションにおいて人件費は最大の費用ですが，単純に従業員の数を減らすことは，売場陳列状態の乱れや不十分なサービスによる売上の低下につながります。また，賃金額や福利厚生費を抑えると，優秀な人材確保や従業員のモチベーションに悪い影響を与えます。そこで，労働分配率（粗利益に対する人件費の割合を表す）の指標を用いて，この比率が高くならないようにコントロールすることが大切です。

労働分配率の値（比率）を適切な範囲内に抑えるには，適切なスケジューリングや店内の効率化をはかり，従業員１人当たりの売上高や粗利益高，人時生産性（労働時間１時間当たりの粗利益高）などの労働生産性を高めることが必要です。

②　売上や粗利益に応じた適切な店舗賃借料

店舗賃借料は人件費と並んで大きなコストがかかるため，店舗を借りるときや契約更新のときに，売上や利益の見込み額を的確に判断したり，売上高対賃料比率や売上総利益対賃料比率を，出店の判断基準とすることが必要です。

③　費用対効果の高い広告宣伝

広告宣伝費は，費用対効果を考えて効果の高い広告宣伝手法（チラシ広告，ダイレクトメールなど）を用い，広告宣伝費額は，売上高対広告宣伝費比率や売上総利益対広告宣伝費比率などにより，適切な範囲内でコストコントロールすることが必要です。

また，来店前にすでに購入する商品を決めている顧客には，主に，チラシ広告やインターネットによる販売促進で対応し，来店してから購入する商品を決める顧客には，インストアプロモーション（特売，催事，デモンストレーション販売など）で対応することが必要です。

④　光熱費の低減

店舗において消費電力の節約は，ローコストオペレーションの視点だけでなく，環境負担の低減という社会的側面からも重要です。

＜インストアプロモーション＞

インストア，つまり店内での販売促進となります。店頭でのイベント，クーポンの配付，デモによる販売などがあげられます。店内に入ってきた顧客を対象に，一層の購買を促すことが狙いであり，近年では単なる価格訴求から品質・製造の説明や使用場面の提示など，訴求内容が多様化しています。それに伴い，ビデオ機材やパソコンの使用など，伝達効率を向上するための工夫が用いられています。

3　ストアオペレーション

図表３－１－１　顧客満足と売上・利益向上のためのストアオペレーション

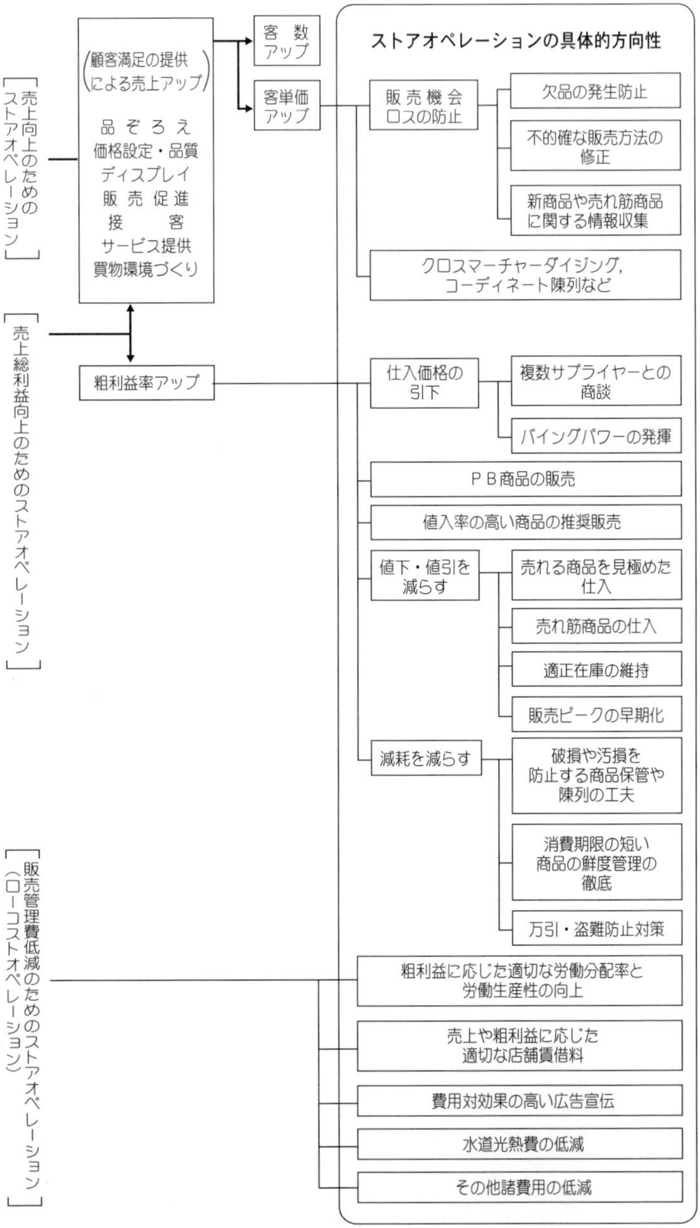

2　発注システムの運用と管理

(1)　ＥＯＳ（Electronic Ordering System）発注

補充発注とは，規格化された棚割表にしたがって，売れた商品を補充するために，定期的または定量的方法で売場から発注することです。この補充発注を効率的に実施する方法に，ＥＯＳ（自動補充発注システム）があります。ＥＯＳは，商品と数量を端末機（電子メモ）に入力し，店舗のストアコントローラを通じ（チェーンストアでは本部を経由し）て仕入先企業に発注することです。

(2)　最低陳列数量と欠品の意味

図表３－１－２　Ａ商品の12日間の販売動向データ

（最低在庫数量＝22個）

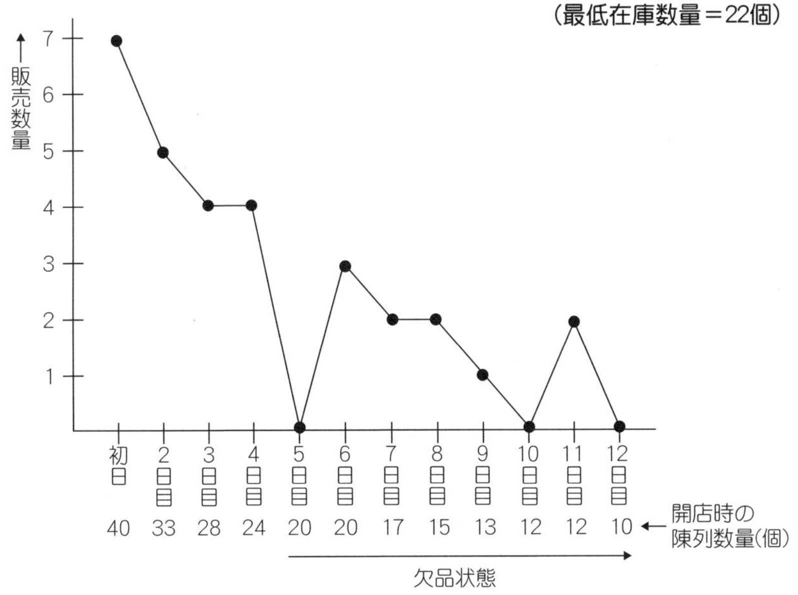

図のＡ商品の最低在庫数量を22個と仮定すると，５日目に最低在庫数量を割り，５日目以降の状態を欠品といいます。定番商品の補充発注にあたっては，陳列数量の捉え方が重要です。販売数量は，陳列数量が一定以下になったとき，

急速に減少する場合があります。この一定数量のことを，最低陳列数量といいます。

欠品とは，商品がゴンドラ什器からすべてなくなったときの状態というよりは，最低陳列数量を下回った状態のことです。売場の担当者は，カテゴリー（ゴンドラ）ごとの最低陳列数量になった時点で，発見したのでは欠品を防止できません。それは，発注してから商品が入荷するまでの発注リードタイムの期間中に欠品を起こすからです。欠品を防止するには，発注リードタイムを考慮に入れて補充発注することが必要です。

3　商品の前出し作業および補充作業

3－1　商品の前出し作業

前出し作業は，商品を補充する業務の一環で，整理・整頓・清掃という観点から売場のクリンリネスと位置づけられており，乱れた売場の商品を整え，棚の奥に残った商品を顧客が取りやすいように棚の手前に引き出してフェイスをそろえることです。

＜商品の前出し作業＞

① 実 施 頻 度

スーパーマーケットやドラッグストアなどでは，1日に4回程度を定期的に実施し，その他の小売店においても，最低でも午前と午後の2回以上は実施すべきです。

② 作 業 時 間

1回に5分から10分程度を手短かに行います。

③ 主 な 売 場

すべての売場で同じように前出し作業を行うことは非効率的であり，顧客の立寄率が高い重点的な売場を中心に行うことが重要です。

④　実施上の留意点

・　棚番ごとに，ゴンドラの最上段から下段に向かって左上から逆Ｓ字の流れに沿って行うなどの統一的方法を採用すると，効果的に作業ができます。

・　品目ごとに，ゴンドラの奥に向かって最低でも２列以上の陳列数量になるように整えます。

・　詰替え用などの斜めに重ねて並べるような商品は，入口からよく見えるようにディスプレイします。

・　分類の異なる商品が混在している場合は，速やかに正しい売場（スペース）に戻します。

・　棚ラベルの位置やＰＯＰ広告は，その内容をチェックし，正しく修正します。

・　不良品や破損品，または有効期限切れなどは，前出しの時点で棚から外します。

・　欠品のスペースは，他の商品を置かずに空けておく，またはその理由や入荷予定日などを記したカード類を添えておきます。

・　作業は，顧客の買物の邪魔にならないように配慮して行います。

・　顧客には，作業中であっても明るく挨拶します。

・　前出し作業は，時間をかけて行う作業ではないので，効率的，かつ，迅速に行う必要があります。

３－２　商品の補充作業

補充とは，商品カテゴリー別の売場における品薄，または欠品状態を予測して，常に一定の商品数量を整えるための作業であり，「品出し」と呼んでいます。

補充は，入口周辺の売場から店内の奥へと行うことによって，入店した瞬間に商品の豊富感や買いやすい売場イメージを顧客に訴求できます。また，需要が急速に伸びている商品は，スペースを大きくとり，効率化をはかります。

3　ストアオペレーション

(1)　補充を行う場合とは

＜補充を行う場合＞

①　商品が欠品したとき

- 絶対的欠品……陳列棚やバックヤードに商品がまったくない状態のこと
- 相対的欠品……商品の最低陳列数量を割った状態のこと

②　商品が少なくなったとき（品薄時）

棚割表などで定めた基準により，商品が売れた分だけ補充します。

③　決められた時間帯のとき（夜間，早朝など）

ワークスケジューリングにのっとり行います。

(2)　補充の手順と留意点

①　補充商品の選定（売場の巡回）

補充商品の選定は，決められた時間，順序ですべての売場を対象にして行う。また，来店のピーク時や特売などによる混雑時の後では，重点商品の売場を中心に巡回して補充対象となる商品を抽出する。

- 各売場を巡回し，品薄や欠品状態にある商品を見つけ出す。
- 補充する商品の名称や数量をメモ書きするか，もしくは端末機などに入力する。

②　補充商品の取出し（バックヤード）

ⅰ）バックヤードのストック棚から補充用商品リストにもとづき，入荷日付の古い商品から先に出す。

ⅱ）商品のダンボールに印字されている商品名や入り数（ダンボールに梱包されている数量）などが間違いないか商品リストと照合し確認する。

ⅲ）販売価格が印字，記入がされていないときは，上司に確認して販売価格を記入する。

ⅳ）ストック場でも，商品の分類・整理を徹底しておく。

ⅴ）汚れて見えにくい値札は使用しない。

vi）日付や容量などの記載事項が隠れないように値札をつける。

③ カートラックへ積載

・ 商品の形状に合ったカートを使う。

・ 目の高さ以上に商品を積みすぎない。

・ カートや台車から商品がはみ出さないように，積み込み順序にしたがい積む。

カートへ商品を載せるときは，次の点に留意します。

・ 荷下ろしを楽にするため，重い商品や大きい商品を先に載せて，壊れやすい商品や崩れやすい商品は後から載せる。

・ 通路（売場）別に商品を積み込む。

④ カートラックで運搬

・ 同じ売場を何回も回らにように，通路と順序（作業動線）を決めておく。

・ 危険のないように，前方をよく見ながらカートを押していく。

カートの運搬には，「速く，楽に，安全に」という点を目標として，最小限しか曲がらず，短く，交差しないことを原則とする。

・ 顧客に注意して，わき見をしない。

・ スピードを出しすぎない。

・ 顧客がいる場合は声をかけながら運搬する。

・ 混雑時はカートを使わない。

・ 多く積載して前方が見えにくいときは，カートを引いて運搬する。

⑤ 陳列（リセット）

・ 商品の陳列棚（ゴンドラ）の奥から商品を入れる（先入先出法）

・ 補充したとき，フェイシングと売場在庫の数量が適正かを確認する。

・ 商品とプライスカードが一致しているかを確認する。

・ 商品が横にずれないように，仕切り版を利用する。

陳列は，売場づくりの原点でもあり，次のように細心の注意を払わなければなりません。

・ カット台を使用して腰から上の棚段に補充（品出し）する場合は，カット台に商品を載せたまま行う。

・　カット台を使用して腰から下の棚段に補充（品出し）する場合は，カット台から商品を下ろして行う。

・　先入れ先出しを徹底して，前にあった商品は左側に寄せるかして効率的に補充（品出し）する。

・　フェイスが前を向いているか，崩れやすくないか，補充（品出し）の数量が適正か，フェイシングどおりか，売価と合っているか，などの確認を行う。

⑥　ダンボール整理

補充（品出し）によって空きになったダンボールは，次の手順で速やかに整理します。

ⅰ）空き箱の中身を確認してから潰す。

ⅱ）切りくずになったダンボールは，大きいダンボールに入れ，アミカートなどのダンボール専用カートに載せる。

ⅲ）バックヤードのダストシュート（ごみ処理）場へ運ぶ。

ⅳ）ダストシュートに捨てる。

⑦　完　　了

・　商品の高さにばらつきがない，商品とプライスカードが一致している，商品のフェイスが顧客のほうを向いている，フェイシングのとおりに陳列されているなど，補充の状態が適正なディスプレイとなっていることを確認する。

図表３－１－３　カートラックの種類と用途

カートラック

住居・食品用

1．荷受
2．ストック
3．陳列補充

カ　ー　ト

衣料・住居・食品用

1．荷受
2．補充

カ　ッ　ト　台

住居・食品用

1．運搬
2．値付け作業
3．商品カット
4．補充

２段カート

衣　料　品　用

1．補充

アルミトレイカート

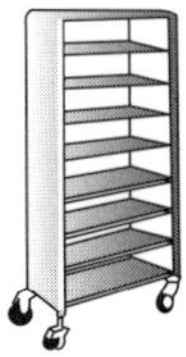

精肉・鮮魚用

1．肉・魚・塩干等のパッケージ商品の補充とストックに使う。

アミカート

衣料・住居・食品用

1．ダンボール処理用
2．商品搬入用

補助用カート

青　果　用

1．青果物の補充作業
2．一部商品の陳列

ミニキャリア

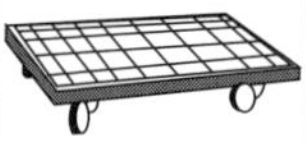

衣料・住居・食品用

1．荷受作業
2．ストック
3．陳列用
4．補充

4　戦略的ディスプレイの概要

4－1　ディスプレイの方法

(1)　基本的ディスプレイ方法

基本的なディスプレイの定番ともいえる前進立体陳列は，商品の陳列面を盛り上がった感じに見せることで迫力感を出します。前進立体陳列を行うための作業のことをフェイスアップということもあります。

＜前進立体陳列の効果＞

・　商品の先頭がゴンドラの奥にあったり，バラバラになったものを，商品の表面を正面に向けて並べることで，見た目のよさに加え，ボリューム感を出せる。

・　視覚に訴えることができ，顧客にとっては，ついつい手が伸びてしまうという心理的な効果が期待できる。

・　前進立体陳列は，常に商品を美しく見せることと戦略的な要素が入った重要な作業である。

(2)　変形陳列のパターンと商品

前進立体陳列は，それだけでは売場は単調になってしまうので，変形陳列で売場にアクセントをつける必要があります。しかし，変形陳列は売場にアクセントをつけることが目的なので，売場の約20％以内に抑えなければなりません。

図表３－１－４　変形陳列の方法と対象商品

	陳列方法	適応商品
プッシュアウト（突き出し）陳列	一列に並んだゴンドラ什器などの陳列ラインより前面の通路側に突き出す形でディスプレイする。	・後面の定番商品と同一，または関連商品 ・新商品や育成商品
ウィング（翼型）陳列	ゴンドラエンドや平台の両側，または片側のサイドに，鳥の羽を広げたように突き出してディスプレイする。	・エンド・平台のテーマの関連商品 ・認知度を高めたい商品 ・ついで買い商品 ・売れ残り品の売り切り
ステップ（ひな壇）陳列	トレーパック商品や箱物，缶詰などを，３段以上の階段状に積み上げてディスプレイする。	・積み重ねても変形しない商品
パイルアップ（積み上げ）陳列	パイルアップは「積み上げる」ことを意味する。パイルアップ陳列とは，商品を組み合わせながら高く積み上げる形で行うディスプレイである。	・積み重ねられる商品 ・中～大型商品で安定感のある商品

<ディスプレイ>

陳列とは，単位商品を売場に並べるという意味になりますが，ディスプレイと表現される場合は，戦略性や収益面等の計画性が問われることになります。フェイシングをどうするか，ＰＯＰ広告をどのようにつけるか，装飾はどうするかなど，小売業の重要な戦略の一つとして位置づけられます。特に，ビジュアルプレゼンテーションが進展してきている昨今の小売業界においては，企業としての戦略を実現するために，売場の隅々にまでディスプレイの工夫が求められているといえます。

4－2　ディスプレイ実施上の留意点

＜主要なディスプレイ・パターン実施上の留意点＞

①　前進立体陳列（フォワード陳列）

・　セルフサービス販売方式を主体とする売場においては，定期的な商品の前出し作業を励行すべきであり，1日のディスプレイ作業の回数および時間帯を決め，作業時間の増加を抑えることが重要です。

・　商品補充は，先入先出法を行い，商品ロスを防ぎます。

・　左右の崩れを防ぐには，品目ごとの仕切り板や支え板が必要です。

＜先入先出法＞

先に入荷したものから先に出荷していくという方法です。商品補充においては，陳列棚の奥に補充して，前面には以前補充した商品が出てくるように引き出すような作業が必要です。

なお，財務管理においてもよく使われる用語であり，在庫の評価（在庫金額の算出）を行うときの一つの手法となっています。例えば，ある商品の毎月の仕入金額が違う場合は，期末の在庫金額算出のときに，「先に入荷したものから売れたと考え，残った在庫の原価は後のほうの仕入原価と考える」ことによって在庫を評価します。一般に使われている手法であり，他には「総平均法」，「移動平均法」，「個別法」などがあります。

②　カラーストライプ陳列

同一色の単品を縦型に陳列し，商品の持つ色を訴求することによって，陳列面に縦じま模様をつくる方法です。

・　細かなデザインよりもシンプルなデザインの商品のほうが効果が出やすいです（青果コーナーでよく使われます）。

・　どのフェイス部分を見せれば，最も配色が美しくなり，カラー訴求ができるかを検討し，決定すべきです。

・　品目ごとに仕切り板や仕切り棚を活用して，この陳列の特徴である縦のカラー別ラインが崩れないように留意します。

・　商品およびプリパッケージのアクセントカラー（青果部門では赤・白・黄色）を効果的に利用すると，遠くからでもよく目立ち，マグネットの役割を果たします。しかし，陳列器具や壁面では華やかな色を避け，商品を生かすためのアクセントカラーを際立たせる配色を考えることが大切です。

③　コーディネート陳列

専門店のように対面販売を主体とする店舗で多く利用されている，ストアコンセプトを主張するのに最適な方法です。

・　さまざまな生活シーン（場面）に合わせ販売促進のテーマを設定して，主力商品の周辺に色やデザインを統一した関連商品をディスプレイします。

・　マーチャンダイジングと切り離せないディスプレイであり，流行や商品の持っている機能や用途を考慮し，それぞれの顧客のニーズに合うようコーディネートすることが大切です。

④　ハンガー陳列

セルフサービス販売方式および対面販売方式を主体とする店舗で多く利用される方法です。

・　衣料品などは，縦に掛けておくと顧客は探しにくいため，斜めの多点掛けや商品を横向きに掛けて見やすくするスリーブアウトなどの工夫が必要です。

・　サイズを容易に探すことができるように，色の違うハンガーを利用したり，ハンガーに丸いサイズ表示部品などをつけます。

・　商品は，取りやすく，見やすい数量の商品を掛けることが大切です。

5 棚卸の目的と実施プロセス

(1) 棚卸の目的

小売店において，商品の万引，商品入荷時点の伝票とのくい違い，値下伝票の発行忘れ，移動伝票の発行漏れなどにより，帳簿在庫と実地棚卸による在庫とのくい違いが起きます。これを放置した場合は，次のようなことが生じます。

- 管理データが不正確になる。
- 正確な実在庫が不明になる。
- 適切な在庫コントロールや利益管理ができない。

などの問題が発生して，経営が成り立たなくなります。そこで，年に2回は正確な実在庫を知り，管理日報のデータの修正が必要となり，そのために棚卸の業務を行います。

図表3－1－5　棚卸ロス（品減り）の原因と対策

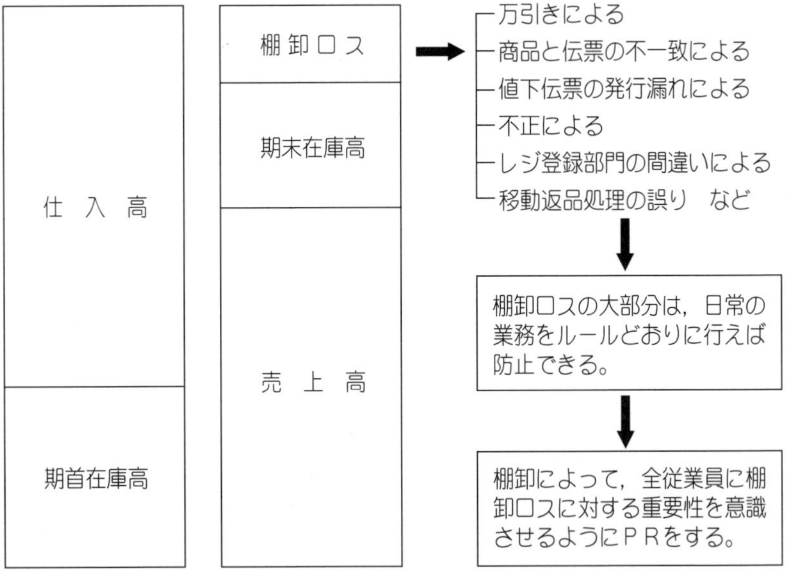

(2)　棚卸の実施体制

棚卸は，１人ではなく，全員の協力で行います。また，棚卸に関する資料は，仕事の源であるので，後任者にも引き継ぎを行います。

(3)　棚卸の実施プロセス

棚卸作業は，一時的にすべての商品の動きを停止して行い，限定した時間内に完了する必要があります。

①　棚卸実施日の出勤者を確認する。

②　棚卸実施日の組数に入らない人員を確保する。

③　当日病欠などの予備人員として２～３名を選んでおく。

④　人員の組合せの方法を１週間前に作成しておく。

⑤　売場別の投入組数を決定する。

⑥　正式な組合せを一覧表にして，全従業員に周知する。

(4)　売場とバックヤードの整理

①　売場の整理

目の届きにくい場所をチェックして，値札落ちや値札が正しいかチェックします。また，半端商品や返品商品は１か所にまとめておきます。保安室にある万引された商品なども忘れずに棚卸をします。

②　バックヤードの整理

部門別にまとめて整理します。バラ物商品は売場に出して棚卸をします。見本品，景品などの棚卸不要の商品は，棚卸不要品のステッカーを貼り，棚卸しないようにします。

6　レジチェッカーの役割

レジチェッカーは，顧客の買物を締めくくる重要な役割を担っています。小売店では，マニュアルを整備しトレーニングを強化していますが，セルフサービス販売方式の小売店といえども，顧客優先主義を貫き，マニュアルを超えて臨機応変に対応しなければなりません。

≪レジチェッカーに求められる役割のポイント≫

(1)　レジでの接客マナー

①　正しい姿勢で接客し，顧客の目を見て笑顔で応対する。手の位置にも注意を払う。

②　決められた身だしなみになっていること。勝手にエプロンを着けるなどの規律の乱れをチェックする。

③　決められた用語を使い，どんな場合でも丁寧に応対し，顧客の誰にも決められた用語を使う。顧客に対して応対が変わると，顧客に不平不満が生じる。

④　商品の取扱いを丁寧にすること。

⑤　接客サービスに不公平の差をつけないこと。知っている顧客に特別待遇するようなことがないこと。

⑥　よく見える位置にレジチェッカーとしての名札をつけていること。

⑦　金銭の受渡しを丁寧にすること。特に，1万円札と5千円札は間違えやすいため，吟味台へ置いて双方が確認できるようにする。

⑧　待機中に無駄話をしないこと。

⑨　返品や商品の交換に際しては，決められたルールにしたがうこと。

⑩　商品特性や形状を考えた袋詰めや包装を行う。硬いものは下に，やわらかいものは上に入れる。

⑪　開店時と閉店時のレジ点検業務が決められたとおりにできること。

(2)　アイコンタクトの重要性

＜目　配　り＞

①　レジ待ち客への配慮

自分が担当するレジに並んでいる次の顧客の買物カゴを見て，どのくらいの分量の商品を購入しているかをきちんと把握し，目の前の商品やカゴを素早く移動させ，できるだけ顧客が早くカゴをレジカウンターの上に置けるように心がけます。

②　対応客への配慮

長らく待っていただいた顧客への対応では，「申し訳ない」というしぐさやアイコンタクトを行うことで，コミュニケーションのレベルを高めることが大切です。

③ 笑顔づくりの配慮

顧客がレジに来たときは，相手の目を見て笑顔で挨拶し，その後に買物カゴを引き寄せます。顔を下に向けながら，「いらっしゃいませ」というのは，アイコンタクトを妨げるので厳禁です。

＜レジチェッカーの対応の視点＞

レジチェッカーは，精算業務を行うだけでなく，レジ周りの顧客の動きや変化を把握することも必要です。

(3) 親切なコミュニケーション

＜気 配 り＞

① 年配の顧客には慎重，かつ，親切な気配りが必要であり，レジが混雑していないときなどは，積極的に袋詰めなどのサポートを行います。

② つり銭の渡し方が，紙幣と小銭を一緒に渡す方法から，最初に紙幣だけを渡し，その後に小銭とレシートを渡す方法に切り替わっています。そのため，顧客をあわてさせずに，顧客が紙幣を財布にしまってから，小銭とレシートを渡すことが大切です。

③ スーパーマーケットにおける買物カゴの整理ポイント

・ 牛乳などの硬い商品は，レジチェッカーから見て左上から順番に置くこと

・ 卵や魚類などのやわらかい商品は，カゴから出すこと

・ ペットボトルなどの大きなかさばる商品は，左上の牛乳の隣に置くこと

＜チェッカーの対応の視点＞

レジチェッカーは，目の前の顧客だけでなく，顧客の動作を把握し，瞬時に判断を下す能力を身につけることです。

第2章 戦略的ディスプレイの実施方法

1 補充型陳列（オープンストック）

1－1 補充型陳列の目的と留意点

補充型陳列とは，使用頻度，購買頻度が高い定番的な最寄品を効率的に補充し，継続的に販売するためのディスプレイ方法です。顧客側からみれば，見やすい，選びやすい，手に取りやすく，などが基本であり，一方，小売店側からみれば，売場管理がしやすく，販売数量を増やしやすい，商品管理がしやすいなどの機能が基本となります。

(1) 補充型陳列の留意点

① 前進立体陳列にする。

② 安定感のあるディスプレイにする。

③ 清潔感が売場に表れるようにする。

④ 最上段のディスプレイの高さを統一する。

⑤ ディスプレイのパターンを決めておく。

(2) 陳列棚の縦割（垂直型）展開

① 心理学見地にもとづく縦割（垂直型）展開

陳列棚の縦割（垂直型）は，同じ種類の商品を見やすい陳列幅のなかに縦割に陳列するので，顧客はひと目で商品を見て選ぶことができます。

商品を一定の基準で類型（グルーピング）し，ゴンドラに縦割陳列する方法は，心理学的見地にもとづいています。人間の目は，商品を探すとき，横（左右）より縦（上下）に動く場合が多いからです。

② 縦割（垂直型）展開のメリット

・ 縦割に商品をカラーコントロールできるので，顧客は注目しやすい。
・ 比較する商品同士が縦に配置されていると，顧客の商品選択が容易となる。
・ 同一種類の品目を縦割陳列するため，立体感と豊富感が出せる。
・ 重点商品を縦割構成のなかで売りやすい棚段に，意図的に配置することができる。

③ 縦割（垂直型）展開の留意点

小売店として，売りたい商品は，ゴンドラ什器のゴールデンライン（顧客が最も手に取りやすい高さ）に戦略的にディスプレイすると，ゴンドラスペース全体の商品回転率と売上高が向上し，利益額の増加につながります。

＜ゴールデンライン（Golden Line）＞

顧客が手の届く範囲（概ね600～1,800mm）のうち，最も手に取りやすい位置を表す用語であり，850mm～1,400mm程度とされています。ゴールデンゾーンともいわれます。顧客が商品を選択する時間は短時間であることから，最も訴求したい商品群をゴールデンラインに陳列することが効果的であることはいうまでもありません。

(3) フェイスとフェイシングの違い

① フェイスとは

商品のいくつかの面のうち，顔の部分であるフェイスは，商品の存在感を最も強く訴求する面のことであり，陳列するときには商品のどの面を顧客に見せるかということが重要となります。

②　フェイス決定の条件

＜商品ごとのフェイスを決定する場合の条件＞

・　価値を伝えるフェイス決定の条件……商品がよく見える。中身がよく見える。商品名，サイズ，容量，用途，価格，使用場面などがわかる。

・　コストのかからないフェイス決定の条件……取りやすい，戻しやすい。見やすい。整理整頓しやすい。スペースをとらない。などです。

③　フェイシングとは

フェイシングとは，陳列棚の最前列に，同一（のフェイス），かつ，複数の商品（単品）を横（と縦）に最適な数量を並べる配列技法のことです。

並列的陳列数量は，当該商品（単品）の販売数量を大きく変化させ，また，フェイシングによりスペースが拡大するため，その商品（単品）の表現や主張が鮮明になり，顧客への訴求力が大きくなります。

④　フェイシングと売上の関係

フェイシングは，原則として，各商品（単品）の販売数量に応じて決定します。しかし，すべての商品（単品）のフェイシング数を増加することは売場スペースの制限があり不可能です。単品における適切なフェイシングとは，売りそこないがなく，逆に，在庫過多にならないよう当該商品のフェイスの数を決定することが大切です。

(4)　フェイシングの考え方

①　棚割におけるフェイシングの位置づけ

フェイシングとは，棚割の一つであり，陳列棚に並べられた商品（単品）を基準としたディスプレイの技術です。棚割は，ゴンドラに陳列するすべての商品を適正に配置し，ゴンドラ全体の販売効率を向上させるスペースマネジメントの一手法です。フェイシングは，そのゴンドラに，商品（単品）の陳列数量を縦と横に計画的，かつ戦略的に決定することといえます。

②　ＰＯＳデータにもとづくフェイシング

フェイシングの決定には，カテゴリーごとの需要予測による手法を採用することが望ましいですが，実際にはＰＯＳデータによって商品（単品）ごとの販売動向を把握し，フェイシングを決定することが一般化しています。その理由として，商品（単品）ごとの販売数量に正比例してフェイシングを決定することが，購買における確率論からみた棚割の基本になっているためです。

③　消費者のニーズが強い単品の多フェイス化が基本

フェイシングを決定する基準は，消費者のニーズが強い商品を多フェイス化することです。話題の商品や新商品などは，一般に消費者の認知度が高いので，フェイシング数を拡大すると購買率が高まります。

(5)　補充型陳列の戦略的事例

補充型陳列は，毎日の販売にかかわる継続反復的なディスプレイ方法で，効率的ディスプレイ技術と作業の省力化を図ることが店舗運営に必要です。

売上を増やす最も簡単な方法は，購買頻度の高い商品を広いスペースに大量に並べることです。

①　単一ブランド単独訴求型陳列よりも，単一ブランド集合訴求型陳列の方が売れる。

単一ブランド集合訴求型陳列は，活気とボリューム感と安さを表現する目的において，単一ブランド単独訴求型陳列よりも売上高を増加させる確率が高く，継続的に計画購買するコモディティ商品や低価格帯商品の売上増加を図るには適したディスプレイ方法です。

②　少数ブランド単独訴求型陳列よりも，多数ブランド複合訴求型陳列のほうが売れる。

③　大量陳列にすると売れる確率が高まる。

④　同一商品でも高さや置く場所によって販売動向は変化する。

1－2　補充型陳列の原則

買いやすい売場をつくるには，売場の原則にもとづく売場づくりのルールを守ることです。

3　ストアオペレーション

(1)　顧客の「買物の順序」における陳列の原則

来店 → 探す → 見る → 選ぶ → 触れる → 買う

①　ステップ1……マグネット（磁石）で，顧客をひきつける。

来店 → 探す

マグネット（各売場の入口や主通路の突き当たりなどで磁石の役割）コーナーでは，来店した顧客をひきつけるため，売場の提案コーナーや季節感を打ち出したマグネット商品を集め，売場を歩いてもらうようにします。

②　ステップ2……見やすく選びやすい陳列にする。

見る → 選ぶ

什器の前に立ち止まった顧客に，さらに細かく商品を見て選んでもらうようにします。

・　見やすい幅

顧客が見やすく選びやすい陳列にするためには，例えばゴンドラ什器の前方50㎝の位置に顧客が立ち，顧客の目で見わたせる範囲は約120度のため，通路の幅を考えると，陳列幅は1.5～２ｍが見やすい幅の限度になります。

・　見やすい位置

商品の見やすい位置は，顧客がゴンドラの前に立ったとき，目の高さから腰の高さまでの範囲が一般的です。

(2)　サイズ区分

商品の大小によるバリエーションは，顧客心理にもとづいた見やすいディスプレイパターンを採用します。

・　１つの什器内でサイズが違う商品をディスプレイする場合は，小さい商品は上部に，大きい商品は下部に並列陳列すると安定感が出て，見やすくなります。

・　１つの棚のなかでサイズが違う場合は，向かって左から右に商品を小・

中・大の順で陳列すると見やすくなります。

図表3－2－1　棚のなかでの見やすいディスプレイ

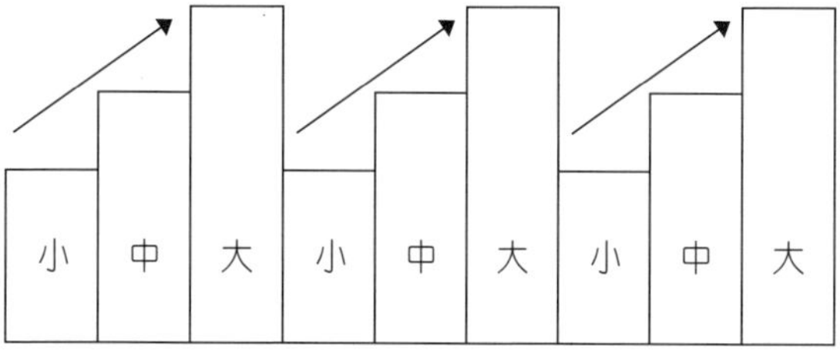

・　サイズ区分は，平台やテーブルの場合も，通路側から先方へ小・中・大の順で陳列すると見やすくなります。

図表3－2－2　平台やテーブルでの見やすいディスプレイ

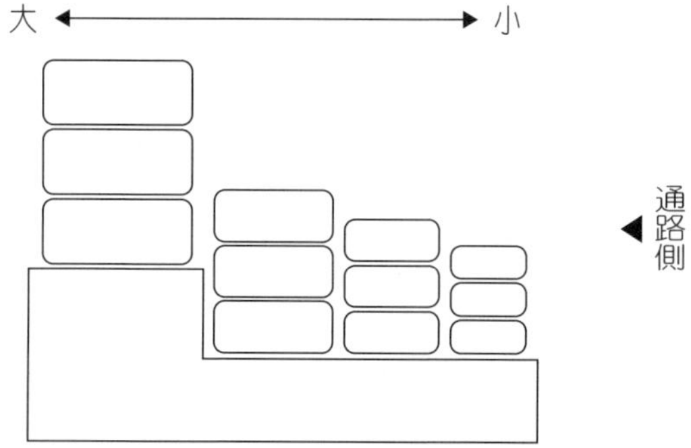

(3)　ハイターン・ローストックを実現させる陳列方法

売場づくりの基本は，ハイターン・ローストックを維持することで，陳列もそれにもとづいて行います。ハイターンは，ある商品が売れて，再び同じ商品を補充する「フローの回転が速い」ことで，ローストックは少ない在庫で運営することです。

ハイターン・ローストックを実現させる陳列方法として，前進立体陳列と上げ底陳列があります。

①　前進立体陳列

前進立体陳列は，商品を常に什器前面（最前列）まで引き出して立体的に陳列する方法であり，少ない在庫でボリューム感を出しながら商品回転率を高めることができ，陳列に迫力感が出て，エキサイティングな売場に見えます。

＜ゴンドラでの前進立体陳列を行う際の留意点＞

・　上段と中段では，商品を什器前面まで出して，商品を立ててフェイスを見せます。

・　下段では，商品を什器前面まで出して，商品を寝かせてフェイスを見せます。

図表３－２－３　ゴンドラでの前進立体陳列

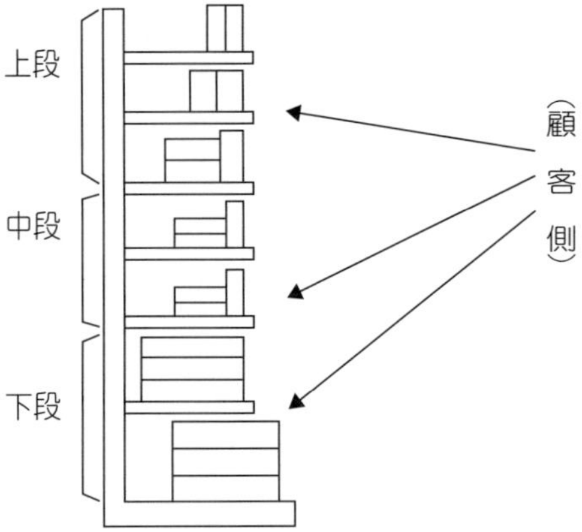

②　上げ底陳列

上げ底陳列とは，重点商品の一部については陳列台にアンコ（ダミー）を使って底上げし，適量であってもたくさんの商品が売場で賑わっているような演出を行う陳列方法のことです。これにより，在庫の効率的な運用と商品回転率の向上が可能となります。新商品を顧客に提供でき，商品の価値そのものを高めることができます。

＜商品価値を高める要素＞

整理・整頓・清掃などのクリンリネス，ＰＯＰ広告などのメインテナンス，照明の効果，ディスプレイなどの提案方法，などのマニュアルにもとづいた陳列作業です。

１－３　補充型陳列の戦略的実践方法

＜ゴンドラ陳列・エンド陳列の戦略的方法＞

・　ゴンドラ陳列……ブランド力の強弱によって配置する場所を変えます。

・　（ゴンドラ）エンド陳列……育成商品を中央に配置し，新商品などを売れ筋商品などで挟み込みます。

(1)　戦略的ゴンドラ陳列の方法例

ゴンドラ陳列においては，ブランド認知力の強弱の商品の戦略的組合わせによって，弱い商品への視認率を高めます。

図表３－２－４　ブランド認知力の強い商品と弱い商品の組合せによる配置

現　状

左側のゴンドラからブランド認知力の強い商品が続くと，右側ゴンドラに陳列した弱い商品まで，顧客の視線が向かなくなる。

改善策１

ブランド認知力の弱い商品のスペースを少し広げて，ブランド認知力の強い商品で挟むことにより，ブランド認知力の弱い商品にも顧客の視線が向くようになる。

改善策２

ブランド認知力の強い商品をゴンドラの中央にスペースを少し狭めて配置することにより，顧客の視線を左右に向けさせる。

注）この場合は，ライトアップの原則が当てはまり，ブランド認知力の弱い商品同士であっても，右側の弱い商品の方に顧客の視線が向くようになる。

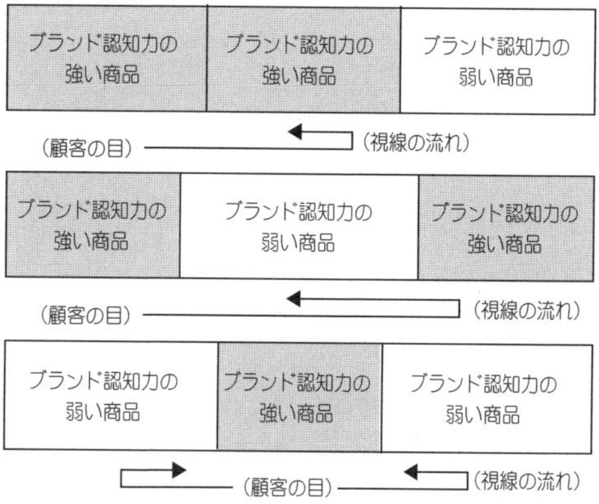

(2)　（ゴンドラ）エンドへの配列方法例

①　育成商品中央配置型

（ゴンドラ）エンド陳列において，上２段の「中央」に育成商品を広めのスペースで陳列し，最上段は，購買しにくい高い位置に置くことで，サンプル陳列として注目率を向上させる役割にとどめます。２段目は，陳列した育成商品を販売促進の対象とします。

「左右」のスペースは，最上段に，訴求テーマに関連する補完的商品を陳列し，２段目には，訴求テーマに最もフィットする主体的な商品を陳列します。

下段は，スペースを広くとり，比較的低価格の売れ筋商品をひな壇式に大量陳列し，（ゴンドラ）エンドへの立寄率を高めます。

図表３－２－５　育成商品中央配置型

関連商品 （訴求テーマに関連する補完的な商品）	育成商品 （サンプル陳列）	関連商品 （訴求テーマに関連する補完的な商品）
テーマ商品 （訴求テーマに最もフィットする主体的な商品）	育成商品 （新商品または機能推奨商品）	テーマ商品 （訴求テーマに最もフィットする主体的な商品）
売れ筋商品 （売上を最も期待できる量販商品の大量陳列） ひな壇陳列		

②　ダブルアタック（挟み撃ち）型

最上段は，ＰＲゾーンとして中央の新商品を左右の売れ筋商品で挟みます。２段目は，推奨ゾーンとして中央の売れ筋商品を左右の新商品で挟みます。

下段は，買い得ゾーンとして中央の新商品を左右の売れ筋商品で挟みます。つまり，この新商品は，低価格の必需品を対象とし，マグネット商品として（ゴンドラ）エンドへの立寄率を高め，２段目の売れ筋商品と新商品の購買率を高める方法です。

図表３－２－６　ダブルアタック（挟み撃ち）型

〔ＰＲゾーン〕	売れ筋商品Ａ →	新商品Ａ	売れ筋商品Ａ ←
〔推奨ゾーン〕	新商品Ｂ ←	売れ筋商品Ｂ	新商品Ｂ →
〔買い得ゾーン〕	売れ筋商品Ｃ →	新商品Ｃ	売れ筋商品Ｃ ←

※　矢印は視線の流れです。

2　展示型陳列（ショーディスプレイ）

(1)　展示型陳列の目的

展示型陳列は，買回品や専門品で推奨する特定の商品をクローズアップしてみせる演出（ショー）的なディスプレイであり，顧客の視覚に審美的，かつ感動的に直接訴えかける方法で，主として百貨店や専門店などの対面販売方式を主体とする小売店が採用しています。

＜展示型陳列の三つの目的＞

①　商品特性を的確に表現すること

②　何が重要であるかを適切に認知させること

③　展示型陳列のメリットを理解し，追求すること

- 展示型陳列は，「商品が売りやすくなる」といった単純な効果を求めるものではなく，果敢な取組によって，小売店全体に審美性の向上や躍動感などの活力が得られるようになるためです。全体的効果を得ることが展示型陳列の最大の目標でなければなりません。
- フロアゾーニング（商品の部門割りのこと）やフロアレイアウト（部門ごとに，配分することを決めること）の不備の場合は，顧客は店内をくまなく買い回りません。顧客の必需買いや衝動買いのチャンスを小売店自ら狭めています。そこで，展示型陳列は，年間計画の購買促進計画にもとづくプロモーション・テーマの設定や重点商品の推奨をねらいとして，注目されやすい場所で計画的，かつ継続的に行う必要があります。
- 補充型陳列は，作業効率の追及によって売上増加をはかることが目的ですが，展示型陳列は，小売店の個性を端的に表現し，顧客満足度の向上という効果（利益）を追求する手段です。
- 展示型陳列は，通行人に興味をもたせて店舗内に誘導するために，また，主通路の奥正面に設けたりすることによって，顧客の回遊性が向上でき，顧客導線を長くすることができます。

<フロアゾーニング（floor zoning）>

商品カテゴリーごとに，店内のどの位置に，どのくらいのスペースをとって，どう配置するかを決定することであり，ゾーン（配置場所）を区画することを意味します。単に，部門割という意味合いでも使われます。

<フロアレイアウト（floor layout）>

配置や割付という意味です。ゾーニングによって商品カテゴリーごとに設定されたスペースの中で，各品種の量および配分を決めていくことを意味します。他にも，工場レイアウト，デザインレイアウト，ページレイアウトなどというように広範囲に使用される用語です。

⑵　展示型陳列のあり方

＜重点商品の展示型陳列のあり方＞

①　重点商品を選定し，テーマをもって訴求することが効果的である。

②　広告的効果，心理的効果を発揮させる。

③　人目につく場所に集視ポイントを設置し，店舗内の回遊性を向上させる。

④　品ぞろえやディスプレイ方法を工夫する。

<集視ポイント>

アイキャッチャーとも呼ばれます。売場や広告の表現として，顧客の目を引きつけて購入意欲を刺激するために意図的に設定されたものです。衣料品店などでは，店頭あるいは入口からよく見える場所に，マネキン人形など什器や備品を用いてその季節にフィットした装いをビジュアルに表現し，顧客の目を止め，衝動的な購買を促しています。

⑶　留　意　点

装飾物や派手なポスター類に頼りすぎず，重点商品を主体としてビジュアルにディスプレイすることが基本です。

⑷　展示型陳列の具体例

ショーマンシップ（演出効果を最大にすること）を発揮することが展示型陳

列の成功ポイントです。

＜衣料品における展示型陳列のパターン＞

① 着せつけ陳列とは，マネキン人形などに直接，衣料を着せつけ，実際に着装感を訴求する方法

② 吊下げ陳列とは，商品を天井などから吊るして，さまざまなポーズが演出できる方法

③ 掛け陳列とは，椅子などに腰かけたような姿勢のマネキンに商品を掛けたり，柱などを人体にみたててそれに商品を掛けて着せつけた感じにする方法

④ 貼りつけ陳列とは，壁面やボードなどに商品をピンで貼りつける方法

⑤ スタンド陳列とは，スタンド・ハンガーを用いる方法

⑥ シンボライズ陳列とは，商品とモチーフ（主題）によって，ディスプレイのねらいを象徴的に表現する方法

⑦ ドラマチック陳列とは，物語の１コマのような表現のなかで，顧客を主人公のような立場に導き商品の欲求をつのらせる方法

3 ビジュアルマーチャンダイジング(VMD)への取組み視点

(1) ビジュアルマーチャンダイジング（ＶＭＤ）の意義

ビジュアルマーチャンダイジング（visual merchandising，視覚的商品演出方法）は，小売店のマーチャンダイジングを視覚的に訴求していくことです。そのねらいは，見やすく，選びやすく，買いやすい売場づくりを，色彩，照明，商品構成などの要素を活用して総合的に演出していくことです。ＶＭＤは，マーチャンダイジングの意図，政策，実施プログラムを，商品，情報，環境と整合させた視覚表現の仕組みと方法論といえます。

(2) ＶＭＤによる売場活性化の方法

ＶＭＤは，売場管理において商品の色，形，素材の見せ方や並べ方，売り方

までを視覚に訴求していくマーチャンダイジングの手法といえます。

①　ＶＭＤの展開要素

＜ＶＭＤの展開における視点の留意点＞

・　ハードウェア面……内外装，什器・備品，装飾具，照明など。

・　ソフトウェア面……フロアゾーニングやフロアレイアウトの設計，ディスプレイ・パターンの選定，ＰＯＰ広告，商品のカラーコントロールなど。

②　ＶＭＤの展開場所

顧客は，買回品や専門品などの商品を購買する際，ＡＩＤＭＡの原則にもとづくプロセスをたどるので，ＶＭＤの展開においては，その原則にしたがい，３か所（ＳＰ，ＣＰ，ＩＰ）の売場をイメージしてビジュアルプレゼンテーションしていくことになります。

・　ショッププレゼンテーション（ＳＰ）

店内の売場の１つに，ショップ（店内専門店化）という考えの演出場所をつくります。季節のテーマなどに合わせて重点商品や流行商品を展示したり，ショーウィンドウやステージなどを活用して演出することもあります。

・　コーナープレゼンテーション（ＣＰ）

一つの売場に，特定のテーマのコーナーで演出場所をつくります。特定の売場のなかに，特定のコーナーとして分類し，テーブル，ゴンドラ，平台，トルソーなどを活用して演出します。

・　アイテムプレゼンテーション（ＩＰ）

一つのスペースに，特定のアイテムを訴求するために演出場所をつくります。商品特性，商品のデザイン，商品の色などで分類し，ハンガーラック，ゴンドラ，エンドなどを活用して演出します。

図表3－2－7　VMDの展開における階層的プレゼンテーションの方法

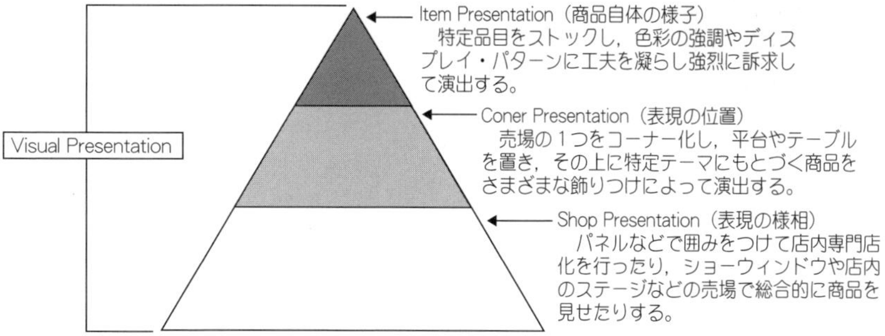

③　AIDMAの原則

A（注目）→ I（興味）→ D（欲望）→ M（記憶）→ A（行動）

第3章

作業割当の基本

1　ワークスケジューリングの基本知識

1－1　ワークスケジューリングの重要性

(1)　従業員1人当たりの生産性（販売効率）の重み

小売店は，労働生産性に依存したビジネスを余儀なくされています。売上高と人件費の配分によって，小売店の利益は変化するということです。この人件費は，小売店の利益を増減する重要な要素です。この人件費は，1人当たり，1時間当たりの作業内容と直接関連しています。これを人時（にんじ）生産性といいます。

人時とは，「1人の従業員が1時間当たりに働いた工数」です。

$$人時生産性=\frac{粗利益高}{総労働時間}$$

小売店が人時生産性を向上させるためには，作業割当（ワークスケジューリング）を整備し，全従業員がそれに従って働く必要があります。

(2)　作業工程と作業割当の重要性

作業割当は，小売業の売上金額や常時使用する従業員の数といった企業規模の大きさに関係なく，そのような小売業にも欠かせない店舗運営の規範です。

小売業は，「売場規模に対して適正な利益を生み出すための最適な作業人員の構成」を示した作業割当表を作成し，効率的な店舗運営を進める必要があります。

作業割当とは，「誰が，何時から何時まで，どこで，何の作業を行うのか」ということを，誰でもわかるように具体化することです。

(3)　最適な人員配置

１つひとつの作業にかける人員数は，「多すぎず，少なすぎず」が基本ですが，それが作業割当表を作成するうえで大変難しい点です。なぜなら，来店客数は，来店時間帯，曜日，地域行事，シーズン（季節），競争他店の販売促進状況など，いろいろな要因によって著しく増減するからです。作業割当表は，曜日や時間帯，季節ごとの要因を考慮に入れて作成します。

(4)　作業内容の明確化

小売業の店内作業は，カウンターやバックヤード，フロア（売場），レジなどの部署ごとに分かれています。店舗業務のフローチャートを整備しながら，作業ごとの内容を抽出することが作業割当表を作成するうえで大切です。

１－２　適正配置による効果の追求

店長やマネジャーがいなくても，滞りなく店舗が運営されるように「誰が，どのような作業を，どの時間帯に行うか」という作業割当を決め，それを作業割当表として作成する必要があります。

図表３－３－１

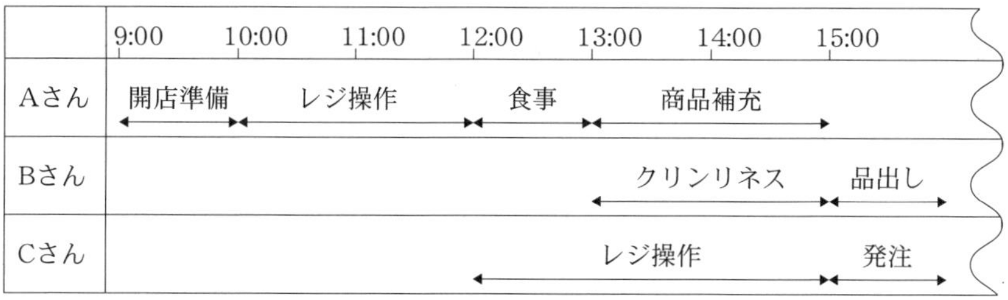

1－3　作業割当表の作成

作業割当表とは，レジ操作，商品補充，発注など，店舗で行われている日々の作業について，従業員の能力を考慮し，「どの仕事を」「いつ」「誰がやるか」という基準で割り当てた一覧表のことです。作成にあたっては，次のことに留意します。

①　重点作業を優先する

売上に直結する重点作業を優先的に従業員に割り当てる。

②　余裕を持たせる

売場で予想外の問題が発生しても，スケジュールに余裕を持って割り当てる。

③　作業者の習熟度や知識を把握しておく

個人別の習熟度や知識レベルを把握し，最も適任と思われる人材を割り当てる。

④　週間ベースで作成する

パートタイマーやアルバイトなどの予定を踏まえた週間ベースでのスケジューリング（シフト編成）が必要である。

2　パートタイマー・アルバイトの活用方法

2－1　貴重な戦力としてのパートタイマー・アルバイト

(1)　パートタイム労働者の実情

日本の小売業，とくにチェーンストアにおいては，パートタイマーやアルバイトの採用なくしては経営が成り立たなくなっています。

多くの小売業は，パートタイマーの従業員に一定の責任と権限を与えるなどして，成果をあげています。

(2)　パートタイマー・アルバイト活用のメリットとデメリット

＜メリット＞

・　人件費が正規社員に比べ安い。

・　正規社員と違い，「期間を定めた雇用契約」を結ぶことができる。

・　労働力を「必要なとき，必要なだけ」調達できる。

＜デメリット＞

・　正規社員に比べて拘束力が弱いことから，「長期的戦略になりにくい」。

・　主婦（主夫）や学生などの本業をもっているために，正規社員と比べて「働く時間，日数が少なく限定される」。

このほか，パートタイマーやアルバイトの大半は顧客でもあり，不平，不満，あるいは小売店への悪口は，口コミで広がり，店舗イメージを悪くすることもあります。

2－2　パートタイマー・アルバイト活用の仕組みづくり

(1)　処遇面からの配慮

①　職場の人間関係を円滑にする

職場の人間関係の悪さが原因で退職，やる気をなすことのないように，正規社員を交えたミーティングや話し合いを定期的に開催する。

②　処遇面の配慮

ａ．能力で時給に差をつける。

ｂ．勤務シフトに融通をきかせる。

ｃ．区別をなくす。

(2)　マニュアルの整備

パートタイマー・アルバイト活用の仕組みづくりには，「作業マニュアル」は不可欠なツールです。

チェーンストアの経営を行う小売業や外食産業では，チェーンオペレーションという本部主導の標準化された店舗運営システムを構築し，パートタイマーやアルバイト，新入社員でも簡単に，正確に仕事をこなせる仕組みをつくり上げ，低コスト運営を実現する経営手法をとっています。

(3)　ＯＪＴの実施（仕事の実務を通じての教育訓練）

パートタイマーやアルバイトには，仕事に習熟した社員がトレーナとなり，実際の仕事の場面を通じてＯＪＴ（オン・ザ・ジョブ・トレーニング）で店舗実務を身につけさせるという，トレーニングの仕組みづくりが必要です。

第４章

レイバースケジューリングプログラム（ＬＳＰ）の役割と仕組み

1　レイバースケジューリングプログラム（ＬＳＰ）の目的

１－１　ＬＳＰの定義

ＬＳＰ（作業割当計画）は，誰が，何時から，何時まで，どの作業を，どれくらい（作業量），行うかを決める計画システムです。

⑴　ＬＳＰへの注目背景

ＰＯＳシステムの普及により，曜日別に時間帯別売上数量データを把握できるようになったので，ＬＳＰが注目されています。

小売業がＰＯＳシステムやインストアマーチャンダイジング（ＩＳＭ）といった新しい経営ツールを活用する際は，売場の管理体制が確立されて，ＰＯＳデータに正しく反映されなければなりません。売上を確保するためには，欠品などの売場の乱れによる販売チャンスロスを防止することです。

ＬＳＰへの期待は，データにもとづいた作業割当により，店舗作業の効率化がはかられ，必要な作業が最大限に行われ，その結果，計画された売場が実現して必要な売上が確保され，他方，削減された時間で，売上に直結する創造性を働かせられる時間をつくることができるのではないかという期待もあります。

(2)　ＬＳＰの目的

＜ＬＳＰの二つの基本的目的＞

① 現状の人員をできる限り増やさないで，顧客へのサービスレベルをいかに引き上げるかです。

② 残業時間の削減やアルバイトへの単純作業の移行，それに伴う売場の主任クラスが知的労働の時間を持てることです。

作業の測定については，効率化という目的のために，個々の作業自体の改善を重視するならば，ストップウォッチによる時間測定，もしくはそれに類する作業分析が必要です。

＜ＬＳＰ導入の留意点＞

ｉ）作業をシステム化すること

ⅱ）作業を標準化すること

ⅲ）作業の発生をどこまで予測できるようになるか

1－2　ＬＳＰの実施計画の立て方

(1)　労働生産性の把握（計画準備段階）

① 部門ごとに作業を分類する

店舗作業を管理しやすいように分類し，作業時間を測定するため，作業の始点と終点を明確に定め，作業の分類ごとに，正社員，アルバイトといった担当者レベルも定めます。同じ時間帯に複数の作業が発生する作業員に関しては，作業間の優先順位を定めます。

② 作業の分類ごとに労働生産性を把握する

作業の分類ごとに，どれだけの人時（マンアワー：１人が１時間かけて終わる作業を１人時という）が必要になるかという人時生産性を調べます。分類ごとに基準として定めた人時はＲＥ値（Reasonable Expectancy 値のことで，理由のある期待値，合理的期待値）と呼び，１人当たりどれだけの成果をあげられるか，サービスを適用できるかを表したものです。

店舗の作業には，変動作業（販売数量や入荷数量により作業時間が変動する）と固定作業（販売数量や入荷数量と関係なく作業時間が定まっている）があります。

変動作業は，販売数量や仕入数量がわかれば，必要作業時間もわかるようにします。この時点で固定作業は，「必要作業時間×作業担当者の賃率＝各固定作業の予測人件費」がわかるようになります。

③　作業の発生を予測する方法を定める

客数・販売数量・部門別販売数量・部門別仕入数量など，変動作業の発生量に影響を与える要因の予測方法を定め，この時点で変動作業の予測人件費までの算出が可能です。

＜ＬＳＰの考え方の概要＞

作業の分類 →（労働供給の状態把握･作業の分類ごとに標準的な労働生産性の把握・必要な作業の手順）→ 作業計画。

＜ＲＥ値（Reasonable Expectancy）＞

理由ある期待値という意味です。仮に，店舗のレジ作業において，10点の買上げ処理をするのに60秒かかるとします。すると，１人時（１人で１時間作業すること）では，600点の処理ができることになります。店舗の顧客１人の平均買上点数が12点であるのなら，レジ１人で50人へのサービスが可能ということになり，多少の余裕をみて例えば45人（50人の90％）というＲＥ値を設定することになります。このように，ＲＥ値はサービスレベルを具体的な数値で示したものであり，分析によって求められる合理的な期待値なのです。応用の一例として，ある日の予想来店客数が900人であるのなら，レジ係には20人が必要であることがわかります（来店客数900人÷ＲＥ値45人）。

(2)　日常業務における作業割当計画の立案

①　必要な作業量を予測する

固定作業の量と，予測にもとづいた変動作業の量を割り出します。

②　各作業者の就業予定とつき合わせる

時間帯ごとに作業者の不足分や超過分を調査し，優先度の高い作業を埋めていき，人や作業が移動可能かを調べ，各作業者に作業割当表を渡します。

(3)　フィードバック

①　計画と実行のズレを改善する

作業割当計画の作業と実行との間に発生するズレを発見し，それが，労働生産性の把握の不備なのか，予測の不備なのか，その他の問題なのか，などを調査して改善します。

②　作業やシステムの改善に努める

ＬＳＰが行われても，作業自体が改善可能か，システムにおいて「作業しやすさ」と反するところが改善可能かを調査する必要があります。そして，人員がそろいにくい時間帯・曜日の作業をほかに移行できるかを検討します。

図３－４－１　ＬＳＰにおける改善の循環

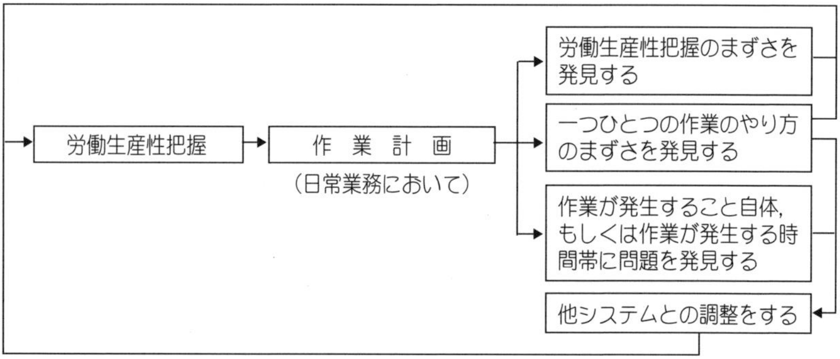

１－３　ＬＳＰの利用分野

(1)　売上の確保

ＬＳＰとは，「サービスレベルの向上」です。最も改善しやすいレジ部門のＬＳＰは，顧客を待たせないことが主となります。

①　グローサリー部門のＬＳＰ

店舗の従業員が，欠品や棚ラベルと異なる商品が置いてあるなど，売場が乱れないように，売場を把握することを目標とします。

② 菓子部門のＬＳＰ

菓子部門は，新製品が多く，単品の売上による変動が多いので，探しやすい売場を心がけ，また，作業の標準化ということで，商品が本来あるべき場所に陳列するようにして，売場の乱れを防止します。

③ 生鮮部門のＬＳＰ

日持ちしない商品のため，商品の種類と数量をより新鮮に清潔に提供することを目標とし，生鮮食料品を新鮮に保つための作業の標準化が重要です。

(2) 本部による店舗作業の把握

店舗作業が標準化され，時間当たりの作業量が割り出せないと，ＬＳＰによる作業割当はできません。正確な作業割当を立案するために，また，ＬＳＰから個々の作業の改善につなげるために，標準化をより強化していく必要があり，標準化により本部は店舗の作業を把握しやすくなります。

(3) 作業コストの把握

小売業は，モノからサービスへの消費シフトという市場全体の動きから，利益を重視してきており，ＬＳＰを単に作業コスト削減のツールとして導入するところもあります。

ＬＳＰと作業コストの関連では，ＬＳＰ導入時点のコスト削減よりも，作業コストの管理でどうすることが利益につながり，利益につながらないか，を把握することが大切です。

(4) アルバイトの管理

ＬＳＰによる正社員・パートタイマーの作業時間の削減は，サービスレベルの向上や知的能力をより必要とする作業に振り向けられます。アルバイトに関しては，前もって作業の発生量がわかり，必要な人数や時間がわかれば，就業時間に合わせやすいので，作業を効率化しやすくなります。

小売業においてＬＳＰ導入は，単純作業で作業量の変動が大きい作業に適しています。

2　レイバースケジューリングプログラムの開発ルーツと運営の留意点

2－1　ＬＳＰの開発ルーツと基本原則

レイバースケジューリングプログラム（ＬＳＰ）は，アメリカの生産性向上のシステム化の一つであり，大手チェーンストアが導入し，バックヤードの作業改善に取り組んだことが，小売業の導入の始まりといわれ，主に，グローサリーの補充（品出し）作業や生鮮食料品の加工作業におけるスケジューリング技術として構築されてきました。

ＬＳＰ本来の機能は，チェーンストア本部が作業と作業量を明確に捉え，それら作業ごとに必要な従業員と適正な作業員数（人時）を振り分けることです。

＜チェーンオペレーション＞

多数の店舗を出店し，本部が直接的に経営管理・運営することです。一般的に，仕入業務は本部が統括して担い，各店舗は販売に専念することで，総合的にスケールメリットを追求することになります。特徴は，単一資本の経営形態，経営管理の一体性，共通した営業形態となります。

2－2　ＬＳＰによる効率的店舗運営のポイント

＜ＬＳＰの稼動による効率的店舗運営を行う上での留意点＞

① 精度の高い日々の売上高を予測する

各部門の責任者に，予測の前提要因（前年の実績・販促計画・季節の催事・天候・競争店の状況など）をもとに，日々の売上高を正確に予測させて，週間および月間単位で売上高予算を立案させます。

② 売上高予算に合わせた日割人時枠を設定する

予算に合わせた日々の売上高を確保するには，必要な従業員数（人時）

を，適正数で割り当てる必要があります。

人時売上高基準は，日々の売上高予算を月次の人時予算枠で割って算出します。

日割の人時枠は，日々の日割予算額を人時売上高予算額で割って算出します。

③　日々の特徴に合わせた人時枠を設定する

繁忙日は，一般的に従業員（人時）の投入数量が少なかったことで予測と実績の差が大きくなり，閑散日は，予測と実績の差は小さくなります。

繁忙日も閑散日も予測と実績の差は，総じて一定であり，一定以上に大きく変化することはほとんどないので，繁忙日には，パートタイマー（人時）を最大限に投入し，予測と実績の差の上限達成をねらい，売り逃がしをなくす人時数を割り当てます。閑散日は，最低数のパートタイマー（人時）で運営します。

3　レイバースケジューリングプログラムの活用による発注作業の改善

＜発注日数関係に関する用語＞

・　発注期間日数……発注日から次回の発注日までの日数

・　入荷日数（発注リードタイム）……発注日から商品が入荷されるまでの日数

・　安全在庫日数……欠品防止などの安全性を考える上で，最低で何日間分の在庫を持つべきかという日数

＜発注数量の決定に関する用語＞

・　平均日販数……１日平均で商品がいくつ売れているか

・　安全在庫数量……ボリューム感や安全性の上で最低必要とする在庫数量。欠品を防ぐために最低限必要な在庫数量

・　最大在庫数量……発注から入荷までの販売数量を考えた上で最大となる在庫数量

・　発 注 点……売場にある（ディスプレイ状態）在庫が単品ごとにいくつになったら発注すべきかを指すポイント。入荷日数を安全在庫日数に１日当たりの平均販売個数を掛けて算出します。

・　発注ロット……１ロット発注したときの入荷数量

・　発注数量……理論的に計算された必要な発注数量。最大在庫数量から帳簿在庫数量を引いて算出します。

・　帳簿在庫数量……計算上で算出された必要な在庫数量。棚卸をしない計算上の現時点の理論在庫

＜帳簿在庫数量の計算に関する用語＞

・　前回の在庫数量……前回から繰り越された在庫数量

・　仕入数量……一定期間に仕入れた商品の数量

・　販売数量……一定期間に販売された商品の数量

(1)　グローサリーの発注のケース

・　発注期間日数　４日

・　入荷日数　２日

・　安全在庫日数　３日

・　１日当たりの平均販売数量　３個

＜理論的発注数量の計算フロー＞

・　第１段階……当該商品の最大在庫数量を算出する。

最大在庫数量(27)＝｛発注期間日数(4)＋入荷日数(2)＋安全在庫日数(3)｝×平均日販数(3)

・　第２段階……売場在庫がいくつになったら発注するかという発注点を算出する。

発注点(15)＝｛入荷日数(2)＋安全在庫日数(3)｝×平均日販数(3)

・　第３段階……帳簿在庫（理論在庫）数量を算出する。

帳簿在庫数量(8)＝前回の在庫数量(10)＋仕入数量(6)－販売数量(8)

・　第４段階……当該商品の発注数量を算出する。

　発注数量(19)＝最大在庫数量(27)－帳簿在庫数量(8)

・　発注期間日数が短縮（４日から２日に）すると，最大在庫数量は少なくなり（27個から21個に），少ない在庫で運営できるが，発注回数と納品回数は増えて作業が増加する。逆に，発注期間が長くなると，最大在庫数量は増加するが，発注回数が減少し，作業の効率は向上します。

(2)　人時計算にもとづく発注作業モデル

＜発注作業の人時計算式モデル＞

・　発注品目数（300品目）

　　＝発注対象品目数（1,000品目）×発注率（30％）

・　発注変動作業（12,000秒）

　　＝発注品目数（300品目）×１品目当たり発注時間（40秒）

・　１回当たり発注時間（12,700秒）

　　＝発注変動作業（12,000秒）＋発注固定作業（700秒）

・　１週間当たり発注人時（3.53人時）

　　＝１回当たり発注時間（12,700秒）×週当たり発注回数（１回）

　　　÷１時間（3,600秒）

・　発注時間に週当たり3.53人時を要しています。

(3)　計算式にもとづく改善策（仮案）

①　発注率を抑制する

　発注率の高さは，商品回転率の高さを表すので，多頻度発注を繰り返すと作業にかかる人時が増加します。そのため，売れ筋商品は売場在庫を増やし，発注のロット（単位）を大きくするべきです。

②　１品目当たりの発注所要時間を切り詰める

　作業時間の短縮には，１つひとつ発注数量を記入するオーダーブック方式と，直接棚札からバーコードを読み取る棚札方式があります。

③　発注の固定的作業を減少させる

　発注データの伝送スピードの速まりや発注エラーへの迅速な対応などで，

発注作業は年々削減されています。

④　発注回数を減少させる

商品カテゴリーごとに商品特性や購買行動などを分析して，定期的に発注回数を変えることが大切です。発注回数が多ければ，発注作業時間だけでなく，検収時間や補充時間の増加につながるからです。

発注は小売業の生命線であり，またストアオペレーションの出発点でもあるので，効率的オペレーション・システムを構築することが必要です。

第5章

人的販売の実践と管理

1　販売員の実践知識

最寄品や専門品の購入を目的として，小売店に来店した顧客と対応する販売員の関係は，購買心理過程に並行して進み，最終的に顧客満足という共通の目標に至ります。購買心理過程の8段階にもとづく待機からお見送りまでのそれぞれに，販売員の役割があります。

図表3－5－1　購買心理過程と販売員の役割

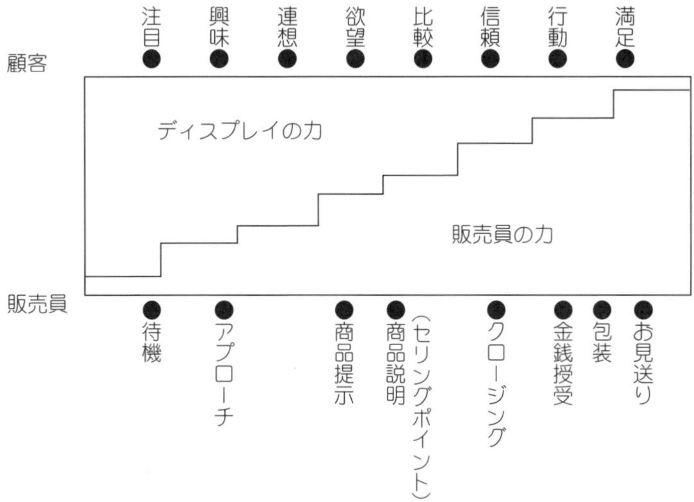

1－1　待機の心構えと行動

待機とは，販売員が準備を整え，顧客に声をかけるチャンス（機会）を待つことです。

対面販売の販売員は，決められた守備位置に立ち，顧客の動きを観察しますが，顧客の入店時に人的販売による圧迫感を与えないように，動的待機（商品整理や補充，また軽作業を行いながら観察する）をすることが一般的となっています。

この時点は，顧客にとって無関心から「注目」の段階です。

<段階別販売員の行動と留意点>

① 顧客入店時……無関心

・ 入店後，顧客が2～3歩で「いらっしゃいませ」などと挨拶する。

・ 業務をしながらも，顔はきちんと顧客に向ける。

入店しやすい雰囲気をつくり，入店したら「ようこそ」の気持ちを込めてお迎えする。顧客は「いらっしゃいませ」の言い方で，店の雰囲気を感じとるので，商品特性や年齢に合わせた発声の練習が大切です。

② 顧客が店内を回遊する……注目

・ 商品の点検などをしながら，顧客の行動を常に意識する。

・ 自然体をとり，表情は口角を少し上げた笑顔を保つ。

顧客の購買行動のじゃまにならないよう，さりげなく観察することが大切です。

1－2　顧客の心をつかむアプローチ

アプローチとは，顧客に声をかけて近づくことです。

<アプローチのチャンス>

① 顧客が一つの商品をじっと見て考えているとき

② 顧客が眺めていた商品に手を触れたとき

③ 顧客が足を止めて商品を見たとき

④　顧客が何か商品を探しているとき

⑤　開店直後，閉店直前，悪天候などに来店されたとき

・　アプローチは，顧客が「連想」の段階に入っていると思ったら，例えば「いいデザインでしょう」などと，具体的な言葉でアプローチすることが適しています。

　また，アプローチがうまくいかない場合は，再度のアプローチを待ちます。２度目は，慎重にタイミングをはかり，適切な言葉を選ばないと顧客にうるさがられ，警戒心を持たれ，厳しく拒絶されます。

・　アプローチのグッドチャンスは，販売員が商品整理や商品を動かすことなどによって，意図してつくりだすことができます。また，デモンストレーション(実演) でも可能で，顧客の注目と興味を引く方法もあります。

この時点は，顧客にとって「興味」から「連想」の段階です。

＜段階別販売員の行動と留意点＞

①　顧客が店内を一巡し，ある特定の商品群の前に立ち止まる……興味

　この時が，第１のアプローチのタイミングです。「夏の一押し商品なんですよ」などと顧客に声がけをします。このときの声掛けの目的は，「私が接客します」としめすことが重要です。その後は，声掛けをせず，顧客の行動を観察し，顧客の全体的な印象をつかむことです。

②　顧客が特定の商品をじっと見る……連想

・　顧客が商品のタグを見ている

・　顧客と目が合った

・　顧客が顔を上げた

などの時が，第２のアプローチのタイミングです。

　顧客に接近して，顧客のニーズ（アイテム，色，デザイン，価格，素材，用途，汎用性，ネームバリューなど）を探ります。顧客の動作を観察すると，顧客の気持ちの動きが身体の動きに反映されているものです。

　顧客の口を開かせやすい話題には，「持っている買物袋，着ている洋服・

小物類，日常会話，商品の用途，触った商品，お薦め商品」などがあります。

顧客と話ができるようになったら，商品の話に戻り，「プレゼント用ですか」などと顧客が答えやすい質問をします。

1－3　顧客の潜在欲求を探り出す商品提示

商品提示とは，商品の優れている点や用途などをさまざまな観点から，商品を見せながら説明することです。

・　商品選択要素は，素材，品質，デザイン，ブランド，耐久性，価格，使い勝手のよさ，サイズ，機能，使用方法，手入れ方法などです。

・　顧客の商品選択要素の優先順位が明確でないと，クロージングの段階へ進まなくなってしまいます。

＜商品提示の具体的方法＞

①　商品を使う状態にして見せる

②　商品に顧客の手を触れさせる

③　商品の特徴をはっきり見せる

・　販売員は，商品提示と質問を上手に積み重ねて，ヒアリングし，顧客の好みや考えを探ると同時に顧客の悩みや不満を聞き出しておくと，次の商品選択の段階につなげやすくなって，推奨商品の選択に生かすことができます。

＜「連想」から「欲望」へ促すための段階別販売員の行動と留意点＞

①　商品をハンガーから外したり，顔や体にあてたりする

「今日のお召し物とも合いそうですね」などと声をかけ，販売員が自分のことをよく見てくれたと感じると心を開いてくれます。

販売員が顧客をリードするように心がけ，商品を見せるときは，必ず両手で大切に扱うようにします。

②　鏡の前で商品をあてる

販売員は，顧客に対して「よくお似合いですよ」などと褒めて，顧客の

商品選択基準や優先順位を把握します。

③　販売員に促されて試着室に向かう

販売員は，ボタンなどを外して，顧客が着やすいように準備します。試着室に入る際には，「試着できたら見せてください」などの言葉をかけます。

1－4　商品の効用や恩恵を提案する商品説明

販売員は，顧客の商品選択要素の優先順位が把握できると，商品の勧め方に具体性を持つことができ，明確なセリングポイントを打ち出すことができます。

・　セリングポイントとは，商品の特徴や効用のなかで，購買決定に最も影響を及ぼす点を短い効果的な言葉で表現したものです。

・　商品説明の段階では，商品の特徴だけではなく，用途による効用を強調することが重要です。販売員は，ヒアリングと観察によって顧客の不満，悩み，欲求などの原因をつかみ取り，顧客の求める生活シーンを提案します。そのために，販売員は優れたセンスとその商品の豊富な使用経験，また，多くの顧客から収集した的確な情報を持っていることが前提となります。販売員は，使う立場での効用や恩恵を接客の場でタイミングよく提案するために，重点商品に「決めの言葉」を用意しておく必要があります。

＜欲望から比較（検討）へ促すための段階別販売員の行動と留意点＞

①　試着する商品の選定

試着室への商品は，顧客ニーズを会話のなかから探って選定し，比較する商品も2～3点用意して見せます。

②　試着中の準備

顧客が試着室から出てきた瞬間が非常に大切であるので，サイズや色違いの商品，試着品に合う小物やアクセサリーなどを用意して，顧客からの質問に答える用意をしておきます。

③　試着室での接客

顧客をせかさないようにして，明るい声で「お客様，いかがですか」と声をかけ，出てきた顧客の表情を注意して観察します。元気よく出てきたら，「良くお似合いですね」と褒めて，他の商品も提示してさらに試着を続けてもらいます。反対に，元気がなく疑問を感じたら，「いかがですか」と声をかけ，落ち着いて解決策を考えることが重要です。

1－5　顧客に満足を感じていただくクロージング

クロージング（販売締結）とは，売買の成立に向かう最終段階における販売員の重要な役割です。

優れた販売員は，販売員に押しつけられたと不満を持たれないように，顧客に自分の意思で決めたという満足感を感じさせる販売技術を身につけています。

＜比較（検討）から決定（行動）へ促すための段階別販売員の行動と留意点＞

①　再度，商品を取り上げる……信頼（確信）

販売員は，顧客が商品に対して「これが一番似合う」と思い始めているので，顧客を勇気づけたり安心させたりする必要があります。

・　商品が顧客に似合う点を具体的に伝える。
・　商品の利用価値を強調する。
・　顧客の目を見て，「お似合いでした」と伝える。など

②　クロージングのタイミング……決定（行動）

＜クロージングのグッドチャンス＞

・　販売員の言葉に同調することが多くなったとき
・　試着した表情に満足感が見られたとき
・　同じ質問をするようになったとき
・　深くうなずくようになったとき
・　確認の言葉が多くなったとき
・　質問が出つくして，考えて無言になったとき
・　価格を気にしたとき
・　購買方法を気にしたとき
・　商品の使用シーンを話したとき

・　小物などの質問やアフターサービスの話しをしたとき

③　クロージングの留意点

・　クロージングの段階に入ったら，販売員は，顧客選択要素の重要性の高い最適な商品を2～3品目に絞り込み，専門家としてのアドバイスを添えて推奨し購買決定を促すことです。

・　販売員は，顧客の商品選択の優先順位と内容を的確に捉えていれば，商品選択に迷ったとき，一段グレードの高い商品も薦めることができます。しかし，クロージングにおいて注意すべきことは，あくまでも顧客の意思を尊重して結論にもっていくことです。

1－6　金銭授受は細心の注意を払う

金銭授受では，顧客が購買商品を決定した後，代金を受け取る際に，授受する金額を必ず口頭で確認することが大切です。

①　金銭授受の際の留意点

・　買上金額を確認する

・　預かり金額を確認する

・　レジでつり銭を確認する

・　つり銭の紙幣の向きをそろえ，小銭はわかるように並べる

・　つり銭を渡しながら金額を確認する

②　メンバーズカードや顧客名簿を作成するうえでの留意点

・　顧客の手間がかからないようにする

・　二言三言会話をして顧客に印象を与える

・　ＤＭの送付やメールをしてよいか尋ねる

・　自分の名前をきちんと名乗る

1－7　商品包装は感謝の気持ちで

商品包装は，感謝の気持ちを込めて，しっかりと，美しく，スピーディに行うことが重要です。しかし，包装に時間をかけすぎたり，逆に，商品の扱いを

ぞんざいにしてはなりません。

1－8　再度の来店を促すお見送り

顧客に買上げ商品とつり銭を渡したらならば，心から感謝の念をもって挨拶し，見送ることが大切です。余韻のあるサービスできちんとお見送りすることで，再度の来店を促すことになります。

<決定（行動）から満足へ促すための段階別販売員の行動と留意点>

①　顧客に自分を印象づける

販売員は，再来店する可能性のある顧客には，自分の名前を伝えたり，名刺を渡したりして，積極的に次の来店を促すような言葉をかけます。

②　お辞儀は正しく美しく行う

販売員は，挨拶をしながらお辞儀をしないで，挨拶をしてからほほ笑みながら頭を下げお辞儀をします。

③　最後まで気をぬかず余韻を残す

販売員は，顧客の姿が見えなくなるまでお見送りをするのが，マナーです。

＜ストアオペレーション＞

本試験形式問題

第1問　次の文章は，売上と利益向上について述べている。文中の〔　　〕の部分に，下記に示すア～オのそれぞれの語群から最も適当なものを選んで，解答欄にその番号を記入しなさい。

小売業経営では，売価が一定ならば，〔　ア　〕を下げることで〔　イ　〕は向上する。**ア**を下げるには，同一の商品について複数または低価格を提示した〔　ウ　〕と商談し，調達したりすることである。チェーン展開の〔　エ　〕では，〔　オ　〕といったバイイングパワーを発揮して向上する方法もある。

【語群】

ア〔1．人件費　　2．値入　　3．値引　　4．仕入価格〕

イ〔1．営業利益　2．経常利益　3．粗利益率　4．仕入原価率〕

ウ〔1．サプライヤー　2．メーカー　3．競合店　　4．本部〕

エ〔1．単独店　　2．量販店　　3．百貨店　　4．大型店〕

オ〔1．一括大量仕入　2．小口仕入　3．消化仕入　4買取仕入〕

解答欄	ア	イ	ウ	エ	オ

第2問　次の文章は，陳列の数量について述べている。文中の〔　　〕の部分に，下記に示すア～オのそれぞれの語群から最も適当なものを選んで，解答欄にその番号を記入しなさい。

3 ストアオペレーション

売場の担当者はカテゴリー（ゴンドラ）ごとの〔　ア　〕を正確に把握しておく必要がある。しかし，**ア**になった時点で，そのことを発見したのでは〔　イ　〕を防止することはできない。なぜなら，〔　ウ　〕してからその商品が〔　エ　〕するまでの〔　オ　〕の期間に**イ**を起こすからであり，そのためには，**オ**を考慮に入れて補充・発注を実施しなければならない。

【語群】

ア〔1．最大陳列数量　2．最低陳列数量　3．在庫数量　4．仕入数量〕

イ〔1．不良在庫　2．万引　3．値下　4．欠品〕

ウ〔1．補充　2．仕入　3．販売　4．発注〕

エ〔1．入荷　2．出荷　3．分荷　4．集荷〕

オ〔1．閉店　2．セール　3．発注リードタイム　4．チャンスロス〕

解答欄	ア	イ	ウ	エ	オ

第3問　次の文章は，商品を前出し作業する際の留意点について述べている。正しいものには1を，誤っているものには2を，解答欄にその番号を記入しなさい。

ア　棚番ごとにゴンドラの最下段から上段に向かって，右下から逆S字の流れに沿って行う。

イ　品目ごとにゴンドラの奥に向かって最低でも2列以上の陳列数量になるように整える。

ウ　不良品や破損品，また有効期限切れ商品などには，注意をはらい，前出しの時点で棚から外す。

エ　欠品のスペースは，すぐに他の商品を置いて陳列する。

オ　前出し作業は，充分に時間をかけて行うとよい。

解答欄	ア	イ	ウ	エ	オ

第4問　次の文章は，ディスプレイについて述べている。正しいものには1を，誤っているものには2を，解答欄にその番号を記入しなさい。

ア　横割陳列は，商品を一定の基準でグルーピングし，ゴンドラに陳列する方法で，心理学的見地にもとづいている。

イ　フェイシングは，棚割の一部であり，陳列棚に並べられた商品を基準とするディスプレイ技術である。

ウ　セルフサービス販売方式における売上増加のためのディスプレイ方法では，単一ブランド集合訴求型陳列よりも単一ブランド単独訴求型陳列の方が売れる。

エ　重点商品の展示型陳列のあり方は，売場，店内での広告的，心理的効果を発揮させることや集視ポイントを設置し店舗内の回遊性を向上させることなどである。

オ　衣料品における展示型陳列のパターンには，吊下げ陳列，掛け陳列，カットケース陳列などがある。

解答欄	ア	イ	ウ	エ	オ

第5問　次の文章は，補充型陳列について述べている。正しいものには1を，誤っているものには2を，解答欄にその番号を記入しなさい。

ア　顧客が商品を見わたせる範囲は，約90度のため，通路の幅を考えると陳列幅は1.0～1.5mが限界になる。

イ　商品が一つの棚のなかでサイズが違う場合は，向かって左から右に大･中･小と陳列すると見やすくなる。

ウ　ハイターン・ローストックを実現させる陳列方法には，前進立体陳列と上げ底陳列がある。

エ　（ゴンドラ）エンドの育成商品中央配置型では，2段目の中央に育成商品をサンプル陳列することで注目率を向上させる役割をしている。

オ　（ゴンドラ）エンドのダブルアタック型では，最上段の中央に新商品を配置し，売れ筋商品で挟み込んで推奨ゾーンとして位置づけている。

解答欄	ア	イ	ウ	エ	オ

第6問　次の文章は，パートタイマー・アルバイト活用のデメリットについて述べている。文中の〔　　〕の部分に，下記に示すア～オのそれぞれの語群から最も適当なものを選んで，解答欄にその番号を記入しなさい。

パートタイマー・アルバイト活用のデメリットは，正規社員に比べて〔　ア　〕が弱いことから，〔　イ　〕戦略になりにくい。主婦（主夫）や学生などの〔　ウ　〕をもっているために，正規社員と比べて働く時間，日数が少なく限定されるなどである。

パートタイマーやアルバイトの大半は〔　エ　〕でもあり，不平，不満，あるいは小売店への悪口は，〔　オ　〕で広がり，店舗イメージを悪くすることがある。

【語群】

ア〔1. 結束力　2. 集中力　3. 忠誠心　4. 拘束力〕

イ〔1. 短期的　2. 長期的　3. 即　4. 人事〕

ウ〔1. 本業　2. 仕事　3. 家事　4. 勉学〕

エ〔1. 従業員　2. 顧客　3. 扶養家族　4. 生活者〕

オ〔1. 店内　2. 商圏　3. 口コミ　4. マスコミ〕

解答欄	ア	イ	ウ	エ	オ

第7問　次の文章は，理論的発注数を決定する計算フローについて述べている。文中の〔　　〕の部分に，下記に示すア～オのそれぞれの語群から最も適当なものを選んで，解答欄にその番号を記入しなさい。

1．第1段階は，「〔　ア　〕」と「入荷日数」と「〔　イ　〕」を加算したものに，「1日当たりの平均販売数量」を乗算して「〔　ウ　〕」を求める。

2．第2段階は，「入荷日数」と「　イ　」を加算したものに「1日当たりの平均販売個数」を掛けて「〔　エ　〕」を求める。

3．第3段階は，「前回の在庫数量」と「仕入数量」を加算したものから「販売数量」を減算して「〔　オ　〕」を求める。

4．第4段階は，「**ウ**」から「**オ**」を減算して「発注数量」を求める。

【語群】

ア〔1．安全在庫日数　2．発注期間日数　3．出荷日数　4．欠品日数〕

イ〔1．安全在庫日数　2．発注期間日数　3．出荷日数　4．欠品日数〕

3　ストアオペレーション

ウ〔1．棚卸在庫数量　　2．最小在庫数量　　3．最大在庫数量
　　4．帳簿在庫数量〕

エ〔1．発注点　　2．発注ロット　3．発注リードタイム
　　4．特売日〕

オ〔1．棚卸在庫数量　2．最小在庫数量　3．最大在庫数量
　　4．帳簿在庫数量〕

解答欄	ア	イ	ウ	エ	オ

〔解答・解説〕

第1問

【4－3－1－2－1】

小売店経営の基礎的利益である売上総利益を高めるには，売上高か粗利益率を向上させることが必要である。粗利益率を向上させるには，仕入価格を下げる，ＰＢ商品や値入率の高い商品を販売する，値下や値引を減らす，商品ロスを減らす，などの方法がある。

第2問

【2－4－4－1－3】

最低陳列数量とは，陳列数量が一定数量以下になったとき，販売数量が急速に減少する場合があり，その一定数量のことである。欠品とは，商品が什器からすべてなくなったというよりは，最低陳列数量を割った状態といえる。

第3問

【2－1－1－2－2】

アは，ゴンドラの最上段から下段に向かって左上から逆Ｓ字の流れに沿って行う。エは，欠品のスペースは，他の商品を置かずに空けておくこと。オは，前出し作業は，場所と作業上のポイントを考えて効率的，かつ，迅速に時間をかけずに行う。

第4問

【2－1－2－1－2】

アは，補充型の縦割（垂直型）陳列のことである。ウは，逆である。単一ブランド集合訴求型は，継続的に計画購買するようなコモディティ（付加価値と差別性を持たず，価格競争に巻き込まれやすい日常必需品を指す）商品や低価格帯商品の売上増加をはかる場合に適したディスプレイ方法である。オのカットケース（ダンボール）陳列は，省力化のディスプレイ方法である。

第5問

【2－2－1－2－2】

アは，顧客の目で見わたせる範囲は約120度であり，通路の幅を考えると1.5～2ｍが，陳列幅の限度である。イは，棚に向かって左から右に小・中・大と陳列すると見やすくなる。エは，購買しにくい最上段である。2段目の中央には，新商品または機能推奨商品の育成商品を販売促進の対象とする。オは，ＰＲゾーンとして位置づけている。ダブルアタック（挟み撃ち）型では，最上段・下段の中央には新商品を配置して，左右の売れ筋商品で挟み込み，ＰＲゾーン・買い得ゾーンとしている。2段目の中央には，売れ筋商品を配置して，左右の新商品で挟み込み，推奨ゾーンとしている。

第6問

【4－2－1－2－3】

パートタイマー・アルバイトは，貴重な戦力です。活用にあたっては，そのメリット，デメリットを踏まえたうえで採用する必要があります。また，パートタイマー・アルバイトは顧客であることも忘れてはいけません。

第7問

【2－1－3－1－4】

こうした計算のフローは，自動発注システムを構築したチェーンストアにおいて，在庫管理の効率化をねらいとして使われている。

4

マーケティング

第1章 リテールマーケティング戦略の考え方

1 小売業のマーケティング・ミックスの考え方

小売業におけるマーケティングの役割は，メーカーや卸売業などを経由して店頭にディスプレイされる商品流通の合理化を実現し，最終消費者が便利で買い求めやすい環境整備をはかることです。

つまり，消費者のニーズを満足させるために，適切な商品とサービスを，適切な場所で，適切な時期に，適切な数量を用意し，適切な価格で提供すること（マーケティング・ミックス）です。

図表4－1－1　メーカーと小売業のマーケティングの対比

	メーカー	小　売　業
①　プレイス	流通チャネルの選定	立地選定と店舗開発
②　プロダクト	製品計画	商品化政策（マーチャンダイジング）
③　プライス	製造コスト＋流通コスト＋利益	競争店，季節，地域，時期や時間帯などによって価格は変動（適正価格）
④　プロモーション	自社製品のシェア拡大，マス媒体と人的販売活動を主体	店頭を活用したプロモーション（商品構成，接客サービス，ディスプレイ，各種催事など）

＜マーケティング・ミックス（marketing mix）＞

効果的にマーケティング目標を達成するために，マーケティングの要素を組み合わることです。マーケティングの要素は４Ｐで網羅されており，それぞれを自社の経営理念や年度方針，目標などに対して適合させる必要があります。さらに，各戦術間の整合性を持たせながら，実現可能性，重要度などの観点から優先順位をつけて，自社のマーケティング施策を構成していくことになります。

2　プレイス（ストア・アロケーション）

2－1　立地選定と店舗（業態）開発

(1)　顧客に接近するための立地選定と業態開発

小売業は店舗へ顧客を誘引することが経営上の課題であるため，立地選定と店舗（業態）開発はマーケティング活動の重要な柱となります。

業態は，小売業の売り方やサービスを表すタイプを意味し，それは顧客ニーズや購買行動などによって絶えず変化します。立地は，確立すべき業態をイメージすることによって選定すべきです。

(2)　商品特性と立地に合わせた顧客セグメント

＜小売業の顧客対応のスタンス＞

①　無差別的セグメント

小商圏地域に立地した最寄品を中心に販売する小売業は，地域社会に対応した無差別マーケティング戦略を展開します。取扱商品の特性からみて，顧客の動員範囲が狭いため，商圏内顧客の主流層にターゲットを合わせます。

② 差別的セグメント

広域的商圏の商業集積地に立地した買回品や専門品を中心に販売する小売業は，ターゲットを絞り込んだ差別的マーケティングを展開します。限定された店舗規模と厳しい競争環境というなかで，広範囲から顧客を吸引しなければならないため，ターゲット顧客のパーソナリティに対応する販売方法が重要となります。

(3) 商圏特性とサービスのタイプによる小売業の位置づけ

店舗形態別小売業のポジショニングを設定すると，次のようになります。

① 第1次象限

地域の専門店は，人的サービスを重視し，コミュニティに対応することによって存在を確立しています。

② 第2次象限

スーパーマーケットやドラッグストアなどが位置づけられます。生活必需品が中心であるために，コミュニティに対応するが，セルフサービスをはじめとして，システム的サービスに依存しています。

③ 第3次象限

百貨店や高級専門店などが位置づけられます。人的サービスを強化し，またライフスタイル面で個客のパーソナリティを刺激するとともに，コミュニティへの回帰をはかります。

④ 第4次象限

総合品ぞろえスーパーやスーパーセンターなどが位置づけられます。システム的サービスに依存し，ローコストで効率的な運営を行うオペレーション形態です。バイングパワーの発揮による低価格競争を演じる立場にあります。

図表4－1－2　店舗形態別小売業のポジショニング

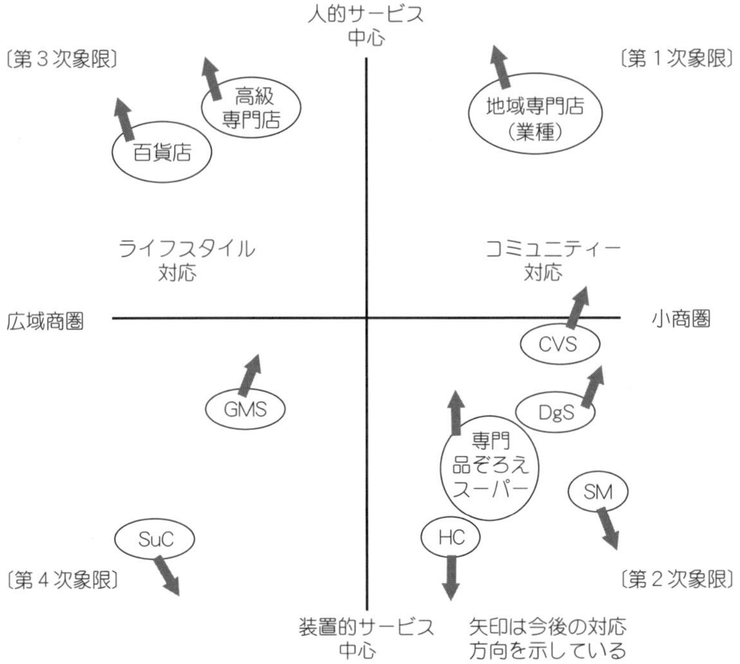

一方，第1次象限と第2次象限のほぼ中間に位置するのが，コンビニエンスストアです。小商圏に立地し，人的サービスとシステム的サービスの両方を担っています。

2－2　立地戦略としての商圏

(1)　商圏の意義

商圏は，顧客の来店範囲のことであり，小売店の営業範囲を示しています。

・商圏には，距離的な限界があり，それは販売する商品の特性によって異なります。

・商圏は，立地条件によって異なり，商業集積度の高い立地に店舗があるほど，その範囲は拡大します。

(2)　戦略商圏とは

小売業自らが，プロモーション効果や営業効率などを重視し，最も効果的な範囲を商圏と規定する必要があります。戦略商圏は，消費者行動の状況，競争店の分布状態，地域別の人口動態，地理的条件などを考慮に入れて決定します。

＜ハフモデル＞

任意の場所の消費者が，複数ある商業施設のうちどこに出向くかという，消費者の出向選択確率を示したＤ．Ｌ．ハフによる理論です。その内容は，「商業集積の売場面積に比例し，商業集積までの時間距離に反比例する」というものです。例えば，どちらの商業施設に行こうかと考えたとき，通常では売場面積の大きい方に出向く確率が高いでしょう。欲しいものが見つかる可能性が高く，人通りも多く賑わっていることが想定されます。ただし，あまり遠いと行く気も萎えてしまいます。商業施設に出向くための労力の比較となり，時間距離が大きいとそこに出向く確率は小さくなるという，反比例の関係が存在するわけです。このような考え方を数値で理論化したものがハフモデルであり，小売業の消費者吸引理論として応用されています。

3　プロダクト（マーチャンダイジング）

3－1　ブランド（商標）の定義

(1)　ブランドの意義

ブランドとは，「一企業，またはそのグループの商品・サービスであることを識別するため，また競争者と区別するための名称，用語，記号，標識，デザイン，それらの組み合わせ」です。

図表4－1－3

ブランドネーム	言葉として表現されたブランドの部分で，発音可能なもの。
ブランドマーク	シンボル，デザイン，色，レタリングなどで表現された発音できないブランドの部分

一方，商標法においては，商標は登録することによって，その商標を他人が使用することの停止，損害賠償請求などの措置ができるようになります。登録して商標法で保護されている商標を登録商標と呼びます。

<シンボル（symbol）>

シンボルとは，あるものの代用，あるいは他のものを思い起こさせるものとされています。例えば，サーベルが騎士のシンボルとされるように，物体であったり，特徴的な図柄や意匠であったり，ときには動作などもシンボルとして括られることがあります。マスコットキャラクターなどがシンボルとして告知活動に使われる事例もよく見受けられます。

(2)　ブランドと商標の違い

商標を「その排他的使用を法的に保護されたブランド」であるとして，登録商標のみを狭義に解釈されることもあります。この場合には，ブランドのほうが商標よりも広い概念です。

3－2　ブランドの分類

(1)　ブランドの分類

①　ナショナルブランド（ＮＢ）とプライベートブランド（ＰＢ）

メーカーの生産したブランドをナショナルブランド（ＮＢ）と呼び，流通業が自分の責任で主体的に商品を企画・生産させ販売するブランドをプライベートブランド（ＰＢ）と呼んでいます。

② 統一ブランドと個別ブランド

図表4－1－4

コーポレートブランド	企業すべての製品に付与されているブランド
ファミリーブランド	複数の商品カテゴリーをまたがって付与される包括的なブランド
カテゴリーブランド	特定の製品カテゴリーに対して付与されるブランド
製品ブランド	個々の製品に付与されるブランド

⑵ ブランドの意義

ブランドの消費者認知の促進のためには，ネーミングを個性的にすることにより，商品コンセプトを強く主張して差別化を明確にすることが重要です。

消費者が他社の商品は選択せず，自社の商品を優先的に選択するという差別的な選択を行うようになることで，市場優位が確立できます。

3－3 ブランドの機能

① 識別機能

多くの商品のなかで当該商品が他の商品と識別できることです。

② 出所表示機能

商品の生産者また流通業者がだれであるのかを明示することであり，商品についての保証であり，責任を負うことを約束するものです。

③ 品質保証機能

同じブランドの商品は品質的に同一とみなせることです。

④ 象徴機能

ブランドが高級イメージや信頼イメージを象徴するようになることをいいます。

⑤ 情報伝達（広告）機能

ブランドが企業から消費者への情報伝達のために有効な手段となることです。

⑥　資産機能

ブランドが無形の資産としての価値を持つということです。

図表4－1－5　ブランドの機能

①　識別機能	ブランドによる他商品との識別
②　出所表示機能	ブランドによる責任の明確化
③　品質保証機能	ブランドによる品質保証，品質の目安
④　象徴機能	ブランドイメージの形成・確立
⑤　情報伝達（広告）機能	ブランドによる訴求
⑥　資産機能	ブランドの無形の資産価値

3－4　プライベートブランド（ＰＢ）商品と小売業

(1)　ＰＢ商品の特性

小売業は，実利的な価格で個性的な商品を顧客が求めるようになってきたのに応える品ぞろえとして，プライベートブランド（ＰＢ）商品の開発を進めてきました。

ＰＢ商品は，小売業者が独自に，あるいはメーカーとタイアップして開発し，品質保証などの責任をもって，自社で販売する商品です。

(2)　ＰＢ商品購入のメリット

ＰＢ商品の導入には，製造ロットに見合う販売力があることが前提となります。契約を交わしたメーカーから直接まとまった数量で購入するため，安価の仕入が可能となり，低価格で販売しても相応の粗利益が確保でき，特定小売業の専売商品となります。

＜流通チャネル＞

流通チャネルとは，メーカーで製造された商品が消費者に届くまでの，流通する経路のことです。直接流通チャネルと間接流通チャネルに区分されます。直接流通チャネルは，メーカーが直接的に消費者に販売する形態を意味します。一般的に主流ではありませんが，専門的な商品分野において，後発のメーカーが訪問販売やカタログ販売などで採用するケースなどがみられます。間接流通チャネルは，メーカーが卸売業に販売し，卸売業が小売業に販売し，小売業から消費者に販売されるという形態です。多くの商材は，この間接流通チャネルによって消費者に届けられています。

(3)　プライベートブランド（ＰＢ）商品とストアブランド（ＳＢ）商品

プライベートブランドは，ブランドを保有する小売業が系列下の他の小売業などにＰＢ商品を販売（流通）させることがあります。ストアブランドは，ある小売業（特定店舗）だけのブランドであり，他の小売業（店舗）への流通性はなく，単独販売しているブランドのことで，ＰＢより狭い範囲での位置づけを意味しています。

4　プライス（EDFP：エブリディ・フェアプライス）

４－１　価格設定の方式と特徴

小売業の価格は，利益が生じるとともに需要も発生するような範囲内で決定するのが一般的です。価格の下限はコストであり，上限は当該商品の価値に対する消費者の知覚といえます。

(1)　原価にもとづく方式

原価にもとづく代表的な価格設定には，コストプラス法があります。これは，原価に一定のマージンを加えて売価を決定するもので，過去の実績や業界の慣習によるマージン率または値入率を決めておき，仕入などの原価にこの率を上乗せして値入を行う方法です。

(2)　競争商品や代替商品の価格を基準にする方式

すでに市場に存在する競争商品や代替商品の価格を参考にして決める方式で

す。価格水準は，それらと必ずしも同一に設定するとは限らず，商品差別化の程度や販売能力などを勘案し，相対的に高い価格や低い価格が設定されます。

(3) 顧客の購買心理に働きかける方式

① 名 声 価 格

消費者がその商品の品質や性能にこだわる傾向が強く，しかもその効果の客観的評価が難しい場合に設定される，比較的高い価格のことです。

② 慣 習 価 格

比較的長期にわたり価格が安定していて，しかも消費者が慣習的に認めている価格です。慣習価格が存在する場合，価格を引き下げても売上はあまり増えず，価格を引き上げると売上が急激に減少するので，慣習価格に従うほうが得策です。

③ 端 数 価 格

価格の末尾を意図的にある数字に統一し，買い求めやすい印象を与える方法です。経営方針や業態に合わせて，中長期的視点から戦略的に末尾を統一した価格帯を設定すれば，大きな効果をもたらすことになります。

④ ドロシーレーンの法則

すべての商品の価格を引き下げるのではなく，売場の一定スペースに対して価格を引き下げる商品の割合によってイメージ的安さを追求するもので，安いという心理的効果を生み出せます。

図表4－1－6 ドロシーレーンの法則

・100品目中18％の商品を安くしたら→85％の顧客が安いと感じる。
・100品目中30％の商品を安くしたら→95％の顧客が安いと感じる。
・100品目中48％の商品を安くしたら→ほとんどの顧客が安いと感じる。

(4) 商慣行にもとづく価格設定の方式

① 仕入先企業（メーカー）によって示唆されるケース

メーカーに示唆され，当該業界の慣行にしたがうべき商品においては，広域エリアで標準的な価格が設定される傾向にあります。

② 顧客の価格に関する情報収集能力で決まるケース

顧客の有する市場価格への知識の程度によって設定の自由度が制限されます。

- 市場価格がほとんどの顧客に知れわたっている商品
- 顧客が概算価格を認識している商品

③ 初回値入率の公式によって決定されるケース

- 業界の慣習的な値入率の目標を用いる
- 店舗間，部門間，商品カテゴリー別の利益目標を達成するように計画的に用いる

(5) 競争店に対応できる方式

① 競争店に接近した価格帯

競争店の価格帯に自己の価格を近づけ，その差をサービス政策などによって補う考え方です。

② 競争店より低い価格帯

同種・同アイテム商品の価格を基準として，それよりも低い売価をつける考え方です。

③ 競争店より高い価格帯

経営方針や業態の違いを前提とする価格設定方法です。

(6) 仕入に応じた流動的価格設定

主として，市場流通形態をとる生鮮食品などが対象になります。市況（相場）に大きく左右されるため，小売業における価格設定は常に流動的になります。

(7) 政府の方針にもとづく価格設定

主として，公共性の強い商品やサービスが対象となっています。

- 政府がダイレクトに価格を決定して業界にしたがわせるもの
- 政府が業界団体を指導し，間接的にしたがわせるもの
- 独占禁止法などの法律にもとづき，間接的にしたがわせるもの

4－2　価格決定の役割

①　販売価格の決定

小売業が販売価格を決定する際，市場動向を重視する戦略です。

・　競争者を意識した低価格戦略

・　顧客志向に徹し，競争者の価格を重視しない

②　価格体系の決定

経営方針や自己の業態に合わせて価格体系を決定します。商品カテゴリー別に上限価格の設定，価格ゾーンの設定，中心価格帯の設定などを行います。

③　価格変更の決定

需要動向や競争環境などを考慮し，迅速に価格を変更することが重要です。

＜値下げの原因＞

・　仕入上の誤り

・　価格設定上の誤り

・　販売上の誤り

・　競争や特売など，政策上の値下げ　など

4－3　価格競争に関する法規制

公正取引委員会は，独占禁止法の施行によって，次のような行為を防止する努力を行っています。

・　カルテル行為

複数企業が結託をして，価格を引き下げたり，引き上げたりしないようにすること

・　不 当 廉 売

コストを償わないほどの安値で販売し，弱い競争者を追い込み，独占的価格をつけようとすること

・　拘束条件付取引

メーカーが小売業に対して，その仕入先である卸売業を指定し，そこか

らしか仕入れられないようにして，値崩れを防止しようとすること　など

また，公正取引委員会では，どのような行為が違反になるのかについて，各種ガイドラインを作成し，公表しています（流通・取引慣行に関する独占禁止法上の指針）。

①　メーカーなどのマーケティングに伴う競争阻害行為

・　再販売価格維持行為
・　非価格制限行為
・　リベートの供与
・　流通業者の経営に対する不当な関与

②　小売業による優越的地位の濫用行為

・　押付け販売
・　返　　品
・　従業員などの派遣要請
・　協賛金などの負担要請
・　多頻度小口配送などの要請

5　プロモーション（リジョーナルプロモーション）

小売業のプロモーションは，限定された商圏内の特定多数の顧客を対象として展開します。つまり，売場を起点とするプロモーションの３Ｐ戦略によって顧客を維持し，売上と利益の増加をはかる活動であり，リージョナルプロモーション（売場起点の狭域型購買促進）と位置づけられます。

図表4－1－7　リージョナルプロモーションの体系

来店促進策（Pull戦略）	広告，パブリックリレーションズ・パブリシティ，口コミ，ポスティング
販売促進策（Push戦略）	人的販売活動，非人的販売活動
購買促進策（Put戦略）	フロアマネジメント，シェルフマネジメント，ビジュアルマネジメント

第2章

リテールマーケティングの展開に必要な商圏分析と出店戦略の実践

1　商圏の設定

1－1　商圏の特性

(1)　商圏の定義

商圏は，小売店舗あるいは商業集積の顧客吸引力が及ぶ範囲を指し，買物のために日常的に来店する範囲のことであり，通常は距離や時間で表示します。

(2)　商圏の2つの側面

商圏には，顧客が来店する地理上や時間上の範囲で捉える顕在的商圏と，新たな顧客の可能性を持つ潜在的商圏という2つの側面があります。

(3)　商圏特性の把握

商圏は，次のような性格を持っています。

- 固定されたものではなく，常に流動しています。
- 「面」的な広がり（顧客の分布範囲）と同時に，「質」的な広がり（商圏の厚み）があります。

①　アクセス上の要因

鉄道，バス，道路などの交通アクセスを表しています。小売業は，交通手段を利用した場合の所要時間距離別の範囲を把握する必要があります。

② 競争上の要因

自店と競争関係にある都市や地区，競争店の分布状況とそれぞれが持つ商圏範囲を表しています。

③ 地理的要因

河川，山，森林，田畑，工場群などの地理的条件を表しています。

④ 社会生活要因

人が集まる施設や機関の有無を表しています。施設には定期的・安定的に人の出入りがあります。

⑤ 心理的要因

生活行動や習慣など，都市方向への志向性を表しています。

1－2　商品政策と集中戦略

(1) 市場細分化

市場細分化された特定市場の顧客をターゲットにして，そのニーズに対応して集中して経営資源を投入し，マーケティング活動を実行するのが集中戦略です。

＜市場細分化の主な基準＞

① 地理的要因……地域，都市規模，天候など

② 人口統計学的要因……年齢，性別，年収，家族構成，教育水準など

③ 心理的要因……ライフスタイル，パーソナリティなど

④ 行動科学的要因……購買機会，購買動機，ベネフィット，ブランドロイヤルティ，ストアロイヤルティ，価値観など

(2) 品ぞろえの総合化と専門化

品ぞろえの幅を広げることが総合化（総合店），狭めることが専門化（専門店）です。

専門店の品ぞろえの特徴をさらに細分化すると，次第にターゲット顧客が絞られ，商品カテゴリーの品ぞろえの奥行を深くできるため，小売業の差別化が可能となります。

一方，専門店チェーンとして多店舗化し，量販体制を整えられるならば，コスト面からのリーダーシップを握れる可能性が拡がります。

① 単品を大量販売しやすくなり，仕入ロットがまとまります。仕入原価の引下げ幅が拡大し，また自社企画商品（ＰＢ）商品などがつくりやすくなります。

② 店舗施設や店舗運営の標準化がはかりやすく，ローコストなチェーンオペレーション・システムを構築しやすくなります。

③ 従業員の商品知識，業務知識，業界知識などの習得が，一定商品分野に集中され，専門スキルが向上します。

＜カテゴリーキラー＞

特定の商品分野（カテゴリー）で，品ぞろえの圧倒的な量と低価格を武器として展開する大型店のことです。キラー（killer）とは，殺人者とか殺し屋とか訳される物騒な単語ですが，カテゴリーキラーが出店すると，商圏内の競合店が大きな打撃を受けて，取扱いをやめたり事業を縮小したりせざるを得なくなることからつけられた名称です。具体的には，ロードサイドの紳士服専門店，ホームセンター，家電量販店などが該当します。

2 商圏調査の実施方法

(1) 商圏調査の目的

商圏調査の目的は，その立地において小売業の経営が成功するかどうか，店舗への集客がどのくらい見込めるかを判断することです。商圏内の需要，商圏の特性，競争状況などの要素を調査・分析します。

(2) 商圏調査の手順

① 既存資料の収集

できる限りの資料を収集します。居住者の条件，交通状況，吸引の条件がポイントとなります。

② 商圏の想定

各種公式や法則を使って理論上の商圏を想定します。ハフのモデルやライリーの法則などを活用して商圏を固定化します。

③ 実 地 調 査

実地に調査します。通行量に関する調査と競争関係の調査が主体となります。

3 出店立地の選定方法と出店手続き

出店立地を選定するためには，自店の商圏を設定し，商圏内の人口や購買力，近隣都市間の購買力の移動，競合条件などを調査する必要があります。

(1) 小売中心性指標

小売中心性とは，「他の都市から購買力を吸引する度合い」のことであり，この数値が高いほどその地域の小売業が栄えているといえます。

この中心性は，都市の人口１人当たりの小売販売額と，その地域を含む県内１人当たりの小売販売額を比較して求めることができます。

図表４－２－１ 小売中心性指標の算出方法

(都市の小売販売額÷都市内の人口)÷(県内の小売販売額÷県内の人口)

＊ 数値が，１より大きければ流入している。１より小さければ流出している。１であればどちらでもない。

(2) ライリーの法則の活用

商圏モデルの代表的な考え方として，ライリーの法則があります。通称，小売引力の法則と呼ばれ，「ある地点から２つの都市Ａ，Ｂへ流れる購買力の比は，ＡとＢの人口に比例し，その地域からＡとＢへの距離の２乗に反比例する」という法則です。

図表4－2－2　ライリーの法則・計算式

$$Ba/Bb=(Pa/Pb)^{N}\times(Db/Da)^{n}$$

Ba：都市Aが中間都市から吸引する小売取引

Bb：都市Bが中間都市から吸引する小売取引

Pa：都市Aの人口

Pb：都市Bの人口

Da：中間都市から都市Aまでの距離

Db：中間都市から都市Bまでの距離

N：通常1

n：1.5～2.5，通常2

＜ライリーの法則の事例＞

例えば，Aが人口24万人でXからの距離が2㎞，Bが人口48万人でXからの距離が4㎞という場合には，人口ではA（24）：B（48），距離ではA（1／4）：B（1／16）となり，二つの結果を合わせて［A6：B3］，つまりXにいる人は，Aで購買する金額がBで購入する金額の2倍になる，ということを意味しています。

⑶　ハフモデルの活用

ハフモデルは，ある地域に居住する消費者が利用可能な商業集積のうち，どの商業集積を利用するかという確率を表わしたものです。

この確率は，「消費者は大きな店舗へ足を向けやすい，ただし近いほうがよい」という傾向をもとに考えられています。

図表4－2－3　ハフモデル（修正ハフモデル）計算式

$$P_{ij}=\frac{\dfrac{S_j}{T_{ij}^2}}{{}^{n}\;\dfrac{S_j}{T_{ij}^2}}$$

i ：居住区（i =1，2，…m）

j ：買物先（j =1，2，…n）

P_{ij}：居住区 i に住む消費者が商業集積 j へ買物に出向く確率（出向確率）

S_j ：商業集積 j の売場面積

T_{ij}：居住区 i から商業集積 j までの時間距離

(4)　大規模小売店舗立地法の手続き

大規模小売店舗立地法は，大型店が地域社会との調和をはかっていくためには，大型店への来店，物流による交通・環境問題などの周辺の生活環境への影響について適切な対応をはかることが必要との観点から制定された法律です。

①　大規模小売店舗立地法の概要

ⅰ）対　　象

店舗面積1,000㎡を超える大型店

ⅱ）調整対象事項

・　交通渋滞，駐車・駐輪，交通安全，その他

・　騒音の発生，その他周辺の生活環境の悪化を防止するために配慮すべき事項

ⅲ）運用主体

都道府県，政令指定都市とし，同時に市町村の意思の反映をはかり，また広範な住民の意思表明の機会を確保します。

②　立地・開発の手順

店舗面積が1,000㎡を超える大規模小売店舗や商業集積の設置，集積の開発にあたっての基本的な手続きの流れは，次の通りです。

図表４－２－４　大規模小売店舗立地法の基本的な手続きの流れ

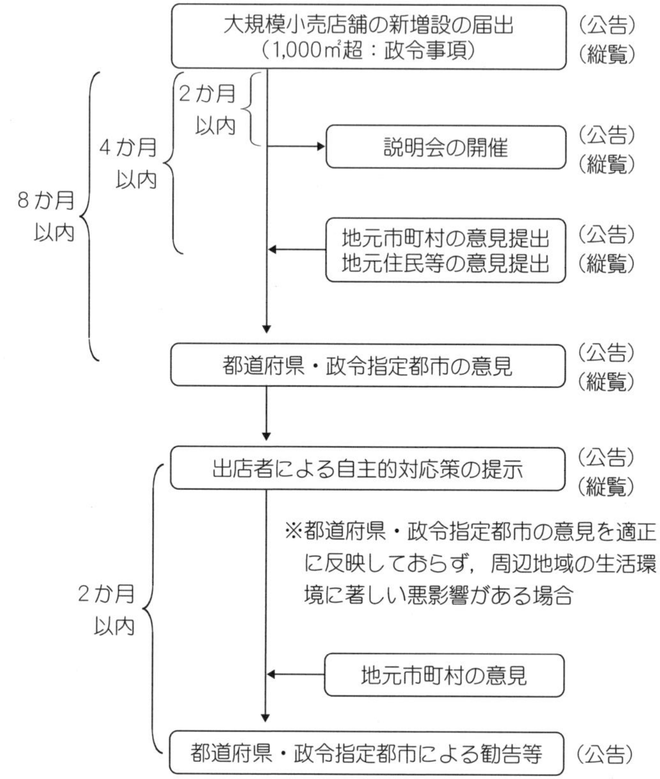

4　出店戦略の立案と方法

４－１　出店立地の分類

①　ダウンタウン（繁華街）

・　交通機関が集中し，広域から集客しやすい半面，厳しい競争環境にあります。

・　郊外の大型ＳＣとの競争や車社会対応への不備などから，大型商業施設の撤退が問題となっています。

・　大都市圏では，高い集客力から百貨店などの出店がみられます。

②　アーバン（都市エリア）

・　都心回帰による人口増加や不動産価格の低下から，再び都市エリアが見直されています。

③　イクサーブ（都市エリアと住居エリアが混在）

・　臨海部など工場跡地を再生した大型のショッピングセンターが誕生し，話題を集めています。

④　サバーブ（住居の際エリア）

・　大型スーパーマーケット，ロードサイドショップなどに加えて，大型のモール型ショッピングセンターが増加しています。

⑤　ルーラル（自然豊かなエリア）

・　過疎地を意味し，人口はまばらですが，スーパーセンターなどの超広域型業態が出店しています。

４－２　出店戦略の方法

(1)　ドミナント型出店

①　ドミナント型出店とは

ドミナント型出店は，特定の地域に焦点を合わせて，計画的・継続的に出店することです。エリア・ドミナント戦略は，特定地域での店舗の高密度化を意図的に推進することによって，チェーンストアの知名度を高め，競争他店に対して優勢な地位を獲得・維持することをねらいとします。

②　エリアドミナント戦略の効果

・　店舗間の距離的近さの実現によって，物流コストの低減がはかれます。

・　売れ筋商品や死に筋商品，またある店舗で欠品している商品などを，速やかに店舗間移動ができます。

・　地元に根を下ろした店舗として，好ましい企業イメージが形成できます。

③　エリアドミナント出店のメリット

・　店舗を統括するスーパーバイザーは，受け持つ店舗を効率よく巡回することができます。

・　テレビＣＭなども地域を絞って行うことができ，広告宣伝費を抑えられます。

<スーパーバイザー>

チェーンストアやフランチャイズチェーンにおける販売指導員あるいは監督者です。店舗巡回指導員と呼ばれた時期もあります。本部と店舗の間に設置され，品ぞろえや陳列の方法，在庫管理の状態や，販売員教育など，店舗における経営全体についてアドバイスを行います。販売面，マーケティング全般，指導面など幅広い能力が要求される職種であり，小売チェーン業界では，業績向上のための欠かせない存在として重要な役割を担っています。

(2)　大型拠点型出店

大型拠点型出店は，特定地域に巨艦型店舗をつくり，その圧倒的パワーで広範なエリアから顧客を呼ぶ出店形態です。百貨店や大型ショッピングセンターなどが該当します。

＜メリット＞

①　品ぞろえ，売場づくりなど，実験的な取組みが可能です。

②　同業他社に対する競争力が強化できます。

(3)　出店計画の立案

小売業の出店戦略は，計画的に行わなければなりません。

図表4－2－5　出店計画を策定する手順

①　情報の収集	既存資料，既存データの収集
②　出店候補地の選定	面積，交通事情などを考慮して２～３の候補を選定
③　商圏の設定，調査	商圏設定，競争店や商圏内人口動向などを調査
④　自店コンセプトとのすり合わせ	自店コンセプトと客層が適合しているか
⑤　候補地決定	最適な出店場所を選出
⑥　地主との交渉	
⑦　契　　約	
⑧　店舗計画の立案	投資計画，マーチャンダイジング計画，販売計画など

(4)　出店計画におけるポイント

出店計画の策定における留意事項は，次の通りです。

①　ある程度，ドミナント型出店が可能なエリアを探し，その商圏内に連続的に出店します。

②　条件のよい物件に出店して，エリア内での占有率を確保します。

③　店舗の標準化をはかります。店舗規模や売場面積の標準化，売場づくりの標準化，店舗運営方法の標準化があります。

第3章 マーケットリサーチ（市場調査）の方法と進め方

1 マーケティングリサーチとマーケットリサーチの概要

(1) マーケティングリサーチの概要

① マーケティングリサーチとは

マーケティングリサーチとは，企業が抱えるさまざまなマーケティングの課題に対して，有効な意思決定やサポートをするための科学的な調査･分析･提案という一連のプロセスのことです。

② マーケティング課題

- 自店の扱う商品やサービスは，どのような人をターゲットとすべきか
- 自店の商品は，どのような人にどのような理由で買ってもらっているか
- 実施したイベントやキャンペーンは，顧客にどう評価されたのか
- 自店のストアロイヤリティを，顧客はどう感じているのか　　など

(2) マーケットリサーチ（市場調査）の意義と実施方法

① マーケットリサーチ（市場調査）とマーケティングリサーチの違い

両者は混同されているが，厳密には異なる調査方法である。

② マーケットリサーチ

マーケットリサーチとは，数字や数値で統計学的に自社の抱える現在の市

場を把握し，どうすれば自社の商品が最大限に売れるのかというマーケティング戦略を立案する調査活動です。

③　マーケティングリサーチ

マーケティングリサーチは，データや数値だけでは計れない潜在的なニーズやウォンツを国語的に検証することであり，近未来の市場動向に関しても，予測，分析，提案を行う調査活動です。

2　市場調査の概要

2－1　市場調査の種類と実施方法

次の図のように，資料分析はすでに存在しているさまざまな資料を活用して行う方法であり，一方，市場実査は市場から直接的に情報を収集する方法です。

図表4－3－1　市場調査の分類

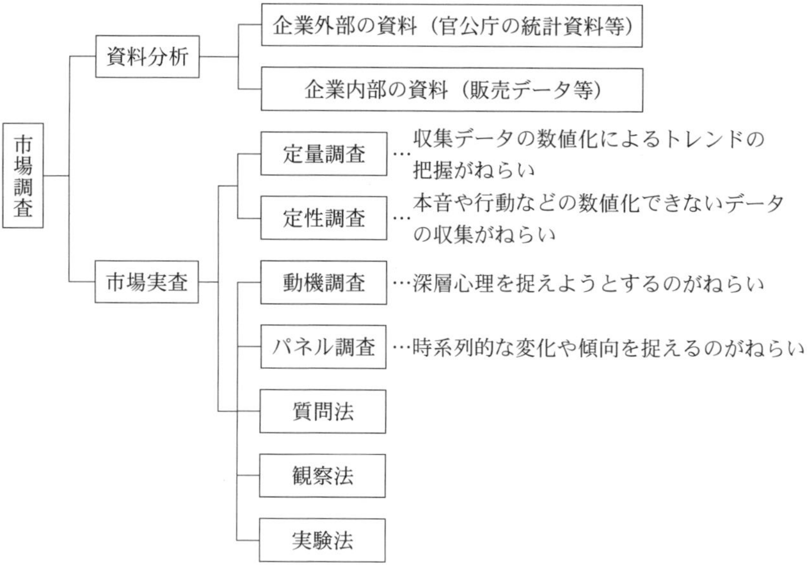

2－2 市場調査の資料分析

(1) 家計調査（家計調査年報）

家計調査は，世帯の収入と支出を調べるため，総務省統計局が毎月実施している統計調査です。調査対象は，学生の単身世帯を除外した全国の全世帯です。

(2) 商業統計調査

商業統計調査は，全国の卸売業と小売業の事業所を，業種別・業態別・規模別・地域別などに区分し，分布状況や販売活動などの実態を明らかにすることを目的としています。

(3) 人口統計

① 国勢調査（総務省）

国勢調査は，日本に住んでいるすべての人を対象とする国の最も基本的な統計調査です。国内の人口や世帯の実態を明らかにするために5年ごとに行われます。

② 住民基本台帳（総務省）にもとづく人口，人口動態及び世帯数

国内に居住し当該市区町村の住民基本台帳に記載されている日本人を対象とする統計です。

③ 人口動態調査（厚生労働省）

国内で発生した出生・死亡・死産・婚姻・離婚による人口動態事象に関する調査です。

2－3 市場調査における市場実査

(1) 定量調査

定量調査とは，収集されたデータを数値化することを想定したうえで設計された調査のことです。調査結果は，統計学的に分析し，トレンドの把握などに活用することがねらいです。

(2) 定性調査

定性調査とは，被調査者から発せられる生の言葉や行動，見たままの状態や

印象など，言葉，文章，写真などの数値化できないデータの収集がねらいです。

(3) 動機調査

表面に現れた具体的な行動が，どのような理由で生じたのか，という深層心理を捉えようとするのがねらいです。

① 尺　度　法

特定のテーマに対する被調査者の意見や感じたことをスケール上にランクづけさせる方法です。対になった形容詞のスケール上に，被調査者が感じる度合いをチェックさせるＳＤ（セマンティック・ディファレンシャル）法があります。

② 投影技法

無意識な動機を何かに投影させることで，被調査者の本音を明らかにしようとする手法です。語句連想法には，文章完結法，絵画回答法などがあります。

③ 集団面接法

グループインタビューともいわれ，5～10人くらいの被調査者を一堂に集めて，調査者の司会のもとで特定のテーマについて自由に討論させる方法です。

④ 深層面接法

調査者と被調査者が気楽な雰囲気の中で対話し，被調査者に自由に話させながらも，調査者はポイントを押さえてリードし，態度や意見を通して深層を探ろうとする方法です。

(4) パネル調査

グループ化したメンバーに対して特定事項を設定し，一定期間，定期的に繰り返して行う調査方法で，時系列的な変化や傾向を捉えることがねらいです。

2－4　市場実査の方法

(1) 質　問　法

質問法は，最も頻繁に採用されている方法であり，代表的なのがアンケート調査です。

① 面　接　法

被調査者と個別に面接のうえ質問し，回答を調査票に記入する方法です。回収率や回答率が高いです。

② 郵　送　法

質問票を被調査者に郵送し，一定の期間内に回答を記入してもらい，返送してもらう手法です。

一方，郵送もしくは直接配布によって被調査者に回答を依頼しておき，後日，調査者などが訪問して回収する「留置法」によるアンケート調査も一般的です。

③ 電　話　法

あらかじめ設定された質問事項を被調査者に電話で質問し，回答を求める方法です。

④ Ｗｅｂ法

インターネットを利用したアンケート調査であり，パソコンのウェブページ画面上に質問票と回答欄を表示し，被調査者にその回答を返信してもらう方式をとります。

図表4－3－2

オープン型	被調査者をホームページなどで公募して，不特定多数を対象とする方法
クローズ型	事前に登録されている中から被調査者を無作為に抽出する方法

(2) 観　察　法

一定の時間をかけて観ることで情報収集する方法です。小売店内で顧客の購買行動を観察することなどがあります。

(3) 実　験　法

何らかの実験を行い，情報を収集する方法です。商品やディスプレイなどに対する反応を調査することなどがあります。

＜アイカメラ＞

実験法では，アイカメラを用いることもあります。アイカメラは，顧客に見立てた被験者に，アイカメラ装置を装着してもらい，眼球の動きを測定します。これにより，売場のどこを何秒間，どんな順序で見ていたかというような測定結果を得られるわけです。

2－5　市場調査の実施手順

(1)　企画段階

① 企画段階での実施手順

a　調査のねらい（目的）を明確に表す

b　仮説を設定する

c　調査の対象を設定する

d　調査方法を確定する

② サンプリングとは

全体（母集団）の中からランダムに被調査者を選び出し，それらの意見をもとに全体像を探ろうとする方法です。この一部の被調査者をサンプル（標本）と呼びます。

サンプリングの留意点は，サンプル自体が全代表者を代表するにふさわしい存在かということです。

図表4－3－3

有意抽出法	あらかじめ調査対象者の特定にもとづいて選抜する
無作為抽出法	まったく作為を入れずに母集団から統計的な手法で抽出する

③ サンプリング抽出法

a　多段抽出法

全体を何らかの基準によっていくつかのブロックに区分し，その中からいくつかを無作為に選び，それをさらに下位のブロックに分割し，という過程を繰り返す方法です。

b　単純無作為抽出法

母集団に属するすべての抽出単位を含む台帳の抽出単位に一連番号を振り，必要なサンプル数だけ乱数表を用いて抽出する方法です。

c　系列的抽出法（等間隔抽出法）

スタートナンバーだけ乱数表から選び，あとはその番号ごとに等間隔に標本を抽出していく方法です。

d　層化抽出法

母集団を調査目的からみて意味ある基準によって，いくつかの質のグループに分け，グループごとに比例配分でサンプルを抽出する方法です。

(2)　設計段階

・　調査票の作成

調査票は，次のとおり構成されている。

○　依頼状……調査の目的や意義を述べ，調査対象者に協力を要請する「ご挨拶」や「お願い」を記載。

○　フェイスシート……分析する柱に使用する年齢，性別，所得などを記入。

○　質問と回答欄

○　コーディング枠……集計用

＜質問の作成の留意点＞

・　質問項目は必要なものに限定する

・　質問の順序に配慮，最初の質問は回答しやすい内容にする

・　１つの質問文で求めるのは，１つの問題点に限定する

・　誤解や反感をもたれないようにする

・　具体的事実について質問する，誘導的にならないようにする

・　回答があやふやになりそうな質問は避ける

①　選　択　法

いくつかの選択肢の中から選ぶ方法

図表4－3－4　選択法の種類と具体的な質問例

方法	質問例
賛否法	「○○○」について，次の項目に関して「1. はい」か「2. いいえ」のどちらか1つに○印をおつけください。
単一選択法（シングルアンサー＝SA）	次の項目の中で，あなたが商品を選ぶときに最も重要視しているもの1つだけに○印をおつけください（SA）。
多項選択法（マルティプルアンサー＝MA）	次の項目の中で，あなたが商品を選ぶときに重要視しているものがあれば，いくつでも○印をおつけください（MA）。
制限選択法（リミテッドアンサー＝LA）	次の商品の中で，あなたが最近（この3か月くらいの間に）お買いになったものはありますか。該当するものがいくつかある場合には，最も多く買った銘柄2つまでに○印をおつけください（LA）。
評定尺度法	「○○○」について，次の項目に関して「1. そう思う」「2. 少しはそう思う」「3. どちらともいえない」「4. あまりそう思わない」「5. まったくそう思わない」の5段階の選択肢のうち，該当するものに○印をおつけください。
順位法	あなたが○○を購入するとき，どのような点を重視されますか。次の項目について，最も重視するものから順番に1位から8位まで順位をおつけください。
一対比較法	下記に○○の銘柄が2つずつ組み合わせてありますが，あなたがよりお好きな銘柄の番号をカッコの中に記入して下さい。 「1. △△△」と「2. □□□」とでは（　　）が好き。

② 自由回答法

被調査者が自由に言葉や文章で表現する方法。

・ 質問例（フリーアンサー＝ＦＡ）

質問票が完成したら，それを試してみるパイロットテストを行います。問題がなければ印刷に回し，実査に入ります。

⑶ 実査段階

・ 調査の実施

⑷ 回収段階

・ アンケートなどを期限までに郵送方式などで回収します。

⑸ 入力段階

・ 個票のチェック……記入ミスなどないかをチェックし，入力ミスを防止します。

・ コーディング（アフターコード化）……回答に１，２，３などの番号を付け，集計を効率的に行います。

⑹ 集計段階

・ 単純集計（グランドトータル）……合計（傾向）を出し，サンプル特性（属性）についても合わせて計算をします。

・ クロス分析……２つの質問を掛け合わせて度数の分布とその百分比を観ます。

⑺ 分析段階

・ 多変量解析

多数の項目の関係をより詳しく分析しようとする場合は，数式モデルを使った多変量解析が用いられます。この手法の基本的考え方は，多くの回答結果の間の関係を統合化することで，より少ない説明変数によって効率よく説明しようとするものです。

ｉ）情報の整理・統合

多くの情報を整理・統合して，より少ない情報に集約し，総合的な情報を引き出します。

ii）予測・分類

数多くのいろいろな原因から，ある結果を予測することで，因果関係を明らかにします。

図表4－3－5　多変量解析モデル

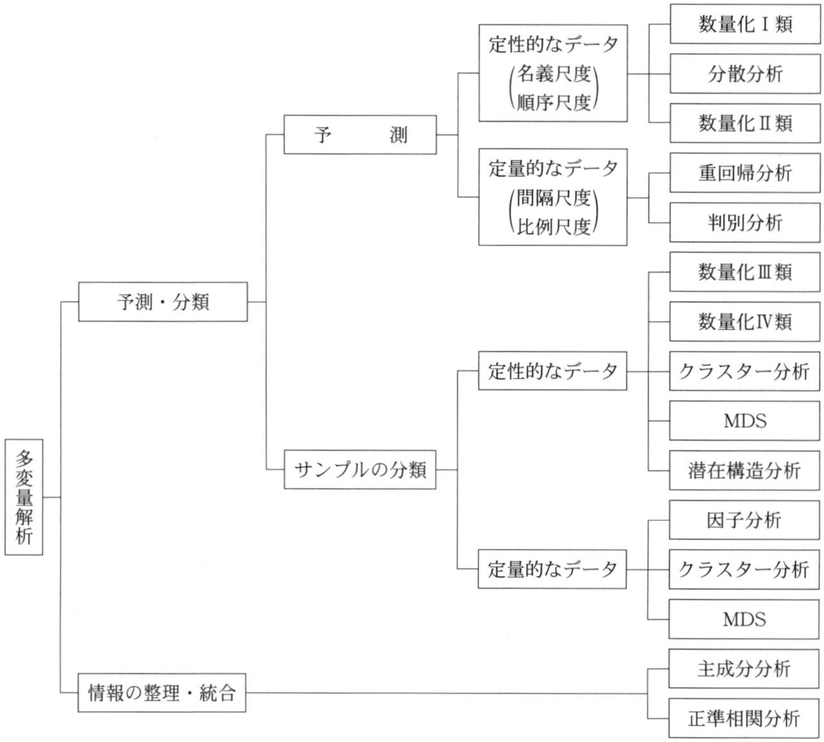

・　クラスター分析

クラスター分析は，多数の個体についていくつかの特性値を測定，抽出し，それらを軸としてこれらの個体を分類することによって，いくつかの等質的な群れとしてのクラスターを導きだそうとする方法です（特性値の抽出には因子分析が用いられます）。

・　回 帰 分 析

回帰分析とは，一方の変数に関する測定値の変動を，他方の変数に関する測定値の変動によって説明する方法です。

結果となる変数を従属変数といい，原因と考えられる変数を独立変数（説明変数）といいます。独立変数が１つの場合を単純回帰分析，複数個ある場合を重回帰分析といいます。

＜多変量解析＞

コンピュータを活用して，大量かつ多重なデータを分析する手法です。具体的手法としては，販売予測や需要予測を行う重回帰分析，需要者の判別や立地の分析を行う判別分析，需要者の分類や人事テスト等に用いられる因子分析，セグメンテーションのためのクラスター分析，主に質的データを分析する数量化理論（Ⅰ～Ⅳ類）があります。

例えば，新規出店の可否を分析するような場合は，間口，通行量，店舗面積，配置人員数など予定する出店内容の数値を投入することで，蓄積されたデータから予測売上高を算出するような使い方があります。

(8)　提案段階

・　行動する……調査の結果をもとに，どうすればよいかという具体的な対応方法を示します。

第4章

リテールマーケティングの展開に必要なリージョナルプロモーションの実践

1　アトラクティブ・プロモーション（Pull戦略）としてのマス媒体広告

1－1　広告計画の立案プロセス

広告計画を立案するにあたっては，広告商品に関する情報，市場状況の情報，消費者行動に関する情報などの収集と整理を行います。

⑴　地域市場環境の分析

市場環境の分析には，社会環境分析，企業分析，市場分析，消費者分析，商品分析，コミュニケーション分析があります。標的とすべき対象を設定し，広告計画を立案し実施していきます。

⑵　広告目的の設定

広告目的は，主に３つの型に分類されます。

図表４－４－１

情報提供型	新商品の販売，商品の機能や用途，顧客の誤った認識を正す，企業や商品イメージなど。
説　得　型	ブランド選好，ブランドの信念を変える，顧客の抵抗感を低減させる，商品使用頻度の増加など。
想　起　型	商品が必要になること，商品がどこで販売されているか，商品の存在を想い出させること，トップオブマインドの獲得・維持など。

(3)　広告目標の決定

広告目標を数値で示すことであり，広告出稿や広告予算などが決まってきます。

(4)　広告ターゲットの決定

広告ターゲットの決定は，誰に対して訴求するのが最も効果的なのかを考え，消費者像を検討・決定します。表現戦略や媒体戦略がより具体化されます。

(5)　広告コンセプトの設定

広告コンセプトを設定するには，商品のポジショニングを行い，商品コンセプトを明確にします。

(6)　表現戦略の立案

表現戦略は，広告コンセプトにもとづいて，それをどのように描くのかを決めていきます。

(7)　メディアプランニング（媒体戦略）の立案

媒体戦略は，どのようなメディアを使いターゲットに届けていくのかを決めることです。ここで重要なのは，メディアの組み合わせであり，異なる特性を持つ各メディアを組み合わせることにより，最大の効果を生み出していきます。

(8)　出稿パターンの決定

出稿パターンの決定では，ターゲットが商品購入を検討する時期に出稿を合わせることが重要です。

<トップオブマインド>

思いの最上位にあるということです。例えば，「胃薬と聞いて思い浮かぶブランドは何か？」と問われて，一番に思い浮かぶブランドがその人のトップオブブランドになります。つまり，特定の製品カテゴリーで，最初に脳裏に浮かぶブランドであり，そのカテゴリーで特に強いイメージがあることを意味します。

1－2　マス媒体広告の種類と特性

(1)　新聞広告の特性

①　新聞媒体の種類

ⅰ）全　国　紙

全国をカバーする新聞で，発行部数が多く，広い地域，多くの階層に購読されています。

ⅱ）ブロック紙

数県にまたがる地域をカバーする新聞であり，その地域において相当な量の発行部数を持っています。

ⅲ）地　方　紙

都道府県内をエリアとして配布されている新聞であり，地元密着の記事で特色を出していて，地域内普及率では圧倒的に高いです。

②　新聞広告の種類

・　記事下広告……記事面の下に掲載される広告をいいます。

・　雑報広告……題字下広告，記事中広告，突出し広告があります。

③　新聞媒体の特性

新聞自体に対する信頼性・説得性・社会性などの読者の信頼が，新聞広告にも反映されています。新聞は記事・広告ともに保存が可能であり，読者が情報の内容を後日何回でも確認できる記録性を備えています。多種多様な広告主のニーズに多面的に応えられ，スペースによっては詳細な説明が可能であるため説得性があります。

(2)　雑誌広告の特性

①　雑誌媒体の種類

ⅰ）発行期間による分類

週刊誌，旬間詩，隔週刊誌，月刊誌，季刊誌，不定期刊行物などがあります。

ⅱ）発行目的による分類

一般誌，専門誌，機関誌，同人誌，ＰＲ詩，会詩，社内報などがあります。

ⅲ）読者層による分類

児童詩，婦人誌，大衆誌，総合誌，専門誌などに区分されます。

②　雑誌広告の種類

雑誌広告は，表紙を表１，表紙の裏を表２，裏表紙を表４，裏表紙の裏を表３と呼びます。広告スペースの基本単位は１ページですが，見開き２ページ，１／２ページ，１／３ページ，記事中など，スペースが雑誌ごとに決められています。

③　雑誌媒体の特性

雑誌は，全国共通の誌面内容で全国配布されるものが多く，全国広告に適しています。媒体寿命が比較的長く，広告においても繰り返し読まれます。ただ，発売と出稿申込期間の間が比較的長いため，敏速な広告が困難であり，タイムリーな広告には向いていません。

(3)　テレビ広告の特性

①　テレビ媒体の種類

地上波民間テレビ局には，自局で制作した番組を他局に送り出すキー局と，キー局の番組を受ける局であるネット局があります。各テレビ局は，キー局を中心としたネットワークができています。その他，系列に属さない県域放送局があります。

② テレビ広告の種類

i）番組提供広告

番組内容や放送時間帯によって視聴者層が大きく異なるため，ターゲットが多く存在する番組を提供できれば，長期間にわたり安定的に出稿枠を確保でき，ねらった層に広告を効率よく届けることができます。

ii）スポット広告

エリア，局，時間帯，時期，期間，出稿量が自由に設定できるために，キャンペーンなどで短期集中して認知度を高める場合には有効です。

③ テレビ媒体の特性

ファミリー視聴，パーソナル視聴など広い階層に対しての広告が可能です。視覚と聴覚の両方に訴えるので，広告商品やサービスの特徴を具体的，印象的に訴求できます。反復露出により，認知率を高めるのに最適な媒体です。

(4) ラジオ広告の特性

① ラジオ媒体の種類

民法ラジオには，ＡＭ，ＦＭ，短波，コミュニティＦＭなどの放送形態があります。

② ラジオ広告の種類

番組提供広告は，テレビと比較して安く提供できます。スポット広告はエリア，放送時間帯，期間などを自社の広告計画によって自由に設定できます。20秒スポットが最もポピュラーですが，５秒，10秒，40秒，60秒などのスポットも存在します。

③ ラジオ媒体の特性

ラジオは曜日・時間帯によってかなり明確にターゲットが分かれるメディアです。各曜日時間帯ごとに最もラジオをよく聴いている階層を分析・想定し，その層にマッチした番組を放送することができます（オーディエンス・セグメンテーション）。１局のサービスエリアは限定されていますが，ネットワークや複数局を利用することにより全国広告も可能です。

1－3　その他の広告

(1)　ダイレクトメール（DM）広告

広告物や催事の案内などを，特定の顧客に宛てて，直接郵送するものです。

＜媒体特性＞

①　受け手に直送するためセグメンテーション戦略に最適である。

②　訴求対象を特定し，予算効率が高い。

③　タイムリーな広告活動ができる。

④　1対1の関係で直接訴えかけるため，対象者に優越感を持たせ，特定顧客と人間関係をつくれる。

⑤　自由で弾力的な広告表現ができる。

⑥　受け手の注意を独占でき，競争者に知られず広告ができる。

⑦　直接的な販売手段として使用できる。

⑧　効果測定が容易である。

⑨　広告主の知名度や信用度によって，効果に差が生ずる。

⑩　見込客名簿の作成・管理が広告効果に大きく影響する。

(2)　新聞折込広告

紙に広告文を印刷して配布するもので，新聞折込広告として利用されます。

＜媒体特性＞

①　地域セグメンテーションが可能である。

②　即効的効果が期待できる。

③　コストが比較的安く，手軽に利用できる。

④　形や大きさに融通性がある。

⑤　さまざまな方法で配布することができ，店舗に貼り出すこともできる。

(3)　OOHメディア

OOHメディアは，アウト・オブ・ホームメディアのことで，自宅外での生活行動時に接触する媒体をさします。

① 交通広告

交通機関および駅などの施設に掲出されるもので，車内広告，車外広告，駅広告などがあります。

<媒体特性>

ⅰ）沿線ごとに地域をセグメントし，地域密着で訴求ができる。

ⅱ）交通機関の固定客に対する反復訴求が可能である。

ⅲ）車内でメッセージは比較的受け入れやすい。

ⅳ）全国の主な駅に掲出すれば，ネットワーク効果が期待できる。

② 屋外広告

屋外に設置された広告で，ポスター，看板，広告塔，ネオンサイン，アドバルーンなどがあります。

<媒体特性>

ⅰ）特定地域に対する継続的訴求ができる。

ⅱ）表現に造形力，創造力を活かすことができる。

ⅲ）地域に密着したシンボルとして親しまれる。

ⅳ）広告物の制作過程で，あらかじめ注意を引くことができる。

ⅴ） 昼だけでなく，夜は照明効果が期待できる。

ⅵ）定置媒体であるため，新鮮な印象や機動力が不足する。

⑷ インターネット広告

インターネット広告は，普及スピードなどから最も注目されている情報メディアです。

<特　　性>

① インタラクティブなメディアである

インターネット広告は，クリックができ，消費者はより興味を持った広告について詳しい情報を入手できます。

② 高度なターゲティングが可能

多種多様なＷｅｂサイトがあるため，より細かいターゲティングができます。

③ 広告表現が多様である

映像や音声を扱える広告商品が多数存在しており，視覚と聴覚の両方から訴求できます。

④ 広告効果の測定が容易である

広告が表示される回数（インプレッション数）やクリック数など，広告効果の詳細な情報が得られます。

＜インプレッション数＞

インターネット上の広告が何回表示されたかの回数であり，同じ人が複数回見てもその全ての回数がカウントされます。販売促進としてのインターネット広告では，インプレッションが生じなければ，購買に結び付く可能性はゼロとなります。また，表示されて見られても，クリックしてもらわなければ成果（単に購買のみでなく，資料請求等も含む）は得られません。そこで，クリック数÷インプレッション数＝クリック率（%）として，クリック率を上げるような工夫が必要になってきます。

1－4 アトラクティブ・プロモーションに必要なビッグデータとIoTの活用

(1) ビッグデータとビッグデータビジネス

① ビッグデータとは

ビッグデータとは，インターネットの普及とIT技術の進化により生まれた，大容量のデジタルデータ群を意味し，これまでの常識では計り知れない大容量のデータを扱うことをいいます。

② ビッグデータビジネス

ビッグデータを用いて社会・経済の問題解決や，業務の付加価値向上を行う，あるいは支援する事業として定義しています。

(2) IoTの活用

① IoTの活用

IoT（Internet of Things）とは，一般的に「モノのインターネット化」と呼ばれています。身の回りのあらゆるモノがインターネットやクラウドでネットワーク化されていることをいいます。

② 小売業におけるIoT活用

小売業は，顧客の来店時にモバイル機器へ働きかけるだけではなく，在庫管理や店内での買物客への働きかけなどができるかどうかがポイントになります。

ビッグデータ，IoTをはじめとしたデータ利活用に関連した技術革新は「第四次産業革命」とも呼ばれ，新たな産業構造の変革の契機として，日本経済へ大きな影響を与えるものと考えられています。

2 インストアプロモーション（Push戦略）の種類と特性

2－1 人的販売活動

(1) 催　事（イベント）

催事（イベント）は，売上や集客の増加，店舗イメージの形成などを目的に実施されます。

また，催事の企画と実施については，次のように展開されます。

① 年間計画の立案

- 基本的な方針の決定
- 主力商品の動向に対応した，年間商品販売計画の策定
- 売出し展開計画の策定
- 目的や内容の明確化
- 各テーマ，企画の概要決定

② 計画の具体化

- 催事テーマの設定
- スローガン，キャッチフレーズの決定
- 具体的目標の明確化
- 対象顧客の決定
- 販売商品の決定
- 実施時期，期間，場所の決定
- 販売目標の決定
- 販売促進活動の組み合わせ
- 経費予算の見積りと決定
- 業務推進計画の作成
- 実施上の問題点の確認

③ 実施，反省および効果測定

- 企画段階で想定された問題点には注意し，進捗状況を確認・チェックしていく。
- 終了後，できるだけ早期に，実施結果の反省と効果測定を行う。
- 数値化できるものは客観的に判断する。
- 企画内容，実施過程，結果については，確実に記録し，次の資料として活用する。

(2) コンテスト

コンテストの展開にあたっては，広く訴求するキャンペーンが必要です。小売店頭で応募用紙の配布を行い，応募要領などをポスターなどによって知らせることも必要です。

(3) 消費者教育

消費者教育は，消費者との共感による販売促進を意図したもので，商品知識や商品の利用方法などについて情報を提供し，消費者の理解を深め，自店に対する好意の醸成と顧客の固定化をはかることを目的とするものです。

方法としては，店頭でのデモンストレーション，講習会方式，工場見学，展示会やショールームなどがあります。

2－2　非人的販売活動

(1)　プレミアムの提供

①　添付プレミアム

景品があらかじめ商品に添付されているもので，パックイン方式（パッケージのなかに同封），パックオン方式（別に添付されている）があります。購入者全員が景品を手にすることができる総（ベタ）づけプレミアムです。

②　売場プレミアム

売場で商品に景品をつけて手渡すものです。小売業への愛顧にも配慮したもので，購入者全員に配布する方式が一般的です。

③　応募プレミアム

指定した商品のラベルなどを同封して応募してきた顧客を対象に，一般には抽選や先着順に景品を提供するものです。

④　クーポン式プレミアム

商品に添付されたクーポンを集め，それが一定数まとまれば，引換えに景品を提供するものです。

(2)　サンプル提供

商品を実際に消費・利用させる必要がある場合などに，無料でサンプル提供は行われます。大量に配布するため，かなりのコストを負担しなければなりません。商品の特徴や使用方法などを説明したリーフレットを同封するなどの仕掛けを考えなければなりません。

2－3　商品のライフサイクルと段階別インストアプロモーションの実施視点

(1)　商品ライフサイクルとは

商品が発売されてからやがて市場から消えていくまでの段階を「導入期，成長期，成熟期，衰退期」と分類し，この商品の一生を商品ライフサイクルと呼んでいます。

図表４－４－２　商品のライフサイクル

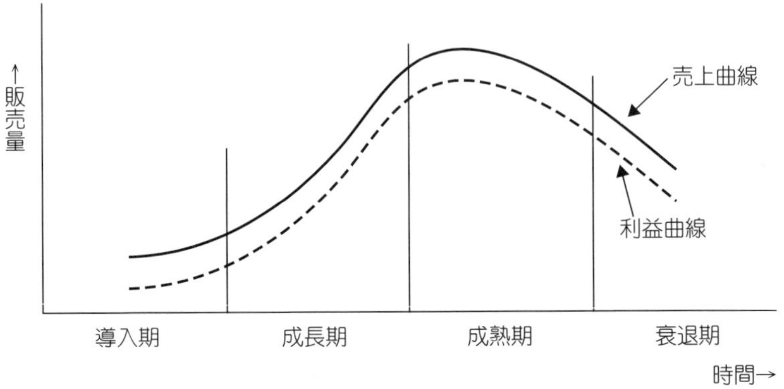

(2)　導入期にある商品の販売活動

導入期は，商品が発売され，小売店頭などを通じて市場に出回り始めた時期です。この時期の商品は新製品が含まれており，知名度は低いです。

そのため，消費者に有用性や得られる満足などをＰＲする必要があります。メーカーの行うコマーシャルなどの宣伝活動に合わせて，小売店頭での宣伝やサンプル提供・実演などを積極的に展開し，商品の認知度を高めることで，小売業の売上増加につながります。

(3)　成長期にある商品の販売活動

成長期は，商品の認知度が高まり，販売量が拡大していく時期です。このような市場には新規参入者が多くなり，販売競争が活発化します。

小売業の店頭では，主力商品を欠品なく品ぞろえして，販売チャンスロスとならないようにします。また，商品の特徴や長所を的確に伝えるプロモーションや接客の質を高める努力が，消費者の信頼を高め集客力につながります。

＜販売チャンスロス＞

「販売する機会を失う」という意味です。具体的には，顧客が欲しがっている，つまり需要があるにもかかわらず，品切れやディスプレイの不備によって売り逃してしまうような状態を指します。

(4)　成熟期の商品の販売活動

成熟期は，商品の販売の伸びは次第に鈍り，低下傾向が出始める時期です。この時期は，新規需要はあまり期待できず，買い換え需要が中心となります。

小売業においては，差別化や値引きなどの延命策を積極的に講じる必要が生じます。専門的にアドバイスしたり，販売に伴うサポートサービスの質を高めることが，消費者をリピーターとすることにつながります。

(5)　衰退期の商品の販売活動

衰退期は，他の商品に市場が奪われ，その商品の販売量が大きく減少していく時期です。

小売業が考えるべき活動としては，早期撤退のタイミングを決めることです。値引き販売による在庫処分の方法を早急に実行することが重要です。

(6)　プロダクトライフサイクル（PLC）の戦略的活用視点

①　商品分類別PLCの特徴

PLCで描かれる形や長さは，商品の特性によって微妙に異なります。ファッション性に富む買回品では，次のようにライフサイクルの変化に対応しています。

- 急激な上昇と下落
- 成熟期以降の伸び悩みと，衰退期の到来が早い
- 市場撤退の見極めを早めに行う

このように，買回品のほうが最寄品の場合よりも季節変動や流行の影響をより強く受けるので，変化の度合いは大きいです。専門品の場合は，市場導入には相対的に時間がかかる半面，高いロイヤリティが確保できれば，ゆっくりと衰退期へ移行する傾向にあります。

② 商品特性別再発注の視点

一般に，最寄品よりも買回品のほうがPLCの成熟期以降において，利益圧迫要因はより強い影響を及ぼします。発注サイクルを短めに設定し，売場に並べるまでのスピードを競う方法が一般化しています。専門品については，消費者の受入れイメージが確立できれば，PLCを比較的長くすることができます。

3　インストアマーチャンダイジング（Put戦略）としてのスペースマネジメント

スペースマネジメントは，売場の一定スペース（通常はカテゴリー単位）における販売効率を最大限に高めるためのインストアマーチャンダイジング（ＩＳＭ）の手段です。コーナー単位のフロアマネジメントと棚単位のシェルフマネジメントに分類されます。

フロアマネジメントは，部門などのように広いスペースを管理範囲とし，フロアゾーニングの手法の一つであるパワーカテゴリーの配置やビジュアルマーチャンダイジングなどの役割を担います。

一方，シェルフマネジメントは，カテゴリー（ゴンドラ）を単位とし，フロアレイアウトの手法であるフェイシングやプラノグラム（棚割システム）などの役割を担います。

(1)　スペースマネジメント

商品の陳列位置を意図的にコントロールし，売場の一定スペースにおける売上高と利益の最大化を図る売場技術がスペースマネジメントで，回遊しやすいフロアレイアウトやプラノグラムなどに活用します。つまり，スペースマネジメントは，買上点数の増加による１回当たりの購買単価の引上げを目的としています。

①　フロアマネジメント

フロアマネジメントには，主通路と副通路における販売効率の比較やゴンドラエンドの位置の評価などを顧客心理の観点から分析し，望ましいフロアレイアウトを構成することが主な役割となります。

②　シェルフマネジメントのゴンドラ構成とフェイシング

シェルフマネジメントには，商品（品目）の陳列面の構成（フェイシング），陳列数量，配置，品目の種類の決定などを効率的に行うスケマティック・プラノグラムという手法があります。

(2)　ゴンドラ構成の手順

カテゴリー単位で商品構成を行い，分類テーマを設定しスペースのグルーピングを行います。スペース生産性を高めるための単品（ＳＫＵ）を厳選し，最適に組み合わせて効果的なプラノグラムを設定します。

(3)　フェイシング

グルーピングされた個々の品目を垂直に何段ディスプレイするか，水平に何列ディスプレイするかを決定します。

(4)　購買単価を増やす方策

小売業は，店頭で購買品目を決める多数の顧客に，品種間での品目数を多く購買させることと，１品目当たりの買上個数を増やす方策が必要になります。また，買上商品の単価アップも必要となります。

図表4－4－3 買上金額の決定要因

① 導線距離（ゾーニング）	・売場の魅力向上 ・歩きやすい主通路の設計	心理的な抵抗感をなくし，いかに店内をくまなく回遊してもらえるか
② 立寄率（レイアウト）	・売場内の位置 ・陳列スペースの広さ ・商品の演出性 ・商品のくくり（わかりやすさ）	店内を回遊するなかでどれだけ多くのコーナーに立ち寄ってもらえるか
③ 注目率（ディスプレイ）	・価格の訴求度（買いやすさ） ・商品の選択性（選びやすさ）	立ち寄ったなかでどれだけ多くの商品に注目してもらえるか
④ 買上率（商品力）	・商品の魅力度（触感，新鮮さなど） ・商品の取りやすさ	注目したなかでどれだけ多くの商品を買ってもらえるか

(5) 客購買単価の構成要素

図表4－4－4 客購買単価（買上金額）

⑤ 買上個数	どれだけ多くの商品を買ってもらえるか
⑥ 商品単価	どれだけ商品単価の高い商品を買ってもらえるか

4 インバウンド観光

4－1 観光の動向

2003（平成15）年以降，訪日外国人旅行者は増加しています。その背景には，近隣アジア諸国のアウトバウンドが増加する一方で，観光を地方創生の切り札として，査証手続き（ビザ）の緩和や消費税免税制度の拡充，航空・鉄道・港湾などの交通ネットワークの整備があります。

さらに，2007（平成19）年には観光立国推進基本法が施行され，地域社会の持続可能な発展をはかりつつ，観光立国への取組みは不可欠な重要課題と位置づけられています。

４－２　観光ビジネスの特徴

観光産業は，小売業のみではなく，飲食業や宿泊業，運輸業などさまざまな経営主体が協働する集団性が特徴の１つとなっています。また，文化的要因についてさまざまな配慮が必要になります。消費額を国籍・地域別にみると，中国が１位で，２位が台湾，３位が韓国で，４位が香港と続いています。こうした訪日外国人旅行者の消費特性に対応していくことが重要です。

⑴　政治的な影響

さまざまな法改正や政治の動向，さらに外交関係にも影響を受けます。免税制度やＬＣＣ（格安航空会社）などとの関係があります。

⑵　観光振興とまちづくり

最近では，まちづくりに取り組みつつ，観光振興をはかるというケースが増えてきています。担う主体として注目されているのが，ＤＭＯ（Destination Management Organization）とよばれる観光地経営組織です。観光施設・自然環境・芸術や芸能・風習など地元の観光資源を発掘し，地域社会と連携してまちづくりを行う法人です。

＜日本版ＤＭＯの取組み＞

①　地元の魅力を外部に発信するマーケティング活動

②　異業種の連携によるプラットフォーム体制

③　観光地域全体のマネジメント活動

⑶　社会的な要因

人口動態やライフスタイルの変化，文化や宗教の影響などがあります。また，モノを所有することに価値を見出すモノ消費から，商品やサービスを購入したことで得られる体験に価値を見いだすコト消費へと，訪日外国人旅行者の嗜好が移りつつあります。

(4) 越境ＥＣ

近年は国境をまたいだ電子商取引が活発に行われており，これを越境ＥＣといい，財（商品）の輸出になります。

4－3 3Ｃ分析

(1) 市場または顧客（customer）の分析

自社の商品やサービスを購入してくれる顧客や市場について把握します。市場規模，成長性，想定する顧客のイメージや，市場または顧客の真のニーズまで掘り下げて分析することが重要です。国籍・文化・習慣・宗教などを考慮します。

(2) 競争（Competitor）の分析

競争相手の数，参入障壁，競争相手が保有している経営資源，競争相手の能力など，今後，参入が予想される相手や代替品となりえる商品やサービスを把握することが必要となります。現在，観光地間での競争が激化していることから，訪日外国人旅行者のニーズを見極めて，それに応える姿勢で地域経済の活性化をはかる姿勢が重要となります。

(3) 自社（company）分析

小売店を取り巻く状況，経営資源，能力などについて定性的・定量的に把握します。ここでは地域連携が分析の対象になります。

こうした3Ｃ分析は，なるべく具体的な事実や数値データを織り込み，店舗展開をめぐってなんらかの仮説を構築できるレベルまでもっていく必要があります。

仮説が構築できない場合には，訪日外国人旅行者に実際にインタビューやアンケート調査を行い，追加的な事実を補足したり，国内視察や海外調査などを行い，実際に情報を把握したりするなどの作業が必要になります。

<パワーカテゴリー>

各種の商品群（カテゴリー）の中でも，ことさら顧客を吸引することができる商品群のことです。店舗内の必要な場所に大量に陳列することで，顧客の回遊性を高め，客導線を伸ばし，非計画的購買として追加の一品の購入を促すような役割を持ちます。トイレットペーパーや基礎化粧品などが代表格です。

第5章 顧客戦略の展開方法

1 顧客中心主義の考え方

(1) 顧客価値の重要性

顧客の意識は大きく変化し，一人ひとりが価値観を強く抱いており，小売業は顔の見える個客に照準を合わせて購買促進を展開していくことが重要となっています。

① 小売業にとって，どのような顧客を満足させるかを明確にすることが大切です。

② 小売業は顧客を絞り込んだうえで，顧客のどのようなニーズに対応すべきかといった選択が必要になります。

③ 小売業は捉えにくい顧客に対して，自社・自店の強みを主張することが必要になります。

(2) 顧客中心の円

成熟した市場では商品自体の価値よりも，顧客との関係を深めていくほうが重要となっています。

① 何がどのように変わりつつあるのか

すべてのビジネスの起点は，「企業中心」から「顧客中心」へと動き始めています。顧客中心とは，顧客を真ん中に置いて，それを包み込むようなかたちで自分たちのビジネスを展開するという意味です。つまり，顧客中心という新しい円の関係にするということです。

② 顧客を尊重する

これからは，小売業は特定のライフスタイルを持っている顧客に対して，特定の意味づけや価値づけを行うことが重要となります。つまり，情報やサービスを付加しなければ消費には結びつかないということです。

また，真の顧客づくりを行うには，長期にわたって一定の顧客シェアを確保する計画づくりが不可欠です。継続的・計画的に商品，情報，サービスをコーディネートし，顧客にどのようなライフスタイルを提案するかが大切です。

常に顧客とのリレーションシップ（関係形成）を行い，顧客を尊重することが重要です。顧客の自由な意思や選択を阻害しない関係づくりが小売業の顧客戦略に求められます。

(3) 顧客に価値を提供する新たな社会システムの構築

小売業は，今日ライフスタイル提案型のビジネスへと移行している中では，マーチャンダイジング，マーケティング，マネジメントの３Ｍを統合し，それぞれを的確に実践することが強く求められています。

変化の激しい時代，顧客が流動化する時代では，新たなビジネスの仕組みをつくり出すという競争が始まっており，顧客戦略の展開は顧客に関係するすべての人々の協働を通じて，顧客に価値を提供する新たなパートナーシップを創ることにあります。

2 顧客戦略としてのＣＲＭ展開

(1) 顧客管理を重視する時代へ

小売業は，顧客を起点としたビジネスモデルを構築し，顧客を財産とみなす革新にチャレンジする時代を迎えました。

① 新店舗にかける多大なコストの割には，十分な利益が見込めなくなった。

② 不特定多数の消費者を対象とした場合は，売上の量的拡大またはコスト

の削減しか打つ手がなくなる。

③　日本の総人口は今後マイナスに転じ，市場の拡大化を阻み，1店舗当たりの顧客数を減少させる。

(2)　ＣＲＭに向けた動き

ＣＲＭは，顧客との良好な関係を形成し，それを長期間にわたって維持していくための仕組みづくりのことです。

ＣＲＭは，より多く買い上げてくれる上位顧客の占める割合を増やし，特売品のみを中心に買い続ける非優良顧客を減らしていこうとする戦略であり，顧客を財産とみなします。

＜ＣＲＭに向けた具体的な動き＞

①　カード会員となった顧客をデシル分析により10のグループに分類し，上位グループの顧客により多くの特典を提供している。

②　いつも来店しているが，あるカテゴリーの商品だけを購入しない顧客に対し，ディスカウント・クーポン券を送り，買上点数の増加をはかろうとしている。

③　顧客の商品カテゴリー別購買履歴を分析し，各商品カテゴリーにどれだけのスペースを割くべきかを決定している。

＜デシル分析（decile analysis）＞

デシルとは10等分という意味です。デシル分析とは，全顧客を10等分して10グループに分け，売上構成比の高いグループを見出し，そのグループの顧客が何を購入しているかというような分析を行うことです。

最初の10等分の方法は，ＡＢＣ分析と同様に，購入額の大きい順に顧客を並べ替えて行います。パレートの法則（20対80の法則）に基づくと，上位20％の顧客が購入額全体の80％を占めることになります。分析の対象として，上位20％とするのか10％にするのかは，各企業の戦略ごとに違ってきます。

(3)　個客に働きかける需要創造活動がＣＲＭの基本

ＣＲＭの基本戦略であるワントゥワン・マーケティングを展開する上では，小売業の全従業員が一丸となって取り組める組織体制をつくる必要があります。

ＣＲＭは，必要とされるいくつものシステムをトータルな視点で統合し，利用することが不可欠です。

<ワントゥワン・マーケティング（one－to－one marketing）>

顧客１人ひとりのニーズを把握して，それに応えることで顧客内シェアを高めることを目的としたマーケティング手法です。市場シェアを中心に考える全方位型マーケティングに対して，１人の顧客にどれだけの量を，何回買ってもらうかがポイントとなります。各顧客の好みや消費性向などを分析する必要がありますが，ＩＴ技術の進展によって，従来に比べて安価にできるようになったといえます。

<プロファイリング(profiling)>

データマイニングを実施する際に，特定の顧客グループについて，その特徴を発見する技法です。例えば，購入する曜日，購入品目，関連購入の度合い，購入品間の因果関係などから，当該顧客グループの特徴を浮き彫りにして，ワントゥワン・マーケティングの実行につなげていきます。

「プロファイリング」という言葉は，犯罪捜査において犯人の特徴を特定する手法として認知されており，基本的な考え方は同様といえます。

(4)　中期的実行体制の確立

①　個客のデータベース化が起点

ＣＲＭという顧客の維持・離反防止戦略を開始するには，中期的経営計画の樹立が不可欠となります。

まず，顧客重視の運営体制を確立し，会員カードの導入などで個客のデータベース化から始める必要があり，そのうえで得られた情報を解析します。

これらの結果から，効果的購買促進プログラムを立案し，どの顧客データに注目すべきかを決定します。

②　個客データの分析・加工をもとに企画

ＣＲＭの実施にあたっては，個客の購買行動分析により，時系列的に個客のデータを蓄積する必要があります。個客のデータは，小売業に蓄積（データウェアハウス）された後，販売目的の仮説に合わせて加工（データマイニング）されます。

そのなかから必要な情報は戦略として企画され，個客へのマーケティングに活用されます。これが個客のニーズや欲求への小売業の解答となり，顧客満足へと結びつきます。

③　顧客との信頼関係形成の学習サイクル

ＣＲＭは，顧客重視の経営をミッションとする組織を頂点として，３Ｍで表される政策を結びつける組織体制（マネジメント，マーチャンダイジング，マーケティング）を確立することで効果的な運営ができます。

図表４－５－１　ＣＲＭの効果的運営の組織体制

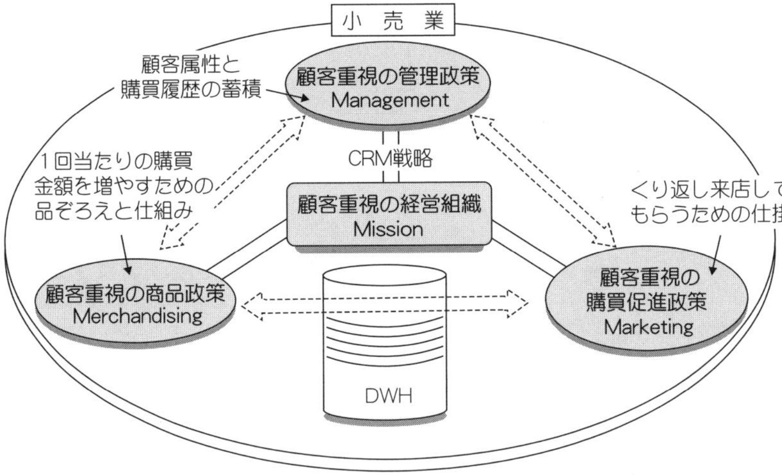

出所：「小売業のＣＲＭ戦略」流通サイエンス研究所編

＜ＣＲＭ（Customer Relationship Management）＞

企業レベルで，顧客との良好な関係作りを構築し，業績向上を図ろうとする経営手法です。抽象的な概念であり，実際には個々の企業での具体的な取組み方法は多面的かつ多様性を持つことになります。基本的には，機能中心の企業運営方針から，顧客を中心に据えた運営方針に変革する必要があり，場合によっては抜本的な企業改革が必要になってきます。

3　顧客戦術としてのＦＳＰの展開

異業態間競争の激化に伴い，小売業のマーケティング戦略は，①価格志向のマスセールス型と，②顧客を中心として競争他社と棲み分けるロイヤルティ・マーケティング型の２方向へ分化しています。

前者の典型は，競争優位性を発揮して勝ち残ろうとする広域型チェーンストアです。一方，後者の典型は，個性化を発揮して棲み分けることによって生き残りをはかろうとする小売業であり，ＦＳＰなどを展開するマーケティング・リテーラーと位置づけられます。

①　ＦＳＰ導入の目的と経緯

価格競争の激化に伴って自社戦略を明確に樹立する必要性が生じ，またそれまでのスタンプによる来店頻度の向上策からカード社会の到来による顧客の囲い込みへと時代背景が変わってきたことなどが，ＦＳＰの導入を促進させました。

・　トレーディング・スタンプのカード化
・　競争店の相次ぐ値引き攻勢，ポイントプログラムへの対抗手段
・　差別化や棲み分け戦略の実行策
・　情報システムの進展

②　ＦＳＰを導入していない小売業の理由

本格的なＦＳＰの展開には，かなりのコストを必要とすることと，データ

の解析や実行プログラムの運営を担う体制が整備できないというのが，未導入の主な理由といえます。

・　顧客を識別して違いをつけるのは商売の倫理に反する
・　優良顧客を特別に扱わなくても現状のままで満足している
・　競争店と同じようなプログラムを実行しても，競争上の優位性を確保することはできない
・　顧客データを収集しても個別に対応するとなると，相応のコストがかかる
・　初期投資が大きく，採算がとれるかわからない

③　ＦＳＰを導入した小売業が抱える問題点と課題

ＦＳＰを導入しても，すぐにその効果が現われるとは限りません。

・　値引きチラシなどを中止できずにＦＳＰを併用しているため，販売促進にかかるコストが倍増している
・　顧客データを収集できるようになったが，体制の不備によってその分析と活用に至っていない
・　会員への特典は，ポイントによるものに終始し，有力な販促プログラムの企画や運営ができない
・　ポイントによる未払い債務が累積している

④　ＦＳＰの問題点や課題の解決策

問題点や課題を解決するためには，ポイント偏重からの脱皮をはかり，ポイントは特典の１つと位置づける必要があります。

・　対象商品の限定，特典提供期間の限定，会員の限定などによって，会員特別価格を設定する
・　情報提供や宅配など，会員への特別サービスを行う
・　会員に向けた有償と無償の特別景品を企画し提供する
・　会員に向けた特別の招待を企画運営する
・　商品企画，店舗企画，経営参加など，会員に向けた特別の参加の場を設営する

⑤　優良顧客への特典の強化

ＦＳＰの実践においては，優良顧客への特典提供コストに転換し，会員一律の年会費などはやめるのが原則です。

・　優良顧客の会員化を促進する
・　優良顧客ほど特典サービスを強化する
・　一定期間の買上金額でポイント率を累進させる
・　ポイント以外の特典の提供を強化する

⑥　優良顧客を特別扱いしてこなかった理由

これまでの日本の小売業は，すべての顧客の平等化を貫いてきました。今後は売上と利益のどちらをより重要と考えているのかを明確にしなければ，ＦＳＰの有効活用はありえません。利益を大きく改善するためには，顧客ごとに異なる特典やサービスを提供しなければなりません。

⑦　特典の持つ意味と顧客情報の収集

ＦＳＰの運営にあたっては，類似する購買特性を持つ顧客を識別し，顧客カテゴリーごとに異なる特典やサービスを提供していきます。顧客が繰り返しその店舗に来店するかどうかは，店内でのよい体験や得られる特典の有無によります。

そして，ＦＳＰの運営では顧客の情報を収集し，それを小売店経営に活用し顧客を維持していくことにねらいがあります。

・　ストアオペレーションと利益率を改善する
・　競争店と棲み分けて独自の小売店経営を目指す
・　顧客との１対１の良好な関係を築き上げる

⑧　ＦＳＰ成功の条件

ＦＳＰを成功させるためには，次のような点を重視すべきです。

ｉ）プログラム自体を単純化する
ⅱ）還元するのは一部の顧客だけ
ⅲ）ＦＳＰ中心の購買促進を行う

⑨　ＦＳＰの実例

・　スーパーマーケットＡ社（アメリカ）……差別的プライシング

・　ドラッグストアＢ社（日本）……商品カテゴリー別顧客ランク分け特典サービス

＜顧客の平等化＞

従来，日本の小売業においては，顧客を平等に扱うことが常識とされてきました。これは当然なことで，店内において，高額品を買おうとしている顧客と，そうでない顧客との接客方法を差別することはご法度ということからも理解できます。しかし一方では，当店に忠誠心の高い顧客とそうでない顧客を平等に扱うことは，前者にとって何のメリットもありませんし，やがて当店から離反していくかもしれません。

ＦＳＰの手法にしても，上記のような２つの例において，それぞれの顧客に満足を与えるような手当てが漏れているとうまく機能しない可能性がありますので注意が必要です。

<マーケティング>

本試験形式問題

第1問　次の文章は，小売業のマーケティング・ミックスについて述べている。正しいものには1を，誤っているものには2を，解答欄に記入しなさい。

ア　プロモーションは，主に小売店頭を活用した広域的なプロモーションを主体としている。

イ　プロダクトは，商品化政策としての品ぞろえが中心課題であり，マーチャンダイジングと呼んでいる。

ウ　プライスは，地域の消費者にとって買い求めやすい価格設定が基本となる。

エ　小売業のマーケティング・ミックスにおいては，商品化政策が中心的課題となる。

オ　プレイスは，小売業では店舗の立地選定と出店に伴う店舗開発を指している。

解答欄	ア	イ	ウ	エ	オ

第2問　次の文章は，顧客中心主義のなかの顧客を尊重する戦略について述べている。文中の〔　　〕の部分に，下記に示すア～オのそれぞれの語群から最も適当なものを選んで，解答欄にその番号を記入しなさい。

真の顧客づくりを行うには，長期にわたって一定の〔　ア　〕を確保する計画づくりが不可欠である。このアの維持・拡大の課題は，継続的・〔　イ　〕に商品や情報，またサービスを〔　ウ　〕し，どのような顧客にどのような

〔　エ　〕を提案するかである。それには常に顧客との〔　オ　〕を行い，顧客を尊重することが重要である。

【語群】

ア〔1．売上　2．顧客シェア　3．利益　4．市場シェア〕

イ〔1．結果　2．体系的　3．計画的　4．集中的〕

ウ〔1．提供　2．コーディネート　3．明示　4．検討〕

エ〔1．ライフスタイル　2．ライフステージ　3．ライフテーマ　4．ライフコース〕

オ〔1．同行　2．イベント　3．審査　4．リレーションシップ〕

解答欄	ア	イ	ウ	エ	オ

第3問　次の文章は，市場実査の方法のなかの質問法について述べている。正しいものには1を，誤っているものには2を，解答欄に記入しなさい。

ア　面接法は，調査に時間がかかり，調査員の費用が高くなるという短所がある。

イ　留置法は，回収までの期間が長引き，誤った回答をされることがある。

ウ　郵送法は，回収期間が短くなり，回収率が高くなるという長所がある。

エ　集団面接法は，対象者を一堂に集め実施する方法であり，最も簡単に早く回収することができる。

オ　電話法は，比較的安い人件費で，素早く調査できる点が長所である。

解答欄	ア	イ	ウ	エ	オ

第４問　次の文章は，出店戦略の方法について述べている。文中の〔　　〕の部分に，下記に示すア～オのそれぞれの語群から最も適当なものを選んで，解答欄にその番号を記入しなさい。

エリアドミナント戦略を有効的に推し進めることによる効果には，店舗間の〔　ア　〕な近さの実現によって，相対的に〔　イ　〕の低減がはかれること，売れ筋商品や死に筋商品やある店舗で欠品している商品などを速やかに店舗間〔　ウ　〕ができること，一定エリアに〔　エ　〕に出店しているため，好ましい〔　オ　〕が形成できることがある。

【語群】

ア〔１．ネットワーク的　２．距離的　３．時間的　４．立地的〕
イ〔１．通信費　２．人件費　３．宣伝コスト　４．物流コスト〕
ウ〔１．移動　２．配置　３．交換　４．取引〕
エ〔１．対面的　２．集中的　３．拡散的　４．分散的〕
オ〔１．看板イメージ　２．地域イメージ　３．企業イメージ　４．商品イメージ〕

解答欄	ア	イ	ウ	エ	オ

第5問　次の文章は，販売促進の種類と特性について述べている。正しいものには1を，誤っているものには2を，解答欄に記入しなさい。

ア　催事の企画と実施は，年間計画の立案，計画の具体化，実施，反省および効果測定のように展開される。

イ　プレミアムのプロモーションは，短期間のうちに売上を大幅に増加させることを意図した戦略である。

ウ　コンテストは，講習会や工場見学，展示会やショールームで行われる。

エ　サンプルの配布は，実際に消費・利用させる必要がある場合に，一定の地域を選定して集中的に実施される。

オ　消費者教育は，小売店頭においては，応募用紙の配布と，応募要領などをポスターによって知らせることが必要である。

解答欄	ア	イ	ウ	エ	オ

第6問　次の文章は，スペースマネジメントについて述べている。正しいものには1を，誤っているものには2を，解答欄に記入しなさい。

ア　スペースマネジメントは，コーナー単位のフロアマネジメントと，棚単位のシェルフマネジメントに分類される。

イ　スペースマネジメントは，売場の一定スペースにおける販売効率を高めるためのインストアプロモーションの実行手段である。

ウ　スペースマネジメントは，買上点数の増加による1回当たりの購買単価の引上を目的としている。

エ　フロアマネジメントは，部門などのように広いスペースを管理範囲としている。

オ　シェルフマネジメントは，カテゴリーを単位とし，フェイシングやプラノグラムなどの役割を担う。

解答欄	ア	イ	ウ	エ	オ

第7問　次の文章はCRMについて述べている。文中の〔　　〕の部分に，下記に示すア～オのそれぞれの語群から最も適当なものを選んで，解答欄にその番号を記入しなさい。

ＣＲＭは，顧客の購買行動および〔　ア　〕を多面的に分析し，顧客のすべてを知ることによって〔　イ　〕にわたり，よい関係を維持していくための戦略である。どうすれば特定の顧客に〔　ウ　〕を与えることができるか，購買意欲を刺激するのはどのアイテムか，〔　エ　〕をどう活用すべきか，といった顧客重視の〔　オ　〕活動を展開する意志の強い小売業だけがそのメリットを得ることができる。

【語群】

ア〔1．所得状況　2．身体特性　3．居住地域　4．生活スタイル〕
イ〔1．短期間　2．長期間　3．対面関係　4．親戚関係〕
ウ〔1．顧客感動　2．顧客満足　3．購買動機　4．優遇措置〕
エ〔1．購買履歴　2．購買回数　3．購買頻度　4．購買様式〕
オ〔1．利益創造　2．需要創造　3．売上創造　4．商品開発〕

解答欄	ア	イ	ウ	エ	オ

〔解答・解説〕

第1問

【2－1－1－1－1】

アは，狭域的なプロモーションが正しい。マス媒体を利用した広域的なプロモーションを行うのは，メーカーである。

それぞれのマーケティング・ミックスの各要素について，小売業とメーカーの違いを理解することが大切である。

第2問

【2－3－2－1－4】

顧客中心の円について，また関連するＦＳＰ（フリークエント・ショッパーズ・プラグラム）と，ＣＲＭ（カスタマー・リレーションシップ・マネジメント）に関しても内容を理解することが重要である。

第3問

【1－1－2－1－1】

ウの郵送法は，回収期間が長くなり，回収率が低くなる短所がある。その他の市場実査の方法としては，実際の行動をありのままに観察しデータを収集する「観察法」や何らかの実験を行い情報の収集を行う「実験法」がある。

第4問

【2－4－1－2－3】

コンビニエンス業界などで重要としている手法である。他のメリットとして，スーパーバイザーが効率よく巡回することができること，広告宣伝費を抑えて有効に活用することができることがある。

第5問

【1－1－2－1－2】

ウの消費者コンテストとオの消費者教育は，説明が逆である。マス媒体広告を補完し強化するものとして，小売業でも実施される。それぞれの目的や効果などについても，内容をしっかりと確認をすることが大切である。

第6問

【1－2－1－1－1】

イは，インストアマーチャンダイジングが正しい。インストアプロモーションは，Push戦略であり，人的販売活動と非人的販売活動に分けられる。Put戦略としてのスペースマネジメントは，大きくフロアマネジメントとシェルフマネジメントに分けられることを理解してほしい。

第7問

【4－2－3－1－2】

ＣＲＭという顧客の維持・離反防止（囲い込み）戦略を開始するには，中期的経営計画の樹立が不可欠となる。顧客重視の運営体制を確立し，会員カードの導入などで個客のデータベース化から始める必要がある。

5

販売・経営管理

第1章 販売管理者の法令知識

1　取引の法知識

1－1　契約に関する法知識

(1)　契約法の基礎知識

①　契　　約

契約とは，債権や債務を発生させる原因となる約束のことです。近代市民法の３大原則は，「所有権の絶対」「契約自由の原則」「過失責任の原則」です。

②　契約自由の原則

現代では，公共の福祉といわれるさまざまな理由により，多くの制限を受けています。

1）契約締結の自由とその制限

契約締結の自由とは，契約を締結するしないの自由，および契約の相手方を選択する自由のことです。

2）契約の内容決定の自由とその制限

契約内容については，あらかじめ監督官庁の承認を受けるなどの制限を設ける場合があります。

3）契約の方式の自由とその制限

契約の締結を慎重にさせ，内容を明確にしておくために一定の形式を要する場合があります（要式契約）。

③ 契約の成立

契約が成立するためには，方向性が反対の両当事者間での合意が必要です。つまり，申込みとこれに対する承諾によって契約が成立します。口約束も立派な契約となります。

④ 任意規定・強行規定

・ 任意規定……当事者間で明確に定められなかった事項のみに適用される規定

・ 強行規定……当事者間の自由意思で適用を排除することができない法律の規定

⑤ 契約成立の証明方法

契約の成立を立証するには，多くの場合は書面の記載です。契約書の作成は，後日証拠となる文書を保管整理しておくために重要です。

⑥ 契約の履行

履行とは，約束どおりの行為をすることです。約束どおりの行為をしないことを債務不履行といいます。

⑦ 債務不履行

・ 履行遅滞……約束の期日までに履行をしないことです

・ 履行不能……履行ができなくなることです

・ 不完全履行……契約内容どおりの履行とはいえず不完全なことです

⑧ 契約の解除

債務不履行において，履行遅滞なら催告し，それでも不履行なら契約を解除できます。

履行不能の場合は，催告は無意味となり，直ちに契約解除ができます。

不完全履行の場合は，売り主は契約不適合責任を負うことになり，買主は完全履行を請求できます（履行の追完請求）。

⑨　売買契約について

・　有償契約……売買契約は，代価の支払いを伴います

・　双務契約……売主には商品の引渡義務，買主には支払義務がそれぞれ伴います

・　諾成契約……合意のみによって契約が成立します

・　有名契約……典型的な名前のついた契約です

⑩　契約内容不適合の担保責任

契約内容不適合とは，定めた数量に不足するような場合をさします。買主は，不足分の請求をすることができ，これを追完請求といいます。

買主が追完請求を行っても履行されない場合，買主は代金減額請求ができます。

⑪　代金の支払いと商品の引渡し

見積書や売買契約書に特別な規定がない場合，代金の支払いと商品の引渡しは同時履行の関係にあります。

買主が支払期限を過ぎた場合，当事者同士で合意している約定利率がなければ，法定利率による利息を支払わなければなりません。現在の法定利息は，2020（令和２）年が３％であり，その後３年ごとに見直す変動制になっています。

(2)　印紙税の基礎知識

印紙の貼付と消印の根拠法は，印紙税法です。消印の方法は，通常の場合は文章の作成者が文書と印紙にかけて印鑑により押印しますが，サインによって消印しても構いません。印紙の貼付をしなかったり消印を忘れたりした場合は，科料，罰金や１年以下の懲役刑などの刑事処分を受けます。ただし，契約そのものの効力がなくなることはありません。

＜科料／罰金／過怠税＞

科　料：財産刑の一種であり，1,000円以上10,000円未満の金銭を強制的に徴収するものです。完納できない場合は，労役場に留置さ

れます。

罰　金：こちらも財産刑の一種で，10,000円以上の金銭を強制的に徴収するものであり，企業のような法人にも課せられます。

過怠税：定められた収入印紙を貼付・消印しなかった場合に課せられるもので，印紙税の追徴およびペナルティとしての税金になります。

1－2　支払手段の法知識

(1)　小切手の基礎知識

① 小切手法

小切手については，小切手法に詳細な規定がおかれています。

② 小　切　手

小切手は，発行者（振出人）が第三者（支払人＝銀行）に宛てて一定金額を支払うべきことを委託する形式の有価証券です。

③ 小切手要件

小切手を発行するには，小切手要件と呼ばれる一定の事項を小切手用紙に記載し，振出人がこれに署名して受取人に交付する方式によります。

・　絶対的記載事項……必ず記載しなければならない
・　任意的記載事項……記載してもしなくてもよい
・　有害的記載事項……記載すると無効となる

＜線引小切手＞

線引とは，小切手の表面に２本の平行線を引くことで，この小切手を線引小切手といいます。

・　一般線引……平行線内に何も書かないか，銀行と同一の意味の文言を記載するもの
・　特定線引……特定の銀行名を記載したもの

④　小切手の呈示期間

振出日から10日間（初日は算入されない）とされています。

⑤　時　　　効

債権は，呈示期間経過後6か月で，時効により消滅します。

(2)　約束手形の基礎知識

①　約 束 手 形

約束手形は，発行者（振出人）が一定の金額を支払うべきことを約束する形式の手形であり，手形法に詳細な規定があります。

②　手 形 要 件

約束手形を発行するにも，手形要件と呼ばれる一定の事項を手形用紙に記載し，振出人がこれに署名して受取人に交付します。

・　絶対的記載事項……必ず記載しなければならない

・　任意的記載事項……記載してもしなくてもよい

・　有害的記載事項……記載すると無効となる

③　白 地 手 形

最低限署名さえあれば，呈示のときまでに他の必要事項が記載されることによって有効な手形となり，振出人は記載どおりの手形上の責任を負うことになります。そのような手形を白地手形といい，白地部分を埋めることを補充といいます。

④　裏　　　書

約束手形には支払期日が記載されており，その日が来るまでは金融機関に支払いを要求しても現金化できません。そのため，自分の有している手形を他の債権者に交付して支払手段とすることができます。

手形の裏面に自己の署名や記名押印をして交付することが普通であり，これを裏書といいます。

⑤　支払いの呈示

支払いの呈示期間は，一覧払の手形は振出日から満1年となっています。

⑥　時　　　効

所持人の振出人に対する約束手形の権利は満期の日から３年で時効により消滅し，裏書人に対する権利は満期の日から１年で消滅します。

⑦　手形・小切手の紛失と盗難

紛失したり盗難にあったりしたときは，公示催告手続により証書を無効とすることができます。

＜取立債務＞

手形の債務は，取立債務となります。取立債務とは，債務者の住所や事業所において履行されるべき債務という意味です。ただし，手形の場合は一般的に，債務者のいる場所として，銀行で手形を呈示することになります。

(3)　クレジットカード，プリペイドカードなどの基礎知識

①　クレジットカード

信販会社や銀行などが発行するカードは，カードを所持する会員は，加盟店でカードによりサービスの提供を受けたり商品を購入したりすることができます。

デパートや大手スーパーなどの大規模小売業者が発行するカードは，自社でのみ通用するカードであり，カードで買物をした会員の銀行口座から一定期日に代金を引き落として決済されます。

②　プリペイドカード

消費者が代金を前払いしてカードを購入し，商品やサービスを受けるものです。消費者は，現金を持ち歩く必要がなく，カード破産等も防げます。ただし，発行業者が倒産した時の処理や，商品やサービスの瑕疵に関する手続き，払い戻しの必要性などの問題もあります。

③　デビッドカード

小売店の店頭で買物の際に，銀行預金の口座から即時直接決済するカードです。消費者には，大金を持ち歩く必要がなく，足りない時に銀行に行く手

図表5－1－1 クレジットカード取引の諸形態

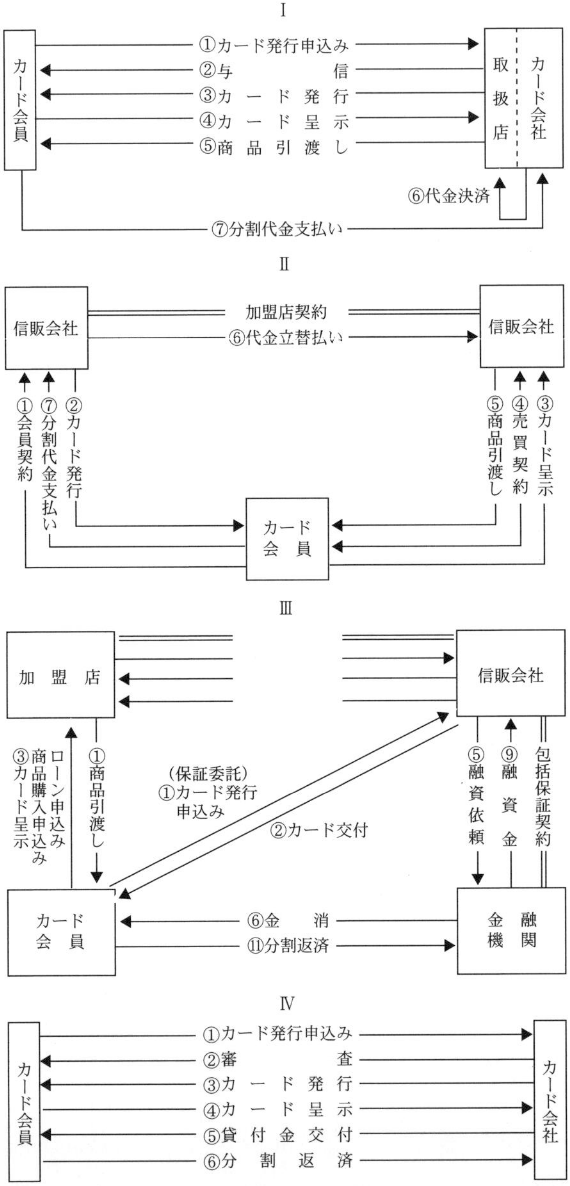

出所：「クレジット・リース判例問題集」

間も省け，土日等でも手数料がかからない等のメリットがあります。加盟店側には，早期の代金回収の実現，ハンドリングコスト（集金や釣銭準備など）の削減，集客効果の期待などのメリットがあります。

④　資金決済法

1）前払式支払手段

商品券，カタログギフト券，磁気型・ＩＣ型のプリペイドカード，web上のプリペイドカード等については，資金決済法の適用を受けます。ただし，乗車券や社員食堂の食券等，政令に定められたものや発行日から6か月以内に限って使用できるものは含まれません。

2）届出と登録

ⅰ　自家型発行者の届出……基準日（3月末と9月末）において未使用残高が1,000万円超となった場合は，内閣総理大臣に氏名・商号・住所・代表者名等を届け出る必要があります。

ⅱ　第三者型発行者の登録……発効前に商号・住所・役員名等を提出し，内閣総理大臣から登録を受ける必要があります。

3）発行保証金の供託等

基準日に未使用残高が1,000万円超となった場合は，未使用残高の2分の1以上の額を発行保証金として最寄りの供託所に供託しなくてはなりません。

<プリペイドカード>

代金前払い方式の磁気カードであり，現金と同じように使えます。

<デビットカード(debit card)>

飲食や買い物の支払いに，金融機関から発行されたキャッシュカードを使えるサービスのことです。支払い時に，即座に金融機関の預金から引き落とされるため，基本的には預金残高がない場合は支払いできません。

2 仕入に関する法知識

2－1 商品の仕入における法律効果

(1) 商品売買とは所有権の移転

商品売買においては，所有権の移転とともに，買い手と売り手双方に債権・債務の関係が成立します。

(2) 契約の成立

契約は，買い手の申込みの意思表示と，売り手の承諾の意思表示との合致により成立します。

(3) 一時取引と継続取引の違い

小売店で顧客と結ぶ売買契約は，不特定の顧客とそのつど売買契約を結びます（一時取引）。

一方，商品仕入では，卸売業などとの継続的な取引契約を結んでいます（継続取引）。一般的に，小売業と卸売業との間においては，継続的商品売買についての基本契約書を交わしています。

(4) 基本契約で注意するべき点

① 売買する商品の内容

小売業は，仕入れる商品の品名や数量，品質などを仕入先企業との間で明確に定めておくことが必要です。

② 引 渡 条 件

引渡場所，引渡時期，引渡方法を定めておく必要があります。

③ 買い手の検査義務・瑕疵通知義務

民法や商法では，検査義務や通知義務を定めていますが，契約書で定めることが望ましいといえます。

2－2　仕入の方法と法知識

(1)　売買による仕入

① 売　　買

小売業は，メーカーや卸売業から商品を買い取ります。この場合のメーカーや卸売業との仕入に関する契約が売買契約です。

② 買取仕入・売上仕入

1）買 取 仕 入

単純な売買による仕入です。

2）売 上 仕 入（消化仕入）

基本売買契約が締結され，消費者が小売店から商品を購入した時点で，そのつど個別商品ごとに小売店とサプライヤーとの個別売買契約が完結され，所有権が順次移転し，小売店は売却商品のみにかかるサプライヤーへの代金債務を負担するものです。

(2)　委託販売方式による仕入

① 委 託 販 売

サプライヤーが小売業に商品の販売を委託し，小売業は受託業務として販売を行うことによって，販売手数料の支払いを受ける仕入方法です。

② 契 約 内 容

受託者の受託商品に関する善管注意義務，受託者の報告義務，受託者の受領した代金などの引渡義務などがあります。書籍の仕入・販売は典型的な例です。

＜善管注意義務＞

善良なる管理者の注意義務という意味です。委託販売方式において，メーカーや卸売業から預かった形となっている商品に対して，小売業はしっかりと保管・管理しなくてはならない義務があります。

2－3　継続的取引の基礎知識

(1)　継続的取引契約

①　継続的取引

取引に共通な事項を基本約定書にまとめて記載し，これを基本契約として，その他の個別事情は個別契約で成立するように工夫されています。

②　基本約定書

継続的取引の基本的事項や取引全体に共通する事項を合意により記載した契約書です。

③　個 別 契 約

個別契約の方法は，所定の発注書を送付することが一般的です。最近では，ＦＡＸ，ｅメール，ＥＯＳ等も用いられています。発注に対しては，注文請書などを送付して契約が確定します。

(2)　商品の検収

買主が売買の目的物の引渡しを受けたのち，これを検査することを検収といいます。

2－4　商品仕入の特殊な形態

(1)　代理店・特約店契約

①　代理の意味

民法では，「代理とは，代理人が本人から権限を与えられた範囲内で行う意思表示は，本人に法律効果として帰属するもの」と規定されています。

②　代理店の流通形態

商品売買においては，家電メーカーと電気屋との代理店契約，自動車メーカーと系列販売会社との契約などがあります。

③　代理店の法律的な意義

代理店は，メーカーなどと売買契約関係を結び，消費者とも直接売買契約を結んでいます。つまり，売り買いによる法律上の権利義務関係があります。

(2)　フランチャイズ契約

フランチャイザー（本部）がフランチャイジー（加盟店）と結ぶ契約であり，販売ノウハウを権利として使用させ，一定のロイヤルティを徴収する契約形態です。

2－5　独占禁止法その他

(1)　独占禁止法

サプライヤーと小売業などとの不公正な取引は，「私的独占の禁止及び公正取引の確保に関する法律」（独占禁止法）によって禁止されています。

① 独占禁止法の目的

独占禁止法は，「経済の憲法」とも呼ばれ，経済分野における重要な基本的法律です。

＜独占禁止法の目的＞

i）私的独占，不当な取引制限，不公正な取引方法を禁止

ii）事業支配力の過度の集中を防止

iii）協定等の方法による生産・販売・価格等の不当な制限，事業活動の不当な拘束を排除

これらの目的を達成するために設置されたのが，公正取引委員会です。

② 私 的 独 占

私的独占とは，「事業者が，単独に，又は他の事業者と結合し，若しくは通謀し，その他いかなる方法をもってするかを問わず，他の事業者の事業活動を排除し，又は支配することにより，公共の利益に反して，一定の取引分野における競争を実質的に制限すること」です（独占禁止法）。

③ 不当な取引制限

不当な取引制限の典型的な例は，価格カルテル，生産カルテルなどのカルテル行為です。

④ 不公正な取引方法

共同の取引拒絶，差別対価，不当廉売，再販売価格維持，優越的地位の濫

用の五つが独禁法で規定されているほか，公正取引委員会が具体的な6項目を告示しています。

・　一般指定……すべての事業者に適用されるもので，取引拒絶，排他条件付取引，拘束条件付取引，再販売価格維持行為，優越的地位の濫用などの行為類型が指定されています。

・　特殊指定……大規模小売業者，特定荷主，新聞業という三つについての指定があります。

⑤　不公正な取引方法の禁止

優越的地位の濫用行為について，行政指導が行われています。

i）協 賛 金

ii）納入価格の値引き

iii）押付販売

iv）従業員などの派遣要請

⑥　適 用 除 外

法令，一定の組合，再販価格維持，不況克服や合理化の行為等が適用を除外されています。

⑦　違反行為に対する制裁等

公正取引委員会が各種調査によって排除命令などを行います。刑事処分もあります。

<協 賛 金>

一般的には，小売店が催事やイベントを行う場合などにおいて，卸売業者やメーカーというサプライヤーからの金銭的な協力を意味します。売上拡大が望めるのであればサプライヤーにとってもメリットがあるため，妥当なものと考えられます。ただし，不公正な取引方法としての協賛金もあり，それは商品の販売促進に結びつくものではなく，協賛金の算出基準も不明確であるような場合であり，優越的地位の濫用に該当する可能性があります。

＜抱き合わせ販売＞

人気ある商品と不人気の商品をセットでないと販売しないような事例では，独占禁止法に該当する可能性がありますので，注意が必要です。また，印刷機とそのインクの抱き合わせ販売の場合には，インクという消耗品市場に対する参入障壁にあたると捉えられると，独禁法に抵触する可能性があります。他方，独禁法に該当しないようなケースの例としては，レンタカーと自動車保険などのように密接に関係したもの同士であり，かつ消費者が取捨選択して購入できるような場合には，一般的に問題は生じないと考えられています。

⑵　下請代金支払遅延等防止法

この法律の目的は，下請代金の支払遅延等を防止することによって，取引を公正にすると同時に下請業者の利益を保護し，国民経済の健全な発達に寄与することです。

図表５－１－２

適用親事業者	適用下請事業者
a）資本等の額が３億円を超える法人事業者で，個人または資本等の額が３億円以下の事業者に対し製造委託，修理委託をする者	個人または資本等の額が３億円以下の法人事業者で，a）の親事業者から製造委託，修理委託を受ける者
b）資本等の額が1,000万円超３億円以下の法人事業者で，個人または資本等の額が1,000万円以下の事業者に対し製造委託，修理委託をする者	個人または資本等の額が1,000万円以下の法人事業者で，b）の親事業者から製造委託，修理委託を受ける者

①　適用事業者等

②　親事業者の義務

・　書面の交付……給付の内容や受領する期日等を記載した書面を下請事業者に交付

・　書類の作成および保存……上記の書面を一定期間保存

・　下請代金の支払期日……親事業者が給付を受領した日から起算して60日以内

・　遅延利息……上記の60日を超えた場合は，超過日数に応じて年率14.6％で算出

・　親事業者の禁止事項……下請事業者に対して製造委託や修理委託をした場合における受領拒否，下請代金の支払遅延，下請代金の減額など

3　販売に関する法知識

3－1　契約の諸原則

(1)　信　義　則

権利の行使や義務の履行にあたっては，信義にしたがい誠実に行わなければなりません。

(2)　公 序 良 俗

公序（公の秩序）とは社会の一般的利益，良俗（善良の風俗）とは社会の一般的倫理のことです。

(3)　契約自由の原則

売買契約は，誰とでも，どのような契約でも，自由に結ぶことができます。これが民法の基本原則です。

3－2　消費者の保護から自立支援へ

(1)　消費者基本法の成立

従来は，消費者を保護するという趣旨の「消費者保護基本法」が消費者行政の根幹でしたが，2004年に積極的に消費者の自立を促すことに施策の重点が移り，「消費者基本法」に改正されました。

① 事業者の責務

消費者基本法第5条第1項に，事業者が行うべき以下のような責務が規定されています。

・ 販売員には，消費者に必要な情報を漏れなく提供する商品知識が必要であること
・ 消費者の理解度に応じて，商品知識を臨機応変に提供しなくてはならないこと
・ クレーム処理に対する組織的な体制の整備が必要であること
・ 企業の社会的責任として，行政施策に協力すること

② 消費者の責務

同法第7条第1項に，消費者にも以下のような責務が規定されています。

・ 消費者も権利や保護を主張するだけではなく，自らの知識の習得に努めること
・ 消費者自身も環境に配慮した行動（ゴミ分別やリサイクルなど）をとること
・ デジタルメディアなどの著作権の保護に配慮すること

③ 消費者基本法と特別法

同法の基本的施策は，消費者利益を守るための関連法令と結びついています。

3－3 消費者契約法

(1) 消費者保護の必要性

消費者契約法の目的は，消費者と事業者との間には情報の質および量ならびに交渉力の格差があることから，消費者の利益の擁護をはかることとなります。

(2) 誤認類型

事業者による以下の行為で，消費者が誤認して契約を結んでしまった場合には，消費者は意思表示を取り消すことができます。

取消しをすると，事業者と消費者双方に原状回復義務が生じます。事業者は消費者に代金の返還を，消費者は商品の返品をしなければなりません。

① 不実告知

重要事項について事実と異なることを告げることです。

② 断定的判断の提供

将来における変動が不確実な事項につき，断定的判断を提供することです。

③ 不利益事実の不告知

消費者の不利益となる事実を故意に告げなかったことです。

(3) 困惑類型

事業者による以下の行為で，消費者が困惑して契約を結んでしまった場合には，消費者は意思表示を取り消すことができます。

① 不退去

家に訪問して居座り消費者を困らせることです。

② 退去妨害（監禁）

消費者を勧誘している場所から消費者が退去する意思表示をしているにもかかわらず，退去させないことです。

(4) 消費者に一方的に不当・不利益な契約条項

次に掲げるような消費者契約の条項は，無効となります。

① 事業者の債務不履行が起因となって消費者に生じた損害が発生した場合は，賠償する責任の全部または一部を免除する条項

② 不当に高額な解約金の条項

③ 不当に高額な遅延損害金の条項

3－4　電子商取引に関する法律効果

(1) 契約の意思表示

電子商取引における商品案内は事業者の申込みの誘引にあたり，消費者の購入申込みに対して，事業者が受注した旨を返信し消費者にメールが到着した時点で，承諾の意思表示がなされ契約が成立します。

(2) 未成年者との取引

未成年者が親の同意なしで契約をしたことが判明した場合は，契約を断られ

たり取り消されたりする事態があるため，それを考慮してサイトを運営する必要があります。

(3)　電子商取引における消費者保護

事業者がホームページで勧誘する内容について，消費者に不実告知などがあれば，消費者契約法により取り消されることがあり得ます。また，インターネットでの売買では，特定商取引法で規定する取引類型の「通信販売」に該当することがあり，次のような点に注意が必要です。

＜特定商取引法の通信販売に関する規制＞

①　広告の表示
②　誇大広告等の禁止
③　電子メール広告の未承諾者に対する提供の禁止
④　前払式通信販売の承諾等の通知
⑤　契約解除に伴う債務不履行の禁止
⑥　顧客の意に反して申込みをさせようとする行為の禁止

(4)　電子商取引と特定商取引法，景品表示法

①　商品・サービスの内容にかかわる表示

商品・サービスの内容については，客観的事実にもとづき正確，かつ明瞭に表示する必要があります。

②　表 示 方 法

重要な情報を表示する場合は，色文字や下線付き文字を明瞭に表示すること，情報の更新日が表示されていることなどが必要です。

３－５　小売業の販売責任

(1)　販売商品の契約内容不適合責任

第１節１－１の「契約に関する法知識」における(1)の⑩を参照してください。

(2)　請負契約の契約内容不適合責任

①　請 負 契 約

請負契約は，一方の当事者が相手方に対しある仕事を完成させることを約

し，相手方はその仕事の完成に対して報酬の支払いを約すことによって効力を生ずる契約です。

②　契約内容不適合製品

請負人は，目的物に契約内容と不適合な部分があれば，注文者に対して契約内容不適合責任を負います。

契約内容不適合責任は，注文者がその不適合を知ったときから１年以内に通知しなければ，一切請求できなくなります。

(3)　返品と代金の返還請求

返品は，契約の解除その他の理由による原状回復義務の履行として行われます。同時に買主には，代金の返還を請求する権利が生じます。

(4)　保　証　書

メーカーあるいは小売業などが保証書の発行によって成立する保証責任により，販売した商品の品質や機能，一定期間中の無料修理や取替えなどを保証します。

3－6　消費者保護と苦情処理

(1)　消費者保護の法律

1968（昭和43）年に，消費者利益の擁護と増進および消費生活の安定と向上を目的として「消費者保護基本法」が制定され，その後の2004（平成16）年に「消費者基本法」へ改正されています。

(2)　苦情処理システム

①　消費者苦情の内容

商品の多様化に応じ，苦情の内容もさまざまです。また，商品の販売方法については，主として契約の締結と解約をめぐって苦情が増大しています。

②　苦情処理のシステム

苦情処理を事業者の責務として，消費者基本法，地方公共団体，独立行政法人国民生活センターなどが，積極的な役割を果たすよう定めています。

一方，都道府県に設置されている消費生活センターは，消費者からの相談を専門の相談員が受け付け，公正な立場で処理にあたっています。

また，近年の消費者被害への対応として，国民生活センターではPIO－NET（パイオネット：全国消費生活情報ネットワーク・システム）により，消費生活に関する相談の情報を収集しています。

図表５－１－３　PIO－NETの構成

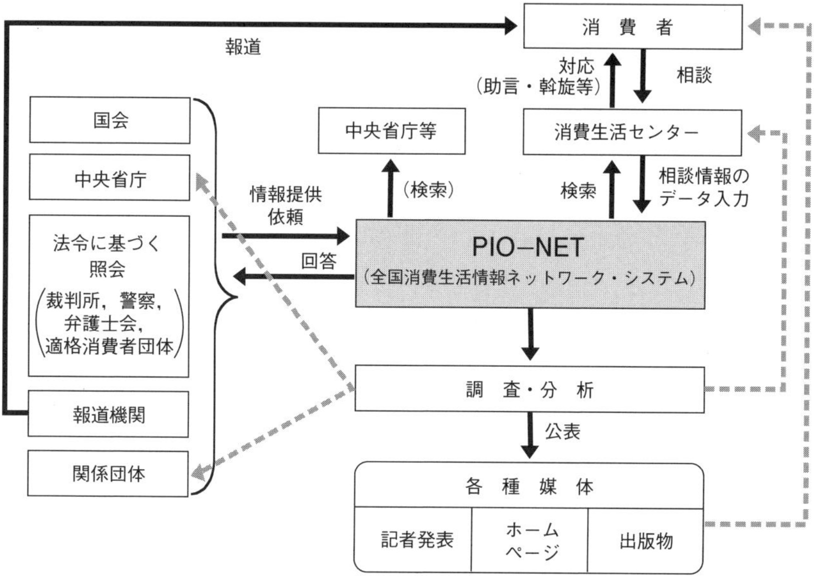

出所：独立行政法人国民生活センターホームページ

３－７　割賦販売法

(1)　割賦販売の規制する取引

割賦販売は，支払方法や割賦金利などについて複雑な契約であることから，当事者が不利益にならないように割賦販売法で規制されています。同法の目的は，次の通りです。

・　購入者等の利益を保護するため
・　割賦販売等の取引を公正にするため
・　商品等の流通，役務の提供を円滑にするため割賦販売法が適用される取引は，以下の五つです。

- 割賦販売（自社割賦）
- ローン提携販売
- 包括信用購入あっせん
- 個別信用購入あっせん
- 前払式特定取引

(2) 割賦販売

① 割賦販売（自社割賦）

購入者からの代金を2か月以上の期間にわたり，かつ3回以上に分割して受領することを条件として，政令で指定された商品などの販売を行うことです。売主と買主の直接取引であることから，自社割賦とも呼ばれます。

支払形態には，「個品方式」と「クレジットカードを利用する方式」があります。

1）個品方式

個々の取引ごとに申し込み，契約を行うものです。

2）クレジットカードを利用する方式

「総合方式」は事前に包括的な契約を締結した上で分割払いするものであり，「リボルビング方式」はリボルビング払いとなります。

これらに加え，前払式割賦販売という形態もあり，指定商品を引き渡すのに先立って，購入者から2回以上にわたり，その代金の全部または一部を受領するものです。これを行うには，経済産業大臣の許可が事前に必要となります。

② 主な規定の内容

1）取引条件の開示に関する規制

広告をする際は，支払方式に応じた支払期間や支払回数，手数料率などの法定事項を一括して表示しなくてはなりません。また，割賦販売契約の締結時には，必要事項を記載した契約書面を交付する必要があります。

2）契約内容に関する規制

割賦販売業者に債務不履行があった場合において，購入者の解除権をあらかじめ喪失させる内容の特約や，解除の効果を民法の定めよりも不利にする特約は認められていません。

＜リボルビング払い＞

いわゆる「リボ払い」です。月々の支払額とクレジットの上限金額を最初に設定して契約し，その範囲内の買い物であれば何度でも利用してよいというものです。月ごとに購入額が上下しても，毎月の支払額は一定ですので便利と感じますが，借り過ぎ（要するに借金の増大）を誘引するとして，問題視されることがあります。

(3) ローン提携販売

① 仕　組　み

消費者が購入する際に金融機関から商品代金を借り入れ，２か月以上かつ３回以上に分割して金融機関に返済することを条件として，販売会社が消費者の債務を保証するものです。

② 主な規定内容

１）取引条件の開示に関する規制

現金販売価格，支払総額，借入金の返済期間や回数，借入金の利率や手数料率などを購入者に提示する必要があります。また，契約の締結時には，必要事項を記載した契約書面を交付する必要があります。

２）契約内容に関する規制

購入者の解除権について，これを不当に制限する特約をあらかじめ結ぶことなどは禁止されています。

(4) 包括信用購入あっせん

① 仕　組　み

包括信用購入あっせん業者とは，信販会社やクレジットカード会社のことです。このあっせん業者が，交付するカードを使って消費者が商品等を購入する場合において，販売業者があっせん業者から立替払いを受け，購入者があっせん業者に代金を支払う契約形態です。

②　主な規定内容

1）取引条件の開示に関する規制

あっせん業者は，カード交付時に，支払回数，支払期間，あっせん手数料率などを記載した書面を購入者に交付する必要があります。一方，販売会社は，契約締結時に，支払総額，各回の支払金額，支払時期など，必要事項を記載した契約書面を交付する必要があります。

2）契約内容に関する規制

購入者による契約解除の際に，損害賠償額が一定額を超えないように制限されています。

(5)　個別信用購入あっせん

①　仕　組　み

消費者が商品等を購入するとき，販売業者と提携した個別信用あっせん業者（クレジット会社）と立替払い契約を結ぶという契約形態です。あっせん業者は，経済産業省の登録簿に登録されなければ，同業を営むことはできません。

②　主な規定内容

1）取引条件の開示に関する規制

販売業者とあっせん業者は，売買契約時に，現金販売価格，支払総額，支払時期などの取引条件を明示する必要があります。また，販売業者は，必要事項を記載した契約書面を交付する必要があります。

2）契約内容に関する規制

包括信用購入あっせんと同様です。

この個別信用購入あっせんでは，多くの消費者トラブルが発生しており，2008年の法改正で消費者権利の強化が図られました。

i）訪問販売での虚偽説明

販売業者が不実の告知などを行うと，クレジット契約を取り消すことが可能となりました。

ii）訪問販売での過量販売

通常考えられるよりも著しく多い分量を契約した場合は，契約を解除できるようになりました。

iii）クレジット契約のクーリングオフ

個別信用購入あっせんに該当する場合は，クーリングオフ制度が導入されました。

(6) 前払式特定取引

① 仕　組　み

これは，商品売買や役務提供の取次ぎ（連絡や仲介）を行う取引で，目的物の引渡し前に代金の支払いを受け，代金は2か月以上かつ3回以上の分割払いで受領する取引です。具体的には，専門店やデパートの「友の会」などが該当し，一定期間会員から会費を徴収して，期間満了後に商品を提供するという方法です。

② 主な規定内容

同業を営むには，経済産業大臣の許可が必要であり，多くの規定が準用されます。

3－8 特定商取引法

(1) 特定商取引法とは

消費者トラブルの多い訪問販売や通信販売において，消費者の利益を守るための法律です。

(2) 対象となる取引類型

訪問販売，通信販売，電話勧誘販売，連鎖販売取引，特定継続的役務提供，業務提携誘引販売取引，訪問購入の7つです。

(3) 規制の概要

① 行政による規制

以下のような規制があり，違反行為は，改善指示，業務停止の行政処分，または罰則の対象となります。

・　氏名等の明示の義務づけ

・　不当な勧誘行為の禁止

・　広告規制

・　書面交付義務

②　民事ルール

消費者による契約の解除（クーリングオフ），意思表示の取消しなどを認めており，事業者には法外な損害賠償請求を制限する等のルールを定めています。

(4)　訪問販売

販売業者等が，店舗等以外の場所で行う商品販売や役務提供の行為を指します。

①　行政規制

ⅰ）事業者の氏名等の明示

氏名，契約締結目的の勧誘であること，商品等の種類の明示

ⅱ）再勧誘の禁止

勧誘前の消費者への確認，意思のない場合の継続した勧誘の禁止

ⅲ）書面の交付

商品種類，価格，数量，支払時期等，所定の事項を記載した書面の交付

ⅳ）禁止行為

事実と違うことを告げたり，故意に事実を告げなかったり，威迫したり困惑させたり，勧誘目的を告げない誘引方法（キャッチセールス等）で契約締結の勧誘を行うこと等です。

ⅴ）行政処分・罰則

違反した事業者は，業務改善の指示，業務停止命令，その他罰則の対象となります。

②　主な民事ルール

ⅰ）契約申し込みの撤回または契約解除（クーリングオフ）

契約に関する書面を受け取った後8日以内であれば，消費者は書面に

よって申込み撤回や契約解除ができます。ただし，消耗品を使ってしまった場合（使ってしまうと価値がなくなるような品物）および現金取引の場合で総額が3,000円未満の場合には，クーリングオフは適用されません。

ⅱ）過量販売契約の申込み撤回または契約解除

通常必要とされる量を著しく超える量の商品を購入する契約を締結した場合には，契約締結後１年間は申込み撤回・契約解除ができます。

ⅲ）契約申し込みまたはその承諾意思表示の取消し

消費者が，事実と違うことを告げられたり，故意に事実を告げられなかったりして誤認した場合は，意思表示を取り消すことができます。

ⅳ）契約解除時の損害賠償等の額の制限

消費者側の債務不履行による契約解除においては，事業者の損害賠償額の上限に制限があります。例えば，返品等された場合は通常の使用料，返品等されない場合は販売価格，引渡し前であれば契約締結費用の額となり，法定利率を乗じた金額が上限となります。

(5) 通信販売

新聞，雑誌，ＴＶ，ホームページ，ＤＭ，チラシなどによる広告を見た消費者が，郵便，電話，ＦＡＸ，インターネット等で購入の申し込みを行う取引です。

① 行政規制

ⅰ）次のような内容を広告に表示することが義務付けられています。

販売価格，支払方法・時期，引き渡し時期，申込み撤回等の事項，事業者の氏名・住所・電話番号，販売数量の制限など特別な販売条件がある場合には，その内容など。

これらをすべて表示するのは実態に沿わない側面もあり，消費者からの請求に対して「遅滞なく提供」することを表示した上で，そのような措置を講じている場合には一部の省略が認められています。

ⅱ）誇大広告等の禁止

著しく事実に相違する表示，著しく優良，有利であると誤認させるような表示は，禁止されています。

ⅲ）電子メール広告の未承諾者への提供の禁止

消費者があらかじめ承諾しない限り，原則的には電子メール広告は送信できません（オプトイン規制）。

ⅳ）前払式通信販売の承諾等の通知

前払式の通信販売では，代金受取り後の引渡しに時間がかかる場合は，申し込みの諾否等，一定の事項を記載した書面を渡す必要があります。

ⅴ）契約解除に伴う債務不履行の禁止

売買契約の撤回となった場合には，事業者は債務（代金返還）の履行を拒否したり遅延したりすることはできません。

ⅵ）顧客の意に反して契約の申し込みをさせようとする行為の禁止

例えば，クリックすると申し込みとなることを表示していなかったりする行為は，禁止されています。

ⅶ）行政処分・罰則

違反した事業者は，業務改善の指示，業務停止命令，その他罰則の対象となります。

②　民事ルール……契約の申し込みの撤回または契約解除

商品の引き渡しを受けた日から８日以内であれば，契約申込み撤回や契約解除ができ，送料は消費者が負担すれば返品可能です。ただし，広告に「返品不可」と表示されている場合はできません。また，特約が表示されている場合は，特約に従う必要があります。

<オプトイン規制>

消費者から事前に送信してもよいという承諾を得なければ，電子メール広告を送信できないという規制です。このオプトイン規制が広がる前には，「オプトアウト規制」がありました。これは，電子メール広告を送信すること自体はとがめられておらず，消費者が受け取った広告に対して受信拒否の意思表示をした場合にのみ，送信を止めなければならないという規制

でした。

(6)　電話勧誘販売

電話で勧誘し，消費者から「郵便等」によって，申込みを受けたり契約を締結したりする販売方式です。以下のような行政規制があり，違反した事業者は，業務改善の指示，業務停止命令，その他罰則の対象となります。

・　事業者の氏名や住所等の明示
・　勧誘の継続や再勧誘の禁止
・　指定事項を記載した書面の交付
・　前払式の場合の承諾等の通知
・　禁止行為（事実と違う告知，故意に事実を告げない行為，威迫した困惑させる行為）

(7)　連鎖販売取引

連鎖販売業とは，物品販売（もしくは役務提供）であり，再販売や受託販売あるいは販売あっせんする者を特定利益が得られると誘引し，特定負担を伴う取引を行う事業です。

実態は相当複雑ですが，入会金，保証金，サンプル商品等，取引を行うための金銭負担があるものは，すべて含まれます。以下のような行政規制があり，違反した事業者は，業務改善の指示，業務停止命令，その他罰則の対象となります。

・　連鎖販売業者，統括者，勧誘者の氏名等の明示
・　禁止行為（事実と違う告知，故意に事実を告げない行為，威迫した困惑させる行為）
・　広告の表示
・　誇大広告等の禁止
・　電子メール広告の未承諾者への提供の禁止（オプトイン規制）
・　書面の交付……契約締結前の事業の概要書面，および契約締結後の契約書面の２種類

(8)　特定継続的役務提供

一定期間を超えて，一定金額を超える対価で特定継続的役務を提供することです。2017（平成29）年12月現在，次の７役務が該当しています。

・　エステティックサロン……期間＝１か月超，金額＝総額５万円超
・　美容医療……期間＝１か月超，金額＝総額５万円超
・　語学教室……期間＝２か月超，金額＝総額５万円超
・　家庭教師……期間＝２か月超，金額＝総額５万円超
・　学 習 塾……期間＝２か月超，金額＝総額５万円超
・　パソコン教室……期間＝２か月超，金額＝総額５万円超
・　結婚相手紹介サービス……期間＝２か月超，金額＝総額５万円超

以下のような行政規制があり，違反した事業者は，業務改善の指示，業務停止命令，その他罰則の対象となります。

・　書面の交付……契約締結前の事業の概要書面，および契約締結後の契約書面の２種類
・　誇大広告等の禁止
・　禁止行為（事実と違う告知，故意に事実を告げない行為，威迫した困惑させる行為）
・　事業者の業務や財産状況を記載した書類の閲覧

＜特定継続的役務＞

消費者庁のホームページでは，次のように定義づけられています。特定継続的役務とは，「役務提供を受ける者の身体の美化，知識・技能の向上などの目的を実現させることをもって誘引されるが，その目的の実現が確実でないという特徴を持つ有償の役務のこと」を意味します。

(9)　業務提供誘引販売取引

紹介する仕事を担えば利益が得られると広告し，その仕事に必要な道具や必要な教材等を消費者に負担させる事業を指します。以下のような行政規制があり，違反した事業者は，業務改善の指示，業務停止命令，その他罰則の対象と

なります。

- 業務提供誘引販売業を行う者の氏名等の明示，および契約の目的等の明示
- 禁止行為（事実と違う告知，故意に事実を告げない行為，威迫した困惑させる行為）
- 広告の表示
- 誇大広告等の禁止
- 電子メール広告の未承諾者への提供の禁止（オプトイン規制）
- 書面の交付…契約締結前の事業の概要書面，および契約締結後の契約書面の2種類

⑽ 訪問購入

店舗等以外の場所で，購入業者が物品の購入を行うことです。一般住宅に訪問し，高齢者や女性から貴金属などを中心に訪問購入する事件が多発しており，消費者保護を図るため，2013年2月から同法の改正に伴って施行されました。以下のような行政規制があり，違反した事業者は，業務改善の指示，業務停止命令，その他罰則の対象となります。

- 事業者の氏名，契約目的等の明示
- 不招請勧誘の禁止（飛び込み勧誘，査定依頼があっても査定を超えた勧誘行為）
- 勧誘継続や再勧誘の禁止
- 物品の種類，その購入価格，代金の支払時期等，一定の事項を記載した書面の交付
- 物品の引き渡しの拒絶に関する告知義務
- 禁止行為（事実と違う告知，故意に事実を告げない行為，威迫した困惑させる行為）
- 物品の第三者への引き渡しについて，契約の相手方への通知
- 物品を引き渡した第三者への事業者からの通知

⑾　ネガティブ・オプション

送りつけ商法といわれるもので，一方的に商品を送付しておいて代金を請求するという商法です。商品の到着日から14日を経過するまでに，受け取った側が購入の承諾を行わず，販売業者が引き取らなかった場合は，販売業者は商品の返還請求ができなくなります。

4　商標法，不正競争防止法，景品表示法

⑴　商　標　法

①　商号と商標

商号は，商人が自己を表示し他と識別するための名称です。これに対し，商標は特定の商品や役務（サービス）について他の商品やサービスと識別するための営業標識です。

②　商　　　標

商標は，文字，図形，記号，立体的形状もしくは色彩，またはこれらの結合，音その他政令で定めるものです。

③　登　　　録

商品またはサービスについての商標の登録を受けることができ，登録を受けた商標を「登録商標」といいます。

商標の登録は特許庁の所管であり，登録がなされると商標権が発生し，原則として先願者優先です。商標権の存続期間は設定登録の日から満10年であるが，更新登録の出願をすれば更新することができます。

⑵　不正競争防止法

不正競争防止法は，事業者間の不正な競争を防止するため，以下の行為が禁止されています。違反者に対しては権利を侵害された者から侵害行為差止めの請求をすることができ，違反者には罰金や懲役の刑罰が科せられます。

①　混同惹起行為

他人の商品表示等と類似した表示で，他人のものと混同させる行為

② 著名表示冒用行為

著名な商品表示等と類似した表示を用いて事業活動を行う行為

③ 商品形態模倣行為

他商品の形態を模倣した商品の譲渡，貸し渡し，輸出入する行為

④ 営業秘密にかかる不正競争行為

不正取得行為など六つの類型があります

⑤ デジタル・コンテンツの技術的制限手段の無効化装置を譲渡等する行為

映像，音楽，プログラム等がある技術で制限されている場合に，その技術を無効にして視聴や記録を可能にする装置やプログラムを提供する行為（コピー制限を解除するソフト等）

⑥ ドメイン名不正登録等行為

損害を与える目的で，他社と類似のドメイン名を取得・保有・使用する行為

⑦ 原産地等誤認惹起行為

原産地や品質，内容等を誤認させるような表示，およびその表示をした商品を譲渡，引渡し，展示，輸出入，提供する行為

⑧ 営業誹謗行為

競合他者の信用を害するために，虚偽の事実を伝達，流布する行為

⑨ 代理人等による商標冒用行為

商標権者の承諾なしに他の商品にも類似商標を使用する行為

(3) 景品表示法

① 景品類の制限および禁止

内閣総理大臣は，不当な顧客の誘引を防止するため必要があると認めるときは，景品類の価額の最高額，総額，提供の方法その他の事項を制限し，または禁止することができます。

総付（べた付け）景品についての規制は，取引価額1,000円未満の場合の景品類最高額は200円，取引価額1,000円以上の場合は取引価額の10分の２となっています。

② 不当表示の禁止

事業者は，次の事項を表示してはいけません。

i）優良誤認表示

実際のものや競争業者のものより著しく優良であると誤認させる表示

ii）有利誤認表示

実際のものや競争業者のものより著しく有利であると誤認させる表示

iii）その他，内閣総理大臣が指定する表示

③ 懸賞による景品類の提供

懸賞により提供する景品類の最高額，総額は規定されています。景品類の最高額は，取引価額が5,000円未満の場合は20倍，取引価額が5,000円以上の場合は10万円です。また，懸賞に提供する場合の景品類の総額は，懸賞に係る売上予定総額の２％以内です。

④ 公正競争規約

事業者や事業者団体は，内閣総理大臣及び公正取引委員会の認定を受けて，公正な競争を確保するために，景品類や表示に関する規約を締結できます。事業者間の自主ルールであり，規約に参加していない事業者には適用されません。

5　リスクマネジメント

小売業は，顧客との間で商品やサービスと現金を交換するビジネスを行うことから，店舗の規模のかかわらずリスクマネジメント（危機管理）が必要です。

① 個人情報保護法の施行と背景

個人情報保護法は，2005年に施行，2015年に改正されました。個人の情報を保護することを目的として制定，施行されたのです。

② 個人情報の意味

・ 個人情報……特定の個人を識別できるもの

・ 個人データ……個人情報データベースなどを構成する個人情報のこと

（顔認識データなど身体的特徴を変換したものも含む）

・　保有個人データ……個人データのうち，開示，訂正，利用停止の権限を有し，６か月を超えて保有する情報のこと

③　個人情報取扱事業者

法人に限定されず，個人事業主や非営利のＮＰＯ法人なども対象となります。

④　対応すべき事項

個人情報取扱事業者の義務として規制があり，法令や各省庁のガイドラインに則った対応が求められています。

⑤　個人情報の保管方法

顧客の申込書や購買データなどは，厳重な保管体制を整え，責任者を明確にして維持管理に努めなければなりません。

⑥　従業員情報の保管方法

制服の名札などは，従業員本人の名前よりも，業務の内容や肩書きがわかるようにするなどの工夫が大切です。

⑦　小売業の適用ケース

特にＦＳＰを実施している小売店は，注意が必要です。接客時にも名前で呼ばず,「お客様」と呼びかけるような配慮が求められます。

⑧　小売業における個人情報の種類

・　顧客に関する個人情報……注文情報，アンケート結果情報，キャンペーン応募情報など

・　従業員に関する個人情報……従業員名簿，履歴書，健康診断書，給与明細など

・　仕入先企業に関する個人情報……名刺，企業名簿，契約書，請求書など

・　メールアドレス……個人を特定できるようなデータなど

・　防犯カメラに録画された個人の画像

第2章

小売店経営における計数管理と計算実務

1　計数管理と利益獲得のフロー

(1)　計数管理の２つの意味

①　日々直面する最適化への対応

最適化とは，店舗経営の目標を達成するための方法を実行することです。

例えば，効率の良い発注数量，良く売るためにどこまで値下げするかなどへの対処となります。

②　費用の増加に伴う効率的経営の必要性

小売業は，売上を増やしてムダな費用を抑えて利益を生み出す必要があるため，利益が生み出される仕組みを数字面でつかむことが必要です。

(2) 利益獲得のフロー

図表５－２－１　小売業の各種利益のフロー

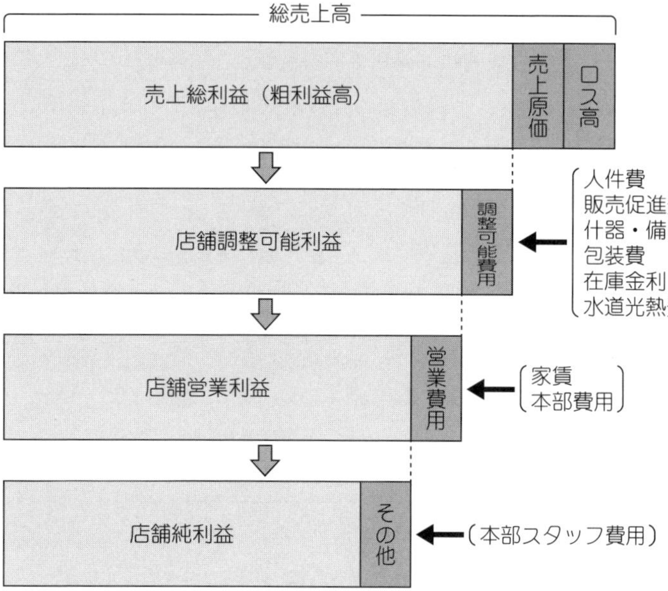

① 売上総利益

売上総利益(粗利益高)＝総売上高－売上原価－ロス(品減り)高

売上総利益（粗利益高）を増やすためには，売上高を上げること，売上原価を下げること，棚卸減耗（品減り）を少なくすることが必要になります。

② 店舗調整可能利益

店舗調整可能利益＝売上総利益(粗利益高)－調整可能費用

各店舗が，調整可能費用を調整して利益を向上させることが必要です。

調整可能費用とは，人件費（社員の給与・賞与，パート・アルバイトの賃金，法定福利費や教育訓練費など），販売促進費（広告費，装飾費など），什器備品類（冷蔵ケース，レジスターなど），包装費，在庫金利，水道光熱費となります。

なお，在庫金利は，次の計算式で求めることになります。

在庫金利＝(実際の在庫日数－標準在庫日数)×

平均日販×原価率×金利(月当たり)

③　店舗営業利益

店舗営業利益＝店舗調整可能利益－営業費用

営業費用は2つあり，1つは店舗の月額家賃であり，もう1つは本部費用（チェーンストアの販売本部や商品本部，物流部など）となります。

④　店舗純利益

店舗純利益＝店舗営業利益－

その他(チェーンストアの本部スタッフ各部の費用)

以上，利益を生み出すための計数管理は重要であり，店舗経営の基本です。

2　店舗経営に必要な計算実務

2－1　棚卸による期間粗利益高の算出

(1)　棚卸の重要性

棚卸とは，一定時点（決算期，月末など）の店舗の商品在庫について，数量や金額を明らかにすることです。

売上総利益（粗利益高）を正確に算出するには，売上原価を正しく把握する必要があります。

売上原価は，次の計算式で算出されます（詳細は2－4売買損益の計算法で解説します)。

売上原価＝期首商品棚卸高＋当期商品仕入高－期末商品棚卸高

棚卸は，帳簿上で行う帳簿棚卸と，実際に目で見て数える実地棚卸があります。

帳簿棚卸では，廃棄ロスや不明ロスなどが隠れてしまうため，実地棚卸が必要です。

帳簿棚卸の結果より実地棚卸の結果（実際の数量）が少なかった場合〔帳簿棚卸＞実地棚卸〕，上式の期末商品棚卸高が減少し，結果的に売上原価が増大します。

そして，売上総利益（粗利益高）が減少することになります。

(2)　売価還元法による在庫の評価

在庫の評価では，売価還元法を用い，売価の在庫金額を原価に還元します。まず，原価率を次の計算式で算出します。

$$\text{原価率}=\frac{\text{期首商品棚卸高(原価)}+\text{当期商品仕入高(原価)}}{\text{売上高}+\text{期末商品棚卸高(売価)}}\times 100(\%)$$

次に，上式で求められた原価率を売価で管理している期末在庫に乗じます。

$$\text{期末商品棚卸高(原価)}=\text{期末商品棚卸高(売価)}\times\text{原価率}$$

＜例題１＞

期首商品棚卸高（原価）が43,200円，当期商品仕入高（原価）が100,800円，期末商品棚卸高（売価）が60,000円，売上高が120,000円とします。

①　売価還元法による期末原価在庫高（原価ベースの期末商品棚卸高）はいくらですか。

前述の計算式に投入して計算します。

$$\text{原価率}=\frac{\text{期首(原価)}43,200\text{円}+\text{当期仕入(原価)}100,800\text{円}}{\text{売上高}120,000\text{円}+\text{期末(売価)}60,000\text{円}}=80\%$$

$$\text{期末原価在庫高}=\text{期末商品棚卸高(売価)}\times 80\%$$

$$=60,000\text{円}\times 0.8=\underline{\underline{48,000\text{円}}}$$

②　売上原価と粗利益高はいくらですか。

売上原価は，先ほどの項目であげた売上原価の計算式に投入して計算します。

$$\text{売上原価}=\text{期首(原価)}+\text{当期仕入(原価)}-\text{期末(原価)}$$

$$=43,200\text{円}+100,800\text{円}-48,000=\underline{\underline{96,000\text{円}}}$$

粗利益高は売上総利益のことであり，売上高－売上原価で表されます。

粗利益高＝120,000円－96,000円＝24,000円

（ちなみに，粗利益率は，粗利益高÷売上高なので，20％になります。）

(3) 不明ロスへの対応

不明ロスとは，原因不明のロスであり，万引や盗難という外部要因に加え，レジでの登録ミス，値下げ・廃棄伝票の付け忘れ，従業員の不正行為など内部要因があります。

スーパーマーケットでは，一般的に0.9％程度の不明ロスがあるとされています。

不明ロスの金額は，帳簿棚卸金額（売価）と実地棚卸金額（売価）の差額に原価率を乗じて算出します。不明ロスの概念は，次のとおりです。

不明ロス高（原価）

＝{帳簿期末商品棚卸高（売価）－実地期末商品棚卸高（売価）}×原価率

図表5－2－2 不明ロス高の概念図

<table>
<tr><td>期首商品棚卸高
（売価）</td><td rowspan="2">売上高</td><td rowspan="2">売上高</td></tr>
<tr><td rowspan="3">当期商品仕入高
（売価）</td></tr>
<tr><td rowspan="2">帳簿期末商品棚卸高
（売価）</td><td>不明ロス（売価）</td></tr>
<tr><td>実地期末商品棚卸高
（売価）</td></tr>
</table>

＜例題２＞

期首商品棚卸高（原価）が52,000円，当期商品仕入高（原価）が124,000円，帳簿期末商品棚卸高（売価）が60,000円，実地期末商品棚卸高（売価）が52,000円，売上高が160,000円とします。

① 売価還元法による場合の不明ロス（原価）はいくらですか。

まず，原価率を求めます。

$$原価率＝\frac{期首（原価）52,000円＋当期仕入（原価）124,000円}{売上高160,000円＋帳簿期末（売価）60,000円}＝80\%$$

不明ロス高＝帳簿期末棚卸高(売価)－実地期末棚卸高(売価)}×原価率

＝(60,000円－52,000円)×0.8＝6,400円

② この場合の不明ロスを含む売上原価と粗利益高はいくらですか。

売上原価は例題1と同様に，売上原価算出式に投入して計算します。

売上原価＝期首(原価)＋当期仕入(原価)－帳簿期末(原価)

＋不明ロス(原価)

＝52,000円＋124,000円－60,000×80%＋6,400円

＝134,400円

粗利益高も例題1と同様に，売上高－売上原価で求めます。

粗利益高＝160,000円－134,400円＝25,600円

(例題2の原価率は84%となり，粗利益率は16%となります。)

2－2　在庫の効率化による粗利益の改善

(1)　商品回転率

商品回転率は，次の計算式で求められます。

$$\text{商品回転率}=\frac{\text{年間売上高}}{\text{年間平均在庫高(売価)}}\ (\text{回})$$

例えば，年間売上高が12億円で，年間平均在庫高が2億円であった場合，商品回転率は6回となります。

上式の年間平均在庫高（売価）は，次の計算式で求めます。

$$\text{年間平均在庫高(売価)}=\frac{\text{期首商品棚卸高(売価)}+\text{期末商品棚卸高(売価)}}{2}$$

また，1日の売上高の何日分に当たる在庫を保有しているかを表す商品回転期間は，次の計算式で求められます。

$$\text{商品回転期間}=\frac{365(\text{日})}{\text{商品回転率}}\ (\text{日})$$

＜例題3＞

期首商品棚卸高（売価）が34,000円，期末商品棚卸高（売価）が30,000円，売上高が233,600円であったとします。

① 商品回転率を求めましょう。

年間平均在庫高（売価）を求めたうえで，商品回転率の公式で計算します。

年間平均在庫（売価）＝（34,000円＋30,000円）÷２＝32,000円

商品回転率＝233,600円÷32,000円＝7.3回

② 商品回転期間を求めましょう。

前述の計算式に投入して計算します。

商品回転期間＝365日÷7.3回＝50日

⑵ 交差比率

粗利益率（売上総利益率）と商品回転率，それぞれ単独の指標で小売業の経営を判断するのは早計です。

日用品などは，単価が低いため粗利益率が低くなる半面，購買頻度が高いことから商品回転率が高い値になります。それとは逆に，宝飾品や美術品は単価が高く粗利益率も高いのですが，購入頻度が低いことから商品回転率は低い値になります。

このように，粗利益率と商品回転率は逆の動きを示す傾向があるため，両者を掛け合わせた交差比率によって販売効率を見定めることが必要です。

交差比率（％）＝粗利益率（％）×商品回転率（回）……………………………… i
＝（粗利益高÷売上高）×（売上高÷平均在庫高（売価））
＝粗利益高÷平均在庫高（売価）………………………………… ii

上記のii式が示しているように，交差比率は在庫の生産性を表すことになります。

＜例題4＞

平均在庫高（売価）が200万円，年間売上高が800万円，年間の粗利益高（売上総利益）が320万円という店舗における交差比率を求めましょう。

a）ⅰ式での算出

粗利益率＝320万円÷800万円＝40％

商品回転率＝800万円÷200万円＝4回

交差比率＝40％×4回＝160％

b）ⅱ式での算出

交差比率＝320万円÷200万円＝1.6　→　160％

2－3　商品ミックスによる粗利益の改善

小売店経営では，仕入状況の変化や他店との価格競争などによって，商品ごとの粗利益率が変化します。そのため，部門や品群全体の売上高と粗利益率をコントロールする商品ミックスの考え方が必要になります。

また，商品カテゴリーごとの売上構成比と粗利益率をもとにして，全体の粗利益率を改善するために，粗利ミックスという考え方が用いられます。

具体的に確認します。

A店舗のある日の業績が，部門ごと（W，X，Y，Z）に以下であったとします。

部　門	売上高	粗利益高	粗利益率
W	200千円	70千円	35％
X	400千円	120千円	30％
Y	600千円	150千円	25％
Z	800千円	160千円	20％
合　計	2,000千円	500千円	25％

部門ごとの売上高，粗利益高，そして粗利益率が判明しますが，このままでは何をどう改善すればよいかわかりません。そこで，相乗積を用いて粗利ミックスを検討します。

相乗積＝売上構成比(％)×粗利益率(％)

相乗積は，各部門の粗利益高の貢献度を表すことになります。各部門の相乗積を合計すると，店舗全体の粗利益率に等しくなります。

前述の業績を売上構成比，粗利益率，相乗積で表すと，次表のようになります。

部　門	売上構成比	粗利益率	相乗積
W	10.0%	35.0%	3.5%
X	20.0%	30.0%	6.0%
Y	30.0%	25.0%	7.5%
Z	40.0%	20.0%	8.0%
合　計	100.0%	－	25.0%

W部門……売上構成比10.0％×粗利益率35.0％＝相乗積3.5％

X部門……売上構成比20.0％×粗利益率30.0％＝相乗積6.0％

Y部門……売上構成比30.0％×粗利益率25.0％＝相乗積7.5％

Z部門……売上構成比40.0％×粗利益率20.0％＝相乗積8.0％

相乗積の合計が25.0％（3.5＋6.0＋7.5＋8.0）になっており，これが店舗全体の粗利益率になります。

＜例題5＞

前述のA店舗の業績において，粗利率の低いZ部門の売上構成比を20.0％に下げ，粗利益率の高いW部門とX部門の売上構成比をそれぞれ20.0％と30.0％に上げることができた場合，店舗全体の粗利益率はどう変化するでしょうか。なお，その他の数値は変化がないものとします。

部　門	売上構成比	粗利益率	相乗積
W	20.0%	35.0%	7.0%
X	30.0%	30.0%	9.0%
Y	30.0%	25.0%	7.5%
Z	20.0%	20.0%	4.0%
合　計	100.0%	―	27.5%

A店の店舗全体の粗利益率は，25.0%から27.5%に良化します。

このように，相乗積による粗利ミックスの考え方を用いることで，比較的容易に店舗業績の改善策が見出せます。

2－4　売買損益の計算法

売買損益計算とは，売上総利益（粗利益高）を算出するまでの計算過程をさします。

①　純売上高の計算

純売上高＝総売上高－(売上返品高＋売上値引高)

10万円の商品を2個販売し，1個が返品され，1個は1万円値引きして販売した場合，純売上高は「20万円－(10万円＋1万円)」で9万円となります。

これを，「売上高＝9万円」というように結果だけ記録してはいけません。その理由は，売上高利益率（粗利益率）の変化が分析できないからです。

ただし，多忙期など特別な事情においては，値引後の売上高を記録する純額法という会計処理方法もあります。

②　純仕入高の計算

純仕入高＝総仕入高－(仕入返品高＋仕入値引高)

純売上高の計算と同様に，総仕入高，仕入れた商品の返品高，仕入れた商品の値引高，それぞれを記録します。

なお，損益計算書では，純売上高を売上高として表記し，純仕入高を当期商品仕入高として表記します。よって，店舗の売上高総利益率（粗利益率）の変化を認識して分析するには，会計帳簿の記録が手掛かりになります。

③　売上原価の計算

売上原価＝期首商品棚卸高＋純仕入高－期末商品棚卸高

上式を図解すると，次のようになります。

図表5－2－3　売上原価算出の構造図

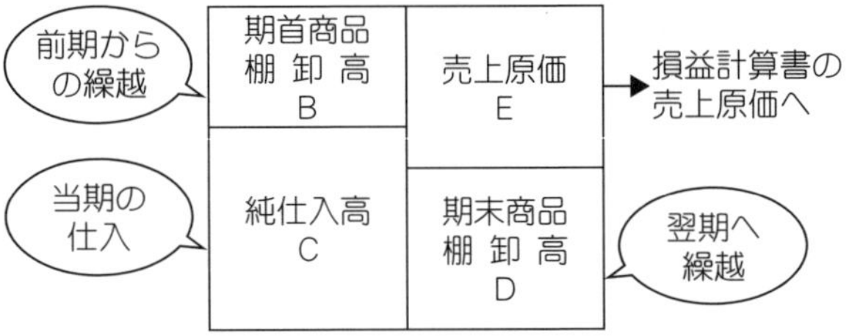

B＋C＝D＋E

期末商品棚卸高とは，決算日の24時における商品在庫のことです。そして，その期末商品棚卸高は，次期における期首商品棚卸高となります。

期末商品棚卸高は，実地棚卸を行うことで確定させます。深夜に行うわけではなく，休店日など棚卸作業ができる日，つまり決算日よりも後の日程で実施します。そのため，次のような計算式で調整することが必要になります。

期末商品棚卸高＝棚卸作業の結果の商品棚卸高
＋決算日の翌日以降から棚卸作業日までに販売した商品金額
－決算日の翌日以降から棚卸作業日までに仕入れた商品金額

④　売上総利益の計算

売上総利益(粗利益高)＝純売上高－売上原価

＜例題6＞

【売買損益計算の応用】

次表の（　　）内のイ～への数値を算出しましょう。

		第Ⅰ期	第Ⅱ期	第Ⅲ期	第Ⅳ期
A	純売上高	26,151	27,327	29,954	（ ホ ）
B	期首商品棚卸高	1,638	（ ハ ）	1,496	1,568
C	純仕入高	16,993	17,546	（ ニ ）	20,561
D	期末商品棚卸高	1,554	1,496	1,568	（ ヘ ）
E	売上原価	（ イ ）	17,604	18,930	20,002
F	売上総利益	（ ロ ）	9,723	11,024	11,296

A＝E＋F

B＝D＋E－C　※Bは前期の期末商品棚卸高と同額になります。

C＝D＋E－B

D＝B＋C－E

E＝B＋C－D

F＝A－E

＜解答＞

イ：17,077　ロ：9,074　ハ：1,554　ニ：19,002　ホ：31,298

ヘ：2,127

3　売場の効率化をはかる指標

(1)　人時生産性

人時生産性とは，投入労働時間1時間当たり（1人時）で，どれだけの粗利益高（売上総利益）を生み出したかという尺度のことであり，次の計算式で求められます。

$$人時生産性=\frac{粗利益高(売上総利益)}{総労働時間}$$

人時生産性は，労働1時間当たりの粗利益高を表します。ちなみに，〔人時売上高〕を採用する小売店もあり，その場合，前式の分子が〔売上高〕となります。

＜例題７＞

粗利益高が500万円で，月間総労働時間が1,000時間の小売店における人時生産性はいくらですか。

（この場合，例えば５人で１日８時間，25日の稼働と考えられます。）

人時生産性＝500万円÷1,000時間＝5,000円

(2)　人時生産性の向上策

人時生産性の計算式は，次のように展開できます。

$$\text{人時生産性}=\frac{\text{粗利益高}}{\text{売上高}}\times\frac{\text{売場面積}}{\text{総労働時間}}\times\frac{\text{在庫高}}{\text{売場面積}}\times\frac{\text{売上高}}{\text{在庫高}}$$

↓　↓　↓　↓

$$=\text{粗利益率}\times\begin{array}{c}\text{1人1時間当}\\\text{たり守備範囲}\end{array}\times\underbrace{\begin{array}{c}\text{坪当たり}\\\text{在庫高}\end{array}\times\begin{array}{c}\text{商品}\\\text{回転率}\end{array}}_{\text{坪当たり売上高}}$$

上式から，人時生産性を向上させるための５項目が明らかになります。

① 粗利益率の向上……価格変更，ロスの削減，仕入原価の引下げなど

② １人１時間当たりの受持ち売場面積を拡大する……作業改善，作業計画の立案など

③ 売れ筋商品主体の商品構成……デッドストック（死蔵在庫）の排除と適正在庫の実現

④ 適正在庫の維持……重点販売商品や売れ筋商品の欠品を防止する

⑤ 坪当たり売上高の増大……商品回転率の向上

（坪当たり在庫高を増やすことは不適切です。在庫が増えれば業務量が増大します。）

小売業としては，上記を踏まえつつ，次の２点に注力すべきです。

① 全体の粗利益高の拡大

② より少ない人時で同じ効果が得られるような仕事の進め方の実現

＜例題8＞

粗利益率（売上総利益率）30%，1人1時間当たり守備範囲0.007坪，坪当たり在庫高50万円，商品回転率8回転の場合の人時生産性はいくらですか。

人時生産性＝30%×0.007坪×50万円×8回転＝8,400円

(3)　労働分配率

労働分配率とは，粗利益高のうち，どれくらいが総人件費に充当されたかの比率であり，次の計算式で求められます。

$$\text{労働分配率}=\frac{\text{総人件費}}{\text{粗利益高}}$$

総人件費は，毎月の給与，賞与，教育費，採用費，福利厚生費，退職給付費用，社会保険料の事業主負担額，寮や社宅など福利施設負担額などが該当します。

また，粗利益高から充当される総人件費以外の項目は，販促費，管理費，一般費などであり，それらを控除して残った金額が営業利益となります。

＜例題9＞

ある月の給与額が1,000万円，粗利益高（売上総利益）が6,400万円，総人件費は給与額の160%であるという場合における労働分配率を求めましょう。

労働分配率＝(1,000万円×160%)÷6,400万円＝25.0%

(4)　労働分配率と労働生産性の関係

労働生産性を認識するために，前述の労働分配率の計算式を，以下のように展開します。

総人件費＝粗利益高(売上総利益)×労働分配率

上式の両辺を人員数で割ります。

$$\frac{\text{総人件費}}{\text{人員数}}=\frac{\text{粗利益高(売上総利益)}}{\text{人員数}}\times\text{労働分配率}$$

↓　　　　　　　　↓

１人当たり平均人件費＝　　労働生産性(※)　　×労働分配率

※　粗利益高を人員数で割った値（１人当たり粗利益高）を「労働生産性」とします。

上式からわかることは，労働生産性を向上させることで，労働分配率を維持したまま，１人当たりの人件費を増加させられるということです。

労働分配率を上げてしまうと，営業利益が圧迫され，目標利益の達成が困難になります。よって，人件費を上げるには，労働生産性を向上させるしか手段はないのです。

＜例題10＞

ある小売業は，売上高が2,000万円，粗利益率が30％，労働分配率が25％，従業員数が12名という状況です。

①　１人当たりの人件費はいくらですか。

粗利益高＝売上高2,000万円×粗利益率30％＝600万円

総人件費＝粗利益高600万円×労働分配率25％＝150万円

１人当たり人件費＝総人件費150万円÷従業員数12名＝12.5万円

②　労働生産性はいくらですか。

労働生産性＝粗利益高600万円÷従業員数12名＝50万円

③　粗利益率と従業員数を変えることなく，人件費を10％増やすには，売上高および労働生産性をいくらにする必要がありますか。

新しい総人件費＝現在の総人件費150万円×110％＝165万円

必要粗利益高＝新しい総人件費165万円÷25％＝660万円

必要売上高＝660万円÷30％＝2,200万円

一般的に，労働分配率は30％以下であることが健全経営の目安とされています。これを超える場合，人時生産性の向上（粗利益高の増大，投入労働時間の削減）が求められます。

第3章

販売活動に求められる決算データと経営分析

1　損益計算書における利益の種類

小売業の経営では，日々の販売活動による損益状況を正確に把握する必要があります。

損益計算は，段階的に算出し，表示するように規定されています（図表5－3－1と図表5－3－2）。

第1段階……売上総利益の算出

第2段階……営業利益の算出

第3段階……経常利益の算出

第4段階……税引前当期純利益を算出

図表5－3－1　利益の構造図

売上高					
売上原価	①売上総利益（粗利益高）				
	販管費	②営業利益			
		営業外損益（営業外収益・費用）	③経常利益		
			特別損益（特別利益・特別損失）	④税引前当期純利益	
				法人税等	⑤当期純利益

① 売上総利益(粗利益高)＝売上高－売上原価

② 営業利益＝売上総利益(粗利益高)－販管費(販売費及び一般管理費)

③ 経常利益＝営業利益±営業外損益

④ 税引前当期純利益＝経常利益±特別損益

⑤ 当期純利益＝税引前当期純利益－法人税等

図表５－３－２ 損益計算の例

単位：円

科目			金額	
経常損益の部	営業損益の部	売上高		○○○
		売上原価		○○○
		売上総利益		○○○
		販売費及び一般管理費		○○○
		営業利益		○○
	営業外損益の部	営業外収益		○○
		営業外費用		○○
		経常利益		○○
特別損益の部		特別利益		○○
		特別損失		○○
		税引前当期純利益		○○

① 営業収益

営業収益には，売上高に加え，不動産賃貸収入やその他の役務収入が含まれます。小売業の場合，一般的には，仕入原価に一定の利益を加えた金額になります。

同業他社との規模の比較や成長性をみるうえで，基本的な指標となります。売上が伸びづらい今日，営業収益を伸ばす仕組みが重視されてきています。

② 売上総利益

売上総利益は，粗利益とも呼ばれ，売上高から売上原価（仕入）を差し引いたものです。いくらで仕入れて，いくらで売ったのかという，商品売買益を表しています。

③ 営業利益

営業利益とは，営業収益から売上原価，そして営業費用（販売費及び一般管理費）を差し引いて残った額となります。これは，小売業が本業で稼ぎだした「儲け」を表しており，収益性の判断指標となります。

④ 経常利益

経常利益とは，営業利益に営業外収益を加え，営業外費用を控除したものです。

営業外収益とは，受取利息，受取配当金，有価証券利息，仕入割引，その他雑益となります。営業外費用とは，支払利息，為替差損，社債利息，有価証券売却損，その他の雑損となります。

このように，営業外収益と営業外費用は，本業以外の活動と認識される財務面の収支項目が中心となります。

⑤ 税引前当期純利益

税引前当期純利益とは，経常利益に特別利益を加え，特別損失を控除したものです。

特別利益とは，固定資産売却益や投資有価証券売却益など，特別損失は，固定資産売却損や除去損，投資有価証券売却損などとなります。

特別利益と特別損失は，その期だけの特別（突発的・臨時的）な事情による利益と損失です。よって，税引前当期純利益は，「スポット的な損益を加味した稼ぎ」を表す指標といえます。

⑥ 販売費及び一般管理費

販売費及び一般管理費（販管費）とは，販売活動に関わる人件費，地代家賃，広告宣伝費，運送費，販売促進費などの諸費用を表したものです。

諸費用の多くは「固定費」であり，売上高の増減に関係なく一定額がかかってきます。そこで，全従業員に占めるパートタイマーの比率を高め，人件費の変動費化を図ることで，販売活動が低迷しても利益を生み出す取組みが重要になっています。

2　広義の経営分析

＜広義と狭義の経営分析＞

企業の財政状態および経営成績を，財務諸表上の数値を用いて分析することを経営分析といいます。

1）広義の経営分析（本節で解説）

２期以上の財務諸表をもとに，収益性・流動性（安全性）・成長性などを比較する財務諸表分析，損益分岐点分析，キャッシュフロー分析，会計数値以外の情報も含めた企業価値の分析等に関する総称のことです。

2）狭義の経営分析（次節で解説）

今期と前期について，損益計算書では収益性を，貸借対照表では安全性を分析します。

(1)　財務諸表による分析

①　収　益　性

利益のあがる能力，程度，度合いを示します。これには，資本収益性を表す「資本利益率」，その計算式を展開して示される「資本回転率」と「売上高純利益率」などがあります。

②　流動性（安全性）

企業の支払能力としての流動性の分析です。短期の支払能力を分析する指標と，長期資金の安全性を分析する指標があります。

③　成　長　性

企業の成長度合いを示すもので，「売上高成長率」，「経常利益成長率」，「総資本増加率」，「売場面積増加率」，「従業員数増加率」などがあります。当期の数字÷前期の数字で比率を求めます。

⑵　損益分岐点分析

売上高と総費用が一致する点という意味です。分析を行うには，総費用を変動費と固定費に分解する必要があります。

＜キャッシュフロー（cash flow）＞

キャッシュフローとは，現金の流れと訳されます。財務諸表では，会社の財政状態を示す貸借対照表と，収益状態を示す損益計算書が代表的ですが，現在ではキャッシュフロー計算書の重要性がクローズアップされるようになりました。

キャッシュフロー計算書は，営業活動，投資活動，財務活動の三つに区分されており，最終的に，当該年度でどれくらいのキャッシュを生み出したかが示されます。バブル崩壊以後，決算報告で損益計算書が黒字だった企業がすぐに倒産してしまうような事例が頻発しました。これは，損益計算では黒字ではあるものの，資金が枯渇して手形の決済ができなかったり，不良資産が多くなって実質の財政状態が悪化したことから，資金調達が不可能になってしまったり，というような原因があげられます。

キャッシュが枯渇する理由としては，在庫の過大さや売掛金の回収の遅れなどがあります。在庫は現金が姿を変えたものですから，在庫が積みあがることで現金はドンドン減少します。その段階で支払いの決済が到来すると，支払いが不能になったり，支払手形の決済では不渡手形になったりということで，極めて深刻な事態を招くのです。売掛金の回収が遅れるということも，本質的には同じ意味になります。

損益計算書には，在庫の増え具合や売掛金の回収の早さなどは表記されません。たとえ在庫が倍になっても，売上原価の算出を明確に行えば問題ありませんし，売掛金の回収が危惧される売上であっても，「純売上高」の額に色が付くわけでもなく，客観的な売上数値が計上されるのです。ここが，キャッシュフロー計算書が重要視されるポイントです。

キャッシュフロー計算書には，上述のような在庫や売掛金を考慮した営業活動のキャッシュフロー，さらには建物や土地，設備への投資などという投資活動のキャッシュフロー，借入や返済を示した財務活動のキャッシュフローが明記されることになり，たとえ損益計算書が黒字であっても，実態として当該企業の事業継続性の安全性や危険性を読み取ることが可能となっています。

<売 掛 金>

顧客に商品を販売した場合は，現金で支払ってもらえれば売掛金は発生しません。売掛金とは，販売した後，代金を受領していない状態の債権を指します。顧客との契約において，「月末締めの翌月末日に現金支払い」という取引条件であるなら，1月10日販売した代金は，2月末日に現金で支払ってもらえるということになります。このような場合には，販売した代金は，1月10日～2月末日まで，売掛金として計上されることになります。

上述の例では，最短で1か月分，最長で2か月分，現金入金がないことになります。さらに，「月末締めの翌月手形払い，サイト90日」というような場合には，1月10日に販売した売掛金は，1月末に締めて，2月末に3か月後決済の手形をもらうことであり，そのまま持っていれば5月末まで当該売上分の入金はないことになります。

売り上げてから現金で回収するまでの期間を売上債権回収期間と呼び，この期間が短ければ短いほど，キャッシュフローの側面から良好といえます。

3 狭義の経営分析

(1) 資本利益率とは何か

企業に投下された「資本」がどれだけ多くの「利益」を獲得したのかについて分析します。この関係を示すものとして，資本利益率（利益÷資本）があります。これは，投下資本に対する利益の回収割合を意味し，投資の採算性を考えるうえでの総合的な指標です。

＜損益計算書における利益＞

① 売上総利益

商品の販売から得られる利益のことです（粗利益）。

② 営 業 利 益

本業で獲得した利益のことです。

③ 経 常 利 益

営業利益に，営業外収益および営業外費用を加減したものです。

④ 税引前当期純利益

経常利益に特別損益を加減して求めます。

⑤ 当期純利益

法人税額相当を差し引いた最終利益のことです。

＜貸借対照表における資本＞

① 他 人 資 本

いわゆる負債であり，1年以内に返済する「流動負債」と，返済に1年超の猶予がある「固定負債」に分けられます。

② 純資産（自己資本）

会社の出資者である株主から払い込まれた資金や剰余金などです。

③ 総　資　本

負債（他人資本）と純資産（自己資本）の合計額です。

資本利益率では，一般的に「総資本経常利益率」（経常利益÷総資本）と，

「自己資本利益率」(当期純利益÷自己資本) を確認します。

(2)　資本利益率の低下要因

資本利益率は,「売上高純利益率 (純利益÷売上高)」と「資本回転率 (売上高÷資本)」の二つの要素に分解できます。

売上高純利益率に代えて,売上高総利益率や売上高営業利益率などが用いられることもあります。また,資本回転率では,自己資本回転率 (売上高÷自己資本 (＝純資産)) や総資本回転率 (売上高÷総資本) を用いる場合があります。

資本利益率が低下した場合に,一つは売上高利益率の悪化が考えられ,これは損益計算書における売上高の減少とコストの上昇が影響します。もう一つは総資本回転率の悪化であり,貸借対照表における流動資産および固定資産の構成悪化が影響します。

①　売上高の減少

売上高の減少はそのまま当期利益の減少に影響し,利益率を悪化させます。

②　コストの上昇

コスト上昇の直接的な原因は,小売業においては販売員の人件費と,店舗設備にかかわる減価償却費 (賃貸の場合は地代と家賃) があります。

③　流動資産の構成悪化

過剰仕入による死蔵在庫や,売上債権 (売掛金および受取手形) の不良債権化には注意が必要です。

④　固定資産の構成悪化

新規出店には,店舗や駐車場の確保,看板の設置,什器備品などの膨大な投資コストが必要になり,これに仕入や人的手当といった運営コストが加わります。急激な多店舗展開は建物・車両・備品・土地などの有形固定資産の増加を招きます。

＜(総)資本利益率＞

企業の収益性を測る場合は,総資本対経常利益率という指標が出発点となります。この指標は,資本回転率と売上高利益率に分解され,それぞれ良好な理由や改善すべき問題点を特定するように細分化されていきます。

総資本利益率には，「総資本対営業利益率」，「総資本対経常利益率」，「総資本対当期純利益率」と，それぞれの利益段階によって算出することで，各々を業種平均値や昨年度と比較し，問題点を発見していくことになります。

資本利益率をわかりやすく表現すれば，「その事業に投じた投資額（総資本）によって，どれくらいのリターン（各段階の利益）があったのか」という指標といえます。

<純 資 産>

事業に投資する資本は，大きく他人資本と自己資本に分かれます。他人資本は借入金などであり，いずれ債権者に返済する必要があります。それに対して，自己資本は返済が必要ない資本であり，資本金や利益の蓄積である繰越利益剰余金（いわゆる内部留保）などの合計額である株主資本，および評価・換算差額等，新株予約権などが表記されます。上場企業を除けば，純資産＝株主資本と考えて不都合はありません。

<流動資産>

資産の中でも，営業活動の中で循環している資産であり，それ以外であっても１年以内に現金化されることが想定される（１年基準：ワンイヤー・ルール）資産を指します。例えば，現金，売掛金，受取手形，商品在庫などは営業活動の中で循環している資産です。さらに，短期貸付金なども，１年以内に現金化されることが前提であるため，流動資産とされます。

流動資産を現金化することで，流動負債を返済していく流れが正常といえます。流動負債には，買掛金や支払手形，短期借入金など，流動資産の裏返しといえるような資産で構成されていますので，決済の流れという観点から正常なのです。

＜貸 倒 れ＞

流動資産の中にある売掛金あるいは受取手形は，回収が困難な不良債権になるリスクを含んでいます。それは，顧客である債務者の経営破たん等が原因となります。このような不良債権の発生は，流動資産の構成内容の悪化であり，流動負債の返済や決済に支障をきたしかねません。

＜固定資産＞

流動資産に対して，1年以上かけて現金化される資産を固定資産といいます。土地や建物は事業に必要なものとして調達するわけですが，多額となるため単年度で投資額を回収することは基本的に不可能です。5年・10年とかけて，事業に少しずつ貢献しながら現金を生み出していくという性格を持つ資産といえます。固定資産には，土地，建物，機械設備，什器・器具・備品というような有形固定資産，ソフトウエアや営業権等の無形固定資産が含まれます。

4　主要な経営分析指標

(1)　収益性の分析

①　売上高総利益率＜(売上総利益÷売上高)×100＞

売上高に対する粗利益（売上総利益）の割合を示します。高い数値ほどよく，利益の額と利益率をバランスよくチェックする必要があります。

②　売上高営業利益率＜(営業利益÷売上高)×100＞

売上高に対する営業利益の割合を示し，数値は高いほど良好です。設備投資効果の動向を見定めるためには，3～5期分の推移で確認する必要があります。

③　売上高経常利益率＜(経常利益÷売上高)×100＞

売上高に対する経常利益の割合を示し，数値は高いほど良好です。設備投資においては，長期借入金による資金調達をしていることが多く，その場合には支払利息が費用として差し引かれるこの指標で設備投資効果を確認する必要があります。この経常利益には，受取利息・配当金の加算もあるため，財務活動の影響が反映されている点が特徴です。

(2) 安全性の分析

① 流動比率＜(流動資産÷流動負債)×100＞

短期の支払能力を判断する総合的な指標です。1年以内に支払期日が到来する流動負債に対して，1年以内に換金可能な流動資産の割合が大きければよいとされます。120～130％以上の値が必要で，理想的には200％超となります。

② 当座比率＜(当座資産÷流動負債)×100＞

短期の支払能力として，換金性の高い資産である当座資産（現金・預金＋売掛金・受取手形＋有価証券）を対象としており，100％を切ると短期の資金繰りが苦しいと判断できます。なお，当座資産には，「棚卸資産」と「その他の流動資産」は含まれずに除外されます。

③ 固定比率＜(固定資産÷自己資本)×100＞

事業に必要な設備資産を，自己資金でまかなっている割合がどの程度あるかを判断する長期支払能力の指標です。100％未満であることが理想的です。

④ 固定長期適合率＜(固定資産÷固定負債＋自己資本)×100＞

固定比率が100％超でも，こちらの自己資本と固定負債を合わせた計算式で100％未満であれば，長期の支払能力に大きな問題はないと考えられます。

⑤ 自己資本比率＜(自己資本÷総資本)×100＞

総資本に対する自己資本の割合のことです。自己資本の比率が低いということは，本業の儲けが少なく借入金に依存した体質であるということになります。30％以上あれば問題はないと判断してよいとされていますが，理想としては50％超です。

(3) 効率性の分析

① 売上債権回転率＜売上高÷売上債権＞

売上債権（受取手形および売掛金）の回収の良否を判断する指標です。比率（回数）が大きいほど，売上債権の回収が速いといえます。

② 売上債権回転期間＜365日÷売上債権回転率＞

売上債権の良否をより具体的に回収期間で判断するものです。売上債権の発生から回収までの平均日数のことです。

③ 仕入債務回転率＜仕入高÷仕入債務＞

仕入債務（支払手形および買掛金）を活用して資金繰りがうまく回転しているか（資金効率）を判断する指標です。比率（回数）が大きいほど，仕入債務の支払いが速いといえます。

④ 仕入債務回転期間＜365日÷仕入債務回転率＞

仕入債務の状況をより具体的に支払期間で判断するものです。仕入債務の発生から支払いまでの平均日数です。

⑤ 商品回転率（棚卸資産回転率）＜売上高÷棚卸資産（商品）＞

商品販売の効率性を判断する指標です。比率（回数）が高いほど良好で，よく売れているといえます。

⑥ 平均在庫日数（商品回転期間）＜365日÷棚卸資産（商品）回転率＞

棚卸資産の販売効率をより具体的に仕入から販売までの期間で判断するものです。この指標は，商品の仕入から販売までの平均日数を示しており，次の計算式で求められます。

$$\text{平均在庫日数（商品回転期間）}=\frac{\text{365日（1年間）}}{\text{商品回転率}}$$

＜裏書譲渡＞

保有する手形（受取手形）の裏面に署名捺印を行い，代金の支払いに充当することを裏書譲渡といいます。手形は有価証券であることから，裏書によって流通されています。

具体例では，例えばA社が商品を販売し，販売先であるX社から手形で支払いを受けたとします。このA社が，仕入先であるK社に支払いをする時に，X社から受け取った手形の裏面に署名捺印を行った上で，K社に譲渡することで支払いを済ませられることになります。これが裏書譲渡という意味です。

ここからは余談になります。手形譲渡に制限はなく，裏書譲渡手形を受け取ったK社が自社の支払いのためにL社に，L社は同様の理由でM社に，さらにM社はN社に，というように，ドンドン裏書譲渡していくことが可能です。ここでもし，最初に振り出したX社が倒産したらどうなるでしょうか。この場合には，手形は不渡手形となり，最終的に所持している会社は，裏書した企業全社に対して債権の支払を求めることができ，逆に裏書した企業全社は遡求義務（債務の支払義務）を負います。N社が遡求した債権は，A社，K社，L社，M社のどれが支払っても構いません。いずれにせよ，終わったと思っていた支払いが突然蒸し返される状況になります。これが手形決済の怖い一面でもあります。

なお，現在紙の手形の流通量は最盛期の10分の１程度になっています。現在は，紙の手形が電子化された「電子債権」とよばれるものが活用されています。電子債権であっても，上記のような事態が生じる可能性があることに変わりはありません。

経営分析　計算問題演習

〔損益計算書〕

自　○○年4月1日　至　□□年3月31日

単位：百万円

Ⅰ　売　上　高		1,500,000
Ⅱ　売上原価		1,085,000
売上総利益		**415,000**
Ⅲ　販売費・一般管理費		
人　件　費	110,000	
販　売　費	150,000	
減価償却費	30,000	
その他の費用	100,000	390,000
営　業　利　益		**25,000**
Ⅳ　営業外収益		
受取利息・配当金	20,000	
雑　収　入	4,000	24,000
Ⅴ　営業外費用		
支払利息・割引料	5,000	
雑　損　失	1,000	6,000
経　常　利　益		**43,000**
Ⅵ　特別利益		2,000
Ⅶ　特別損失		2,800
税引前当期純利益		**42,200**
法　人　税　等		16,880
当期純利益		**25,320**

＊売上原価＝期首商品棚卸高＋当期仕入高―期末商品棚卸高

・期首商品棚卸高：　80,000百万円

・当期仕入高　：1,080,000百万円

・期末商品棚卸高：　75,000百万円（貸借対照表の棚卸資産）

〔貸借対照表〕

□□年３月31日

単位：百万円

資産の部		負債の部	
勘定科目	金額	勘定科目	金額
Ⅰ　**流動資産**		Ⅰ　**流動負債**	
現金預金	105,000	支払手形	1,000
売掛金	18,500	買掛金	80,000
有価証券	40,000	短期借入金	4,000
棚卸資産	75,000	未払金	30,000
その他の流動資産	30,000	未払費用	10,000
流動資産合計	**268,500**	**流動負債合計**	**125,000**
Ⅱ　**固定資産**		Ⅱ　**固定負債**	
有形固定資産		長期借入金	10,000
建物	120,000	社債	120,000
構築物	8,000	退職給付引当金	36,000
車両運搬具	400	**固定負債合計**	**166,000**
什器備品	13,000		
土地	150,000		
有形固定資産合計	**291,400**	**負債合計（他人資本）**	**291,000**
		純資産の部	
		Ⅰ　**株主資本**	
無形固定資産		**資本金**	**48,000**
借地権	3,000	**資本剰余金**	
ソフトウェア	3,400	資本準備金	100,000
無形固定資産合計	**6,400**	その他資本剰余金	1,000
		資本剰余金合計	**101,000**
投資その他の資産		**利益剰余金**	
投資有価証券	11,700	利益準備金	10,000
関係会社株式	154,000	別途積立金	500,000
長期差入保証金	300,000	繰越利益剰余金	80,000
投資その他の資産合計	**465,700**	**利益剰余金合計**	**590,000**
		株主資本合計	**739,000**
		Ⅱ　**評価・換算差額等**	**2,000**
固定資産合計	**763,500**	**純資産合計（自己資本）**	**741,000**
資産合計	1,032,000	**負債・純資産合計(総資本)**	1,032,000

主要な経営分析指標 （小数点第３位切り捨て）

(1) 収 益 性

① 売上高総利益率

（売上総利益÷売上高）×100

（415,000÷1,500,000）×100＝27.66％

② 売上高営業利益率

（営業利益÷売上高）×100

（25,000÷1,500,000）×100＝1.66％

③ 売上高経常利益率

（経常利益÷売上高）×100

（43,000÷1,500,000）×100＝2.86％

(2) 安 全 性

① 流 動 比 率

（流動資産÷流動負債）×100

（268,500÷125,000）×100＝214.8％

② 当 座 比 率

（当座資産÷流動負債）×100

（163,500÷125,000）×100＝130.8％

③ 固 定 比 率

（固定資産÷自己資本）×100

（763,500÷741,000）×100＝103.03％

④ 固定長期適合率

〔固定資産÷（固定負債＋自己資本）〕×100

〔763,500÷（166,000＋741,000）〕×100＝84.17％

⑤ 自己資本比率

（自己資本÷総資本）×100

（741,000÷1,032,000）×100＝71.80％

(3) 効 率 性

① 売上債権回転率

売上高÷売上債権

1,500,000÷18,500＝81.08回/年

② 売上債権回転期間

365日÷売上債権回転率

365÷81.08回＝4.50日

③ 仕入債務回転率

仕入高÷仕入債務

1,080,000÷81,000＝13.33回/年

④ 仕入債務回転期間

365÷仕入債務回転率

365÷13.33回＝27.38日

⑤ 商品回転率（棚卸資産回転率）

売上高÷棚卸資産（商品）

1,500,000÷75,000＝20回/年

⑥ 平均在庫日数（商品回転期間）

365日÷棚卸資産（商品）回転率

365÷20回＝18.25日

・ 総資本経常利益率

（経常利益÷総資本）×100

（43,000÷1,032,000）×100＝4.16％

・ 自己資本利益率

〔当期純利益÷自己資本（純資産）〕×100

（25,320÷741,000）×100＝3.4

第4章

小売業における組織の基本原則と従業員管理

1　組織の概念

1－1　組織の基本原則

(1)　三面等価の原則

職務を明確にするためには，各職務の責任・権限・義務の三者が相等しくなければならないとすることです。

- 責任とは，職務の担当者が果たさなければならない個々の活動内容であり，職務の構成要素・責任事項です。
- 権限とは，組織において責任を公に果たすことのできる力であり，命令したり行使したりすることができる権利です。
- 義務とは，責任と権限を行使することで，その遂行の結果に対する責任でもあります。

不十分であると，権限が大きくて責任が伴わないために職権濫用が生じたり，義務のみ大きくてそれに対する権限がないため業務停滞が生じやすくなります。

(2)　指令系統の統一化の原則

組織の中の１人ひとりに対して，その人間に指令を発する人物はただ１人でなければならないという原則です。ただし，指令系統の統一化の原則の厳密な採用は，かえって組織を硬直化させる恐れがあります。上司からだけではなく，専門スタッフの情報も取り入れることが必要なのです。そこで，究極的な結果責任をだれが負うのかを明確に理解させるとともに，責任を遂行するのに必要な情報の伝達経路の整備も不可欠な条件となります。

(3)　統制の範囲の原則（スパン・オブ・コントロール）

１人の管理監督者の統制し得る部下の人数には限界があり，組織の上層部の場合は５～６名，末端では20名をもって限度とするという原則です。組織の垂直的分業（階層化）を説明するものでもあります。

具体的な組織において統制の範囲の数を定めるためには，部下の受け持つ仕事の性格や部下の能力などの情報に加え，コミュニケーション体系の質や教育訓練の程度や，統制方法などとの総合的な関係のなかで決定しなければなりません。

(4)　専門化の原則

それぞれの仕事を何らかの関連する事項ごとにまとめて，専門的に遂行することがより能率的であるというものです。組織が水平的分業（部門化）を行うのを説明するものです。また，個人に割り当てられる職務は，できるだけ同質の活動からなるほうが望ましいという，「同質的な職務割当の原則」も含んでいます。

これらの原則を適用する場合には，単なる作業活動面での専門化だけではなく，計画や統制などの判断業務をも加味した総合的な専門化を進めることが必要です。単なる同質的割当にとどまらず職務充実化への方向が重要です。

＜職務充実と職務拡大＞

職務充実とは，職務を質的に高めること（垂直的な職務増大）であり，管理的な職務を付加することです。これに対して，職務拡大とは，同じレベルの職務を加えること（水平的な職務増大）です。両者とも職務領域を増大させる取り組みであり，狙いはモラールの向上や動機づけにつなげることです。

(5)　権限委譲の原則

上長自らの職務の一部を部下に委任する場合は，その委任した職務遂行に必要な権限も同時に委譲しなければならないというものです。この場合，部下は上長に行使の結果を報告する義務が発生し，それと同時に委任した上長にも部下の行使の結果についての監督の義務が生じることになります。

上長が部下に委任する必要性については，「遂行方法が定まっている常軌的な職務については，はできるだけ部下に委任して，管理者は新たな遂行方法を創造しなければならないような例外事項に専念するほうが望ましい」という「例外の原則」がその根拠となります。

1－2　組織の存続条件と対策

組織が存続して発展していくための基本的条件は，以下の３つです。

・個人の，組織に対する貢献意欲をいかに高めるか

・従業員から提供される活動を，いかに動態的に調整するか

・戦略的目的をどうやって見出し，どう行動していくか

(1)　反応の早い組織をつくる方法

変化に対して，認識・周知した上で，実行に移すまでの過程を早く正確にすることが必要となります。これには，以下の三つの方法が考えられています。

①　プロジェクトチームなどの分権化

組織の末端に完結的な責任範囲を与え，包括的な権限委譲をします。前提条件として，組織編成を目的志向的に改編する必要があります。

②　ゼネラルスタッフ制

経営陣に属するスタッフであり，各種助言を行います。

③　組織の簡素化によるスピード化

ＩＴによるデータベースの活用やネットワーク化を進めます。

＜プロジェクトチーム＞

各部署を横断した人材を集め，特定の事業のために活動するチームです。よって，その事業や課題等が解決した段階で解散となります。

(2) 柔軟な組織をつくる方法

硬直化しやすい組織体質を柔軟にするには，以下の方法が考えられます。

① 課 制 廃 止

課制廃止により，意思疎通や人材交流をスムースにし，仕事の性格を反映する個人中心的な体制を確立します。

② パートタイマー制

業務量の一時的変動に対して，柔軟に対応できるようにします。

③ フレックスタイム制

業務の質・量に合わせて勤務時間や休日を各人ごとに別個に定めるものです。

④ 組織開発（ＯＤ）

計画的に組織変革を行う手法であり，風土や雰囲気も変えようとするものです。

⑤ ネットワーク組織

企業内外の他の組織単位との連係を柔軟にできるようにしたものであり，情報創造にすぐれた組織のことです。

＜フレックスタイム制＞

１か月以内のスパンで，一定期間の総労働時間を決めておき，その範囲内において労働者個人が始業時間と終業時間を決めて働く制度です。

2　雇用・就業の動向と従業員管理

2－1　職場の人事管理

(1)　人事管理とは

小売業の運営をスムースにするためには，従業員１人ひとりに関する個別的管理が必要です。人事管理では，目的の達成に効率的であり，公平性を従業員に納得させることのできる合理的な方法が要求されます。

①　全般的人事管理

・　全般的人事管理の方針・計画の確立

・　全般的社会秩序の確立維持に関するもの（モラル，賃金管理，セクハラ，パワハラなど）

・　全般的労働力の有効利用に関するもの

②　職場における人事管理

人事管理は，次図のように，人事管理情報，人事管理，労働条件管理，人間関係管理，労働関係管理に大きく分けられます。

図5－3－1　人事管理の領域

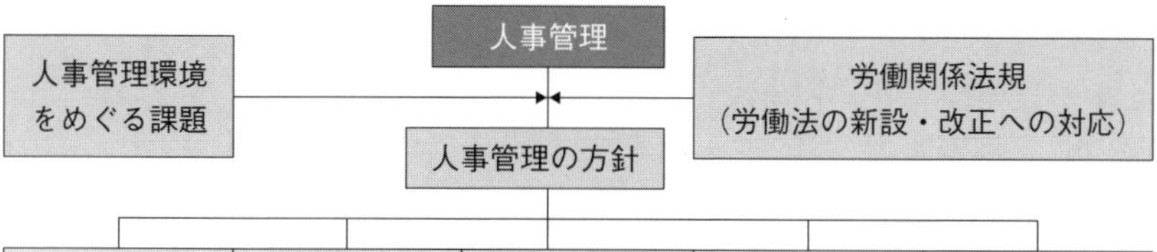

①人事管理情報（組織と仕事の基盤づくり）	②人事管理（人材の効率的活用）	③労働条件管理（職務と職能による成果と生活基盤の向上）	④人間関係管理（労働意欲の充足）	⑤労働関係管理（経営秩序の維持）
・職務分析 ・職務評価 ・人事考課制度 ・自己申告制度 ・ヒューマン・アセスメント	・要員管理 ・移動・配置 ・昇格・昇進 ・教育訓練（能力開発） ・就業管理	・賃金 ・労働時間 ・安全衛生 ・作業条件 ・福利厚生	・コミュニケーション ・モチベーション ・リーダーシップ ・組織の活性化	・労働関係の円滑化 ・労働組合 ・経営参加

出所：「いまなぜ人事制度改革なのか」コープ出版。

(2)　職場における人事管理の役割

職場の人事管理の役割は，以下の3つにまとめられます

①　全般的人事管理を前提として，それを職場で具体化して活用する。

②　統一性と勤労意欲を高めて，業績を達成できる好ましいチームワークをつくる。

③　適正な職務割当を行い，個々人の能力を育成・開発する。

2－2　職務割当て

(1)　職務割当ての意義と手順

①　職務割当ての意義

職務をどのように編成し割り当てるかは，職場の目的達成に決定的な影響を持っています。

②　職務割当ての手順

・　職場に課せられた目的の明確化

・　職能の体系化

・ 職務の規定
・ 職務ごとの内容の決定
・ 従業員への職務割当て

(2) 職務割当ての方法

職務個別調査法や職務分析比較法を用い，職務分析表を作成することから始まります。分析のための情報収集の方法には，観察法，質問法，体験法，実験法などがあります。

(3) 人事考課に基づく職務割当

職務分析表ができると，次は個々人の把握となります。一般職業適性検査などの心理テストや人事考課を用います。人事考課では，特徴評価法，照合表法，多項目総合評定法などがあります。

＜職務分析の各種方法＞

観察法：授業員が職務を行っている状況を観察して情報収集し，分析します。

質問法：仕事の内容や流れについて，質問票や面接によって把握，分析します。

体験法：分析担当者が当該の職務を実際に体験して調査，分析します。

実験法：作業について，ストップウォッチで時間を計測するなどして分析します。

＜一般職業適性検査＞

厚生労働省の「厚生労働省編一般職業適性検査」があり，個々人の能力と職業との適合性を客観的に測定することができます。

2－3 就業管理

(1) 就業管理の意義

就業管理とは，「従業員に就業規則を守らせて職場の秩序を確立・維持するとともに，労働時間や休日などの労働条件を最適なものにして就業しやすい条件を維持していく働きかけ」です。

(2)　就業規則の概要

就業規則は，法律で定めた労働基準にもとづいて職場の規律を定めた基本的ルールです。常時10人以上従業員を使用する企業は，その制定を「労働基準法」で義務づけられています。

①　総　　　則

「従業員は会社の定める諸規則を順守し，職場の秩序を保持し，互いに協力して誠実に職責を遂行する」などとして，就業規則の目的を明らかにします。

②　服 務 規 律

会社の名誉棄損，機密事項の漏洩，命令違反，勝手な職務休止などの禁止など

③　就 業 条 件

就業時間や休日・年次有給休暇　など

④　採用方法・休退職・解雇の規定

賃金・賞与・退職金制度も含まれます。

⑤　懲 戒 規 定

注意・勧告から，減給，出勤停止，降職，懲戒解雇など段階ごとの規定

(3)　業務命令の発動

管理者は，職場の規律を守るため，就業規則を基礎にして，具体的な業務命令を出さなければなりません。

(4)　労働条件の改善努力

労働条件の改善・向上が従業員の勤労意欲を高め，その結果業績も上がり規律も守られます。

(5)　労働時間の管理

労働時間の管理は，一定数の従業員から，効率性と安定性のかね合いにより，適正労働力を測定し，これをもとに適正な労働時間を定めることが前提です。

＜一定期間にどれだけの時間就労したのかを求める計算式＞

〔(時間内実質就労時間数＋時間外就労時間数)÷所定就労時間数〕×100

(6)　労働時間の短縮化

労働時間の管理で，緊急を要する課題は労働時間の短縮化の要請です。業務全般の見直しを行い，店舗運営方式や人材活用方式を見直し，業務の時間効率の向上をはかっていくことが不可欠です。

(7)　セクシャル・ハラスメントへの対応

男女雇用機会均等法では，セクシャル・ハラスメント（性的嫌がらせ）防止のための事業主の対応について規定しています。主な三つの要件は，「職場」「性的な言動」「嫌がらせ」を満たしているものです。厚生労働省は防止対策として，以下の事項を示しています。

①　未然防止策

就業規則にセクハラを明記し，研修を実施して周知・啓発をはかる

②　事後防止策

苦情相談窓口を設置し，セクハラ相談を受け付ける

③　再発防止策

事後の適切な対応と被害者のフォローを行う

(8)　パワーハラスメント（パワハラ）への対応

パワハラとは「同じ職場で働く者に対し，職場内の優位性を背景に，精神的・身体的苦痛を与える行為」であり，上司に対する部下のパワハラも存在します。具体的なパワハラ行為は，「身体的な攻撃」，「精神的な攻撃」，「人間関係からの切り離し」，「過大な要求」，「過少な要求」，「個の侵害」という六つの類型に分けられています。厚生労働省は予防対応の留意点として，以下の事項を掲げています。

①　経営トップのメッセージ

組織のトップが率先して職場からなくすことを明示します。

②　ルールを決める

就業規則に関係する規定を設けます。

③ 職場の実態を把握する

職場アンケート等によります。

④ 教育を行う

研修を実施します。

⑤ 職場内に周知する

組織の方針や取組みを周知し啓発します。

他にも，相談や解決の場を設置したり，再発防止策を作ったりすることも大切です。

2－4 パートタイム労働者・有期雇用労働者の活用と管理

(1) パートタイム労働者・有期雇用労働者の活用

小売業は，従業員のニーズを踏まえた“働き方改革”としての雇用システムの転換・導入が求められています。正規従業員の処遇改革のみならず，非正規従業員であるパートタイム労働者・有期雇用労働者の処遇改革も合わせて行い，合理的な人事管理制度の整備が期待されます。

(2) パートタイム・有期雇用労働法

「パートタイム・有期雇用労働法」はパートタイム労働者・有期雇用労働者の「公正な待遇の実現」を目的とし，正規従業員との均衡のとれた待遇の確保をめざしています。

この法律では，「1週間の所定労働時間が，正規従業員の1週間の所定労働時間と比べて短い労働者をパートタイム労働者（短時間労働者）」，「企業と期間の定めのある労働契約を締結している労働者を有期雇用労働者」としています。そして，パートタイマー，アルバイト，嘱託，契約社員などの名称に関わらず，上記規定に該当する人は対象となります。

本法の要点の概略は，次のとおりです。

① パートタイム労働者・有期雇用労働者を対象とした労働条件に関する文書の交付

昇給の有無，退職手当の有無，賞与の有無，他関連事項を文書の交付で明示します。

②　就業規則の作成の手続き

就業規則の作成や変更時は，パートタイム労働者の過半数を代表する者の意見を聞きます。

③　不合理な待遇の禁止

個々の待遇ごとに不合理な待遇は禁止されており，損害賠償も認められます。

④　差別的取扱いの禁止

職務の内容・配置の変更の範囲が正規従業員と同一であれば，差別的取扱いは禁止。

所定労働時間など，合理的な差異や勤務成績を評価して生じる待遇差は許容されます。

⑤　賃金の決定方法

正規従業員との均衡を考慮すること。

決定方法に相違がある場合は，職務内容や配置の変更内容など，客観的・具体的な実態に照らして合理的なものであることが必要です。

⑥　教 育 訓 練

必要な能力付与の教育についても，通常の労働者との均衡を考慮するように努めます。

⑦　福利厚生施設

福利厚生施設について，パートタイム労働者・有期雇用労働者にも利用の機会を与えることが必要。

⑧　正規従業員への転換

通常の労働者への転換を推進するために，各種の措置を講じます。

⑨　説 明 義 務

事業主は，パートタイム労働者・有期雇用労働者から求めがあった場合，正規従業員との待遇の相違の内容と理由について，資料を活用して口頭で説明する必要があります。

⑩ 相談窓口

パートタイム労働者・有期雇用労働者からの相談に対して，適切に対応するための体制づくりが義務付けられています。

⑪ 短時間・有期雇用管理者

一定の規模を超える事業所について，管理者を選任する努力義務が課されています。

⑫ 苦情の自主的解決

パートタイム労働者・有期雇用労働者からの苦情の申立ては，社内の苦情処理制度などを活用すること。

なお，都道府県労働局による，無料で非公開の「裁判外紛争解決手続（行政ＡＤＲ）」が新設されました。

(3) パートタイム・有期雇用労働者採用時の留意点

働くパートタイム・有期雇用労働者にとって，魅力ある労働条件の提供が必要です。採用面接でトラブルを回避し，能力とモチベーションを発揮して働いてもらうために，採用者の責任は重大です。

採用時の留意点は，次のようになります。

① 政治，思想，宗教，家族の職業，役職，購読新聞などは面接で質問しないこと

② 勤務時間が日ごとに変化することがあることを説明しておくこと

③ 土日祝日の就労や輪番的交替制がある場合は，そのことを説明しておくこと

④ 就労場所，勤務時間，業務内容，賃金，支払方法，各種手当，健康診断，教育訓練，労災，福利厚生などについては，法律に基づいて文章で説明すること

⑤ 入社後の職場内訓練（ＯＪＴ）の実施，評価方法，正規従業員への転換など，能力開発と待遇について説明すること

⑥ 本人の収入に対する課税や社会保険料の徴収などについても理解を促すこと

3　人材育成とリーダーシップのあり方

3－1　小売業の人材育成

(1)　顧客接点での心理的価値の提供

今後は，機能的価値にも増して心理的価値の重要性が高まってくることが予想され，顧客接点で優位性を得るためには，‘人’が重要な役割を果たします。すべてマニュアルで判断するのではなく，マニュアルに無い場面に対して人としての良識で対応できることが大切となります。それによって，顧客接点における心理的価値の提供が可能となるのです。

(2)　顧客接点の人材マネジメント

心理的価値を提供するための課題は，顧客接点の人材マネジメントです。管理者が従業員に期待しているか，見くびっているかは，その態度やコミュニケーションに表れます。

＜ミラー効果＞

管理者の態度に悪い印象を持った従業員は，積極的に仕事をしなくなる可能性があり，これはミラー効果の逆現象とされています。ミラー効果とは，好意を抱いている相手と同じ動作をすることであり，鏡に映した行動というイメージから名付けられています。現実的にも，相手に好意を持ってもらおうとして，意図的に相手の動作を真似るテクニックも存在します。

(3)　人材育成の留意点

① 教育の目的と意義を考える

「何のために教育を行うのか，どう役立つのか」について，管理者は答えられなければなりません。学習の目的と意義は，「従業員にとって」，「会社や組織にとって」，「顧客や取引先などに対して」という三つの視座から考えます。

② 誰が教育を行うのか

教育提供の窓口は，教育プログラムを企画・予算化し，推進する部門や部署です。人事部門が一般的ですが，近年では他部署やグループ会社などに教育機能が分散しています。

実際に教育を行う人は，企業内の教育訓練では社内講師が多くの場合は努めています。ただし，今日では，社外講師とのコラボレーションを推進することも重要になっています。

近年，「コーチング」のスキルが注目されています。これは，コーチ（教育する側：上司）とクライアント（教育を受ける側：部下）とのコミュニケーションを深め，短時間でクライアントが目標を達成できるようにサポートする技術です。コーチの役割は，一方的な指示を行うのではなく，クライアント自身が気付き，答えを見出せるように促すことです。

③ どのような従業員を対象に，どのような教育をするのか

・ 階層別教育……階層ごとに期待される役割の認識やその遂行能力を習得する。
・ 職能別教育……部門ごとの業務を遂行するために必要なスキルを習得する。
・ 選抜型教育……優れた人材を選んで行うもの（実施には配慮が必要となる）。
・ 選択型教育……カフェテリア研修とも呼ばれ，自主的に研修メニューを選ぶもの。

④ どのように教育を提供するのか

・ 一斉講義……教育する側の効率性が高いが，受講者の個人差や受け身の姿勢を生みやすい。
・ ワークショップ……知識伝達ではなく，受講者自らが参加する双方向の学びのスタイル。
・ 通信教育……時間を選ばずに学習できるもので，最近はｅラーニング等

多様化している。

＜人材教育に関するキーワード＞

・　ＣＳＲの取組み……ＣＳＲとは，企業を取り巻く利害関係者（ステークホルダー）を意識した社会貢献の活動を指します。特に階層別教育の幹部社員教育においては，重要性が増してきています。

・　内部統制……内部統制とは，企業が組織内で不正や違法行為を行わないように，業務ごとの手続きや基準を定め，それを監視，管理していくことです。ＣＳＲと同様に，上位職の社員への意識付けが重視されてきています。

・　キャリアパス……仕事の専門性や熟練度を極めるための基本的なキャリアの道筋であり，個々の従業員がどのような知識やスキルを身に付ければよいかを示すものです。会社として明示しておけば，選択型教育において有効であり，ひいては従業員の自発的成長やモチベーションの向上に役立つと考えられています。

・　ファシリテーター……ワークショップなど，ミーティングの進行役であり，自らを中立的な立場に置き，メンバーの発言を上手に引き出す働きかけを行います。最終的には問題解決や合意形成に到達させることが求められています。そのため，単なる司会役を超えて，メンバーの心理的部分まで考慮して議事進行を進めることが必要であることから，一定のスキルが必要とされています。

3－2　販売員の資質向上策

(1)　販売員育成の階層的プロセス

販売員を育成していくためには，次のような階層的プロセスを１段ずつ進めていく必要があります。

ⅰ）販売員を動機づけるために，管理者は組織の価値観を明示する。

ⅱ）マニュアルで躾けるために，管理者はマニュアル作成とトレーニングを行う。

iii）頭と体で理解させるために，管理者は情報共有の仕組みを作る。

iv）全員で考えて納得させるために，管理者は忍耐強く実行していく。

① 動機づける

動機づけは，「やる気」や「やりがい」と言い換えることができ，「モチベーション」とも呼ばれます。

従業員の動機づけのためには，経営者や店長などが，「自店にとってよい仕事とは何か」を明確化して伝達していく必要があります。「何に価値と意義を見出し，何に喜びを感じるか」について，経営理念やコンセプトなどに表現し，価値観を全従業員に伝えるようにします。

② マニュアルを作成し，躾ける

チェーンストアのほとんどは，店舗運営のあらゆる分野でマニュアルを作成して活用しています。ただし，「マニュアル人間」にならないように，個々人の能力を尊重し，各々の個性や能力を伸ばせるような実践的トレーニングや職場配置などが必要です。

・ しつけ教育の必要性……躾は，お辞儀の角度や言葉遣いなどの「形」と，なぜそうするのかという「精神面」の両側面から指導する必要があります。

・ 率先垂範で行う……売場の責任者をはじめ，全員が正しい態度と言葉遣いで接客することが必要です。

③ 理解させる

よい仕事を行うためのスキルや知識について，体と頭を使って身に付けさせるようにします。マニュアルやスキルについて，あるいはやってみた後の反省点などをノートに書きとめたりすることで，理解が進むことになります。

④ 納得する

理解したスキルを現実の仕事の中で経験することで納得できるようになります。また，その過程で知識やスキルが拡張することもあり，さらなる研さんへの意欲も生じます。押し付けではなく，従業員自らが考える機会を生み出すことが必要なのです。

(2) 売場指揮

売場を指揮する留意点は，大きく次の２点です。

① フォーメーション決め

販売員の定位置（持ち場・待機場所）を決めることが，フォーメーション決めです。定位置は，以下の三つを中心に，顧客の流れや商品陳列状態，店舗の入り口や階段などを考慮して決めます。

ⅰ）販売員自身の担当場所が見渡せる場所

ⅱ）商品を見る顧客の視線が確認できる場所

ⅲ）顧客にすぐにアプローチできる場所

② 商品補充と欠品防止

販売員は，販売に全力を注ぐため，管理者は商品の補充や欠品などに留意します。必要な場合は，補充を指示し，欠品情報や他の推奨商品を伝達します。

(3) 自己管理

管理者は，売場のメンバーの自己管理の状態にも目を配る必要があります。

① 健康面の管理

前日の疲れを翌日の仕事に引きずらないようにすることが必要であり，援助やアドバイスを行うようにします。

② 精神面の管理

ⅰ）大きな目標を持つ……部下に対して，将来どうなりたいかを尋ねたりすることで，前向きな気持ちを持ってもらうように働きかけます。

ⅱ）気分転換する余裕を持つ……日ごろから部下の仕事ぶりを観察しておき，気分の切り替えが必要と感じたら，言葉をかけたり別の仕事を指示したりします。

(4) 育成や指導にあたっての注意事項

① 部下のミスを責めない

部下がミスをしたときは責めるのではなく，前向きになれるよう，部下に対する希望や期待を込めて伝えるようにします。

② 過去の失敗を蒸し返さない

過去のことは変えようがないので，蒸し返すことは避け，次のよい行動につなげていくように考えて指導することが大切です。

③ 決めつけない

部下のどの行動のどの点が問題であったかを伝え，問題意識を共有するようにします。また，十把一絡げの表現も避けるようにします。

③ 注意した後は必ずフォローする

部下を指導した後は，部下がどのように感じているかを把握するために，部下を観察し，必要時は再度指導します。改善の兆しが見えた場合には，そのことを認めて部下に伝えます。部下の行動が変わることが重要であり，管理者は指導後まで見届けるようにします。

④ 士気を盛り上げる

管理者は部下の模範となる接客を行い，大きな売上が見込める時期などは率先して販売を行うようにします。目標達成に向けて，部下と一緒になって問題解決を行い，売場の士気を盛り上げることが必要です。

3－3 リーダーシップのあり方

(1) リーダーシップとは

リーダーシップとは，「与えられた状況のなかで，目標を達成するために，個人や集団に影響を及ぼす過程である」と定義されています。一般的には，以下の三つの類型があります。

① 指示的リーダーシップ（部下が管理者に対する依存が強い場合）

細かい点まで指示することで，不安なく仕事に取り組めるようにするスタイルです。

② 民主的リーダーシップ（部下が管理者に対して，依存・自立の両方がある場合）

相談や助言など，話し合いで仕事の目標や進め方を決めていくスタイルです。

③ 放任的リーダーシップ（部下が管理者に対して自立の気持ちが強い場合）

重要なことだけ指示し，あとは本人に任せるというスタイルです。

(2) ＳＬ理論（Situational Leadership Theory）

ハーシーとブランチャードが提唱した理論であり，「部下の成熟度の度合いによって，リーダーシップ・スタイルを変える必要がある」というものです。リーダーシップは，「指示（命令）」と「支援（相談等：コーチング）」から成り立つとしており，以下のように四つのリーダーシップ・スタイルが提示されています。

① 指示的リーダーシップ（部下の成熟度が低いとき）

指示を主体として，支援は少なくします。例えば新入社員に相談しても適切な意見は出ないため，仕事の指示を行うことが必要です。

② 説得的リーダーシップ（部下の成熟度が中程度に至るまで）

指示を減らして，支援を徐々に増やします。指示ばかりだと指示待ち人間になりやすく，また育つ芽を摘んでしまいかねません。

③ 参加型リーダーシップ（部下の成熟度が中程度以上のレベルに達した場合）

指示も支援も減らすことが望ましいことになります。ある程度任せることで，さらなる成長を促します。

④ 委任的リーダーシップ（部下の成熟度が高いレベルに達した場合）

権限を大きく委譲します。完全に任せる状態です。組織の意思決定へ関わる度合いを増やし，会議などでは自分の意見を出させるなど，「放任」とは一線を画した対応となります。

このように，リーダーシップ・スタイルは変化させることが必要とされています。順序としては，指示リーダーシップ→支援リーダーシップ→委任リーダーシップとなります。

(3) モチベーション

管理者は，部下のモチベーションを高めなければなりません。部下をやる気にさせるには，前述のように，部下の成熟度に応じてリーダーシップ・スタイルを変化させることも必要です。また，管理者は，動機づけの理論を知り，人間の欲求を理解することが大切です。

＜動機づけ＞

従業員に対して，仕事へのやる気や意欲を持たせることを意味します。企業にとって，業績を向上させるために従業員のやる気をどのようにして高めていくかが重要性を増しています。動機付け理論で有名なのは，Ａ．マズローの「欲求段階説」とＦ．ハーズバーグの「動機づけ－衛生理論」です。

欲求段階説では，第１段階である生存の欲求から，安全の欲求，帰属の欲求，自我の欲求，自己実現の欲求と，５段階に区分されており，下位の欲求が満たされると高次の欲求に移行していくとされています。

動機づけ－衛生理論は，動機づけのためには，「動機づけ要因」と「衛生要因」の両側面への配慮が必要であるとし，前者には，目標達成，評価，昇進などの動機付けを促進する要因が，後者には給与，作業環境，与えられた仕事内容などの不満要因があるとされ，どちらか一方だけの改善手段では，十分な動機づけにつながらないとされています。

第5章

店舗施設などの維持管理

1　防犯・防災対策と店舗施設の保守

1－1　防犯対策

(1)　万引対策

万引対策の基本は，万引を誘発させない売場づくりにあります。特に，売場の中にデッドスペース（死角）をつくらないことが重要です。また，従業員の態度も万引防止に影響します。従業員同士でおしゃべりしていたり，やる気のない態度を見せたりすると，その隙が狙われます。物理的に死角をなくし，心理的に万引しづらくすることが大切です。

①　人的アプローチ

従業員による積極的な接客や警備員・保安員の採用などがあります。あいさつ（声がけ）の励行が基本であり，「見られている」という意識を持たせることです。なお，大きなバッグを持って入店した顧客には，注意するようにします。

②　店舗改善

デッドスペース（死角）の改善，顧客動線の見直しが有効であり，これらは物理的なデッドスペースの撲滅となります。心理的なデッドスペースの撲減は，クリンリネスの励行，フェイスを整え商品をすっきりと整理整頓する，明るい照明への変更などがあります。

③　防犯設備の設置

防犯カメラ，防犯ミラー，防犯ゲートなどの設置，センサー・タグ・システムなどがあります。

＜センサー・タグ・システム＞

万引や窃盗防止のためのシステムであり，未払いの商品を店外に持ち出そうとすると，商品に取り付けたタグが検知されて警報音が鳴る仕組みです。レジでの精算時にそのタグを取り外したり，不活性化させたりすることで，通常の顧客には何も問題を生じさせません。

(2)　不審者・強盗対策

①　店内での対策

開店直後や閉店間際などは不審者に気づきづらく，現金も多いため十分に警戒すべきです。

②　店外での対策

駐車場の管理，夜間の照明，防犯カメラの設置，警備員の巡回などを行います。

③　侵入窃盗対策

営業時間外であるため，補助錠や防犯対策用具の活用，警備会社のセキュリティ・システムの利用などが望ましいといえます。

1－2　防火対策

店内に可燃性の高いものがないかをチェックします。例えば，タバコの吸い殻，ゴミ箱の紙類，トイレの不審物，店外のごみや不審物などです。また，防火管理者の任命，従業員の防火対策の講習受講，救急救命講習の受講も大切です。

1－3　事業継続計画（ＢＣＰ）：Business Continuity Planning）の導入

ＢＣＰとは，いつ発生するかわからない緊急事態（大地震等）に対して，企業としての備えを文章化したものです。災害の多い日本で営業する小売業にとって，ＢＣＰの導入は必須要件といえます。作成の要点は，「中小企業ＢＣＰ策定運用指針」や商工会議所のＢＣＰ策定普及・啓発パンフレットなどに示されています。

表５－４－１　ＢＣＰの導入有無による緊急時対応のシナリオ例

	ＢＣＰを導入していない企業	ＢＣＰを導入済みの企業
想　定	●小規模な食料品スーパーを経営（従業員３名＋パート店員５名）。 ●平日早朝，大規模地震が突然発生，県内の広い範囲で震度６強を観測。	
当　日	●鉄骨造のスーパー建物は無事だが，棚も倒れ，ほとんどすべての商品が散乱。 ●店主の自宅も半壊し，家族ともども避難所生活を始める。 ●従業員，パート店員ともに安否確認ができず。	●鉄骨造のスーパー建物は無事。地震に備えて棚を固定していたので，商品は散乱するのが小規模。 ●店主の自宅は，耐震補強済みで無事。 ●従業員やパート店員は，スーパーに出向き安否を伝える張り紙（避難先など）をする。 ●店主がスーパーの様子を見に行き，安否の張り紙を確認。
数日間	●店内の整理は手付かず，停電が続き生鮮品は腐敗し始める。 ●店主の家族は１週間，避難所の生活の後，隣県の親戚の家の世話になる。 ●従業員，パート店員とは，電話連絡をとるのみ。	●翌日，ボランティアの助けを借りて店内を整理。賞味可能な食料品を避難所に運び，無料提供。 ●１週間は通常の物流がストップ。余震も続く。スーパーの駐車場にテントを張り，緊急物資の日用品の配給拠点に提供。この間は，ボランティアとして活動。 ●１週間後，余震も収まり，通常

		の物流が再開し始める。電気が通じ自宅に戻った住民を相手に仮営業を開始。
数か月間	●1か月後，金融機関から融資を受けて自宅を修理。家族と自宅に戻る。 ●スーパー営業再開の目処が立たず。	●手持ち資金により，従業員と臨時作業員の月給を支払う。 ●金融機関から設備修理，当面の商品仕入のための資金を借りる。 ●1か月後，従業員，パート店員の大半が出勤し，本格営業を開始。

中小企業庁「中小企業ＢＣＰガイド」を参考に作成。

2 衛生管理

(1) 食品衛生の重要性

食品衛生に対する社会的関心は高まっており，行政当局からの指摘をかわそうという消極的な姿勢では済まなくなってきています。

これからは，競合店との差別化をはかり，顧客の信頼を獲得するためにも，衛生管理レベルの向上に積極的に取り組み，アピールしていくことが必要です。

(2) 食品衛生とは

世界保健機関（ＷＨＯ）による食品衛生の定義は，「生育，生産，製造から最終的に人に消費されるまでの全ての段階における食品の安全性，完全性，および健全性を確保するのに必要なあらゆる手段を意味する」とされています。

我が国の食品衛生法では，「食品の安全性の確保のために公衆衛星の見地から必要な規制その他の措置を講ずることにより，飲食に起因する衛生上の危害の発生を防止し，もって国民の健康の保護を図ることを目的とする。」とされています。

(3) 食品衛生責任者の役割

食品衛生責任者とは，食品を扱う営業所で，事業主の指示に従い食品の衛生管理を行う者です。

①　食品衛生責任者の設置と義務

・　営業者は，当該施設において，食品衛生責任者１名を定める必要があります。

・　食品衛生責任者は，営業者の指示に従い，食品衛生上の管理運営にあたる必要があります。

・　食品衛生責任者は，必要時，危害発生の防止措置の必要性について営業者に進言し，促進を図る必要があります。

・　食品衛生責任者は，法令の改廃に留意し，違反行為を行わないように努める必要があります。

②　食品衛生実務講習会の受講

食品衛生責任者は，食品衛生の最新情報を常時習得しておかなければなりません。

(4)　食中毒の主な種類

表５－４－２　食中毒一覧表

食中毒	細菌性食中毒	感染型	サルモネラ	畜産・鶏肉・卵・ネズミ
			腸炎ビブリオ	イカ・タコ・アジ
			ノロウイルス	貝類・感染者による調理・二次感染
		毒素型	ブドウ球菌	手荒れ・化膿巣
			ボツリヌス菌	土壌・動物の糞便
			セレウス菌	土壌
		その他	ウェルシュ菌	人や動物の糞便
			病原性大腸菌	人や動物の糞便
	自然毒食中毒	植物性		毒キノコ・ジャガイモの芽・毒ゼリ
		動物性		フグ・貝・毒カマスなど

	化学性食中毒	化学物質の食品中への不適正混入	農薬・殺鼠剤など
		有毒性金属による食品汚染	ヒ素・鉛など
		油脂の変敗	油脂を多く含む食品
	その他	アレルギー性食中毒	刺身・みりん干など

※　感染型：細菌自体が問題を起こすタイプ

※　毒素型：細菌が食品中で増殖する際に生成される毒素が問題を起こすタイプ

(5)　食品衛生監視員による監視・指導

食品衛生監視員とは，食品衛生法の目的を遂げるために，獣医学や薬学などの専門教育を受けた職員であり，厚生労働省，都道府県，市区町村に配置されています。その業務は，以下のとおりです。

- 食品工場，飲食店，スーパーなどの監視や指導
- 食品の検査（抜き取り）
- 食品工場や店舗などの営業許可
- 違反行為や食中毒発生時における，原因調査や拡大の防止
- 食品などに対する苦情処理
- 食品などに対する問い合わせや相談の対応
- 食品衛生に関する情報提供

(6)　食品衛生監視員が良く見るポイント

＜売　場＞

①　清潔な外衣に対する点検

②　腐敗品，変敗品，表示違反品の発見

③　ロードラインの順守

④　裸陳列商品の衛生管理点検

⑤　売場における店頭販売業者の施設の点検

＜調理場＞

①　手洗い設備の有無と使用状況

② 原材料や仕掛品の取扱い状況や保管状況

③ 汚物の衛生的な処理の状況

(7) 衛 生 管 理

小売業は衛生管理の向上に努めることが必要であり，職場においては次のような点に留意します。

① 従業員の定期健康診断の実施，また義務付けられている従業員には検便を実施する。

② 精神病や法定伝染病，それらの疑似患者が発生した場合には直ちに店長に報告する。

③ 伝染の危険性など，就業が不適当と認められる従業員は就業させないこと。

④ 廃棄物は，自社の「廃棄物処理手続き」などにより，適正に行うこと。

<変 敗 品>

腐敗品は，微生物の作用によって食品等が変質・劣化したものを言いますが，変敗品は，油脂の酸化など化学作用によって変質，劣化した商品を指します。

＜販売・経営管理＞

本試験形式問題

第１問　次の文章は，支払手段の法知識について述べている。文中の〔　　〕の部分に，下記に示すア～オの語群から最も適当なものを選んで，解答欄にその番号を記入しなさい。

〔　ア　〕は，信販会社や総合スーパーなどが発行するもので，購入した顧客の銀行口座から，一定期日に代金を引き落として決済する形式である。それに対して〔　イ　〕は，買い物の際に顧客の銀行口座から即時直接決済する形式である。〔　ウ　〕は，消費者が代金を前払いして商品やサービスを受ける形式である。〔　エ　〕は，振出人が一定金額を支払うことを約束する有価証券であり，〔　オ　〕は振出人が銀行等第三者に宛てて一定金額を支払うことを委託する形式の有価証券である。

【語　群】

ア〔１．小切手　　２．約束手形　３．デビットカード
　　４．クレジットカード〕

イ〔１．前払式支払手段　２．プリペイドカード　３．デビットカード
　　４．クレジットカード〕

ウ〔１．小切手　　２．プリペイドカード　３．デビットカード
　　４．クレジットカード〕

エ〔１．前払式支払手段　２．プリペイドカード　３．小切手
　　４．約束手形〕

オ〔１．小切手　　２．約束手形　３．前払式支払手段
　　４．プリペイドカード〕

解答欄	ア	イ	ウ	エ	オ

第２問　次の文章は，仕入に関する法知識について述べている。文中の〔　　〕の部分に，下記に示すア～オの語群から最も適当なものを選んで，解答欄にその番号を記入しなさい。

小売業が商品を仕入れる場合に，基本契約で注意すべき点は次のようなものである。仕入れる商品の品名・数量・品質などを〔　ア　〕との間で明確に定めておくこと，引渡条件としては，引渡しの場所・時期・〔　イ　〕を定めておくことなどである。仕入方法のうち，消費者が購入した時点で，売買契約が完結され所有権が順次移転していくものを〔　ウ　〕，小売業が受託業務の結果販売手数料の支払いを受けるというものを〔　エ　〕という。なお，不公正な取引制限等を定めた〔　オ　〕は，経済の憲法とも呼ばれている。

【語　群】

ア〔1．消費者　　2．仕入先企業　3．物流企業　4．取引銀行〕

イ〔1．担当者　　2．検収　　3．方法　　4．返品〕

ウ〔1．買取仕入　2．委託販売方式の仕入　3．現金仕入　4．売上仕入〕

エ〔1．買取仕入　2．委託販売方式の仕入　3．現金仕入　4．売上仕入〕

オ〔1．独占禁止法　2．消費者基本法　3．割賦販売法
　4．元請代金支払遅延等防止法〕

解答欄	ア	イ	ウ	エ	オ

第3問　次のア～オは，商標法，不正競争防止法，景品表示法について述べている。正しいものには1を，誤っているものには2を，解答欄に記入しなさい。

ア　商標とは，商人が自己を表示し，他と識別するための名称である。

イ　商標とは，文字，図形，記号，立体的形状もしくは色彩またはこれらの結合，音その他政令で定めるものとされている。

ウ　商標登録は，特許庁の所管であり，原則として先願者優先である。

エ　商標権の存続期間は，設定登録の日から満7年であるが，更新登録の出願をすれば更新することができる。

オ　公正取引委員会は，不当な顧客の誘引を防止する必要があると認めるとき，景品類の価額の最高額，総額，提供の方法等について，制限または禁止することができる。

解答欄	ア	イ	ウ	エ	オ

第4問　次の文章は，狭義の経営分析について述べている。文中の〔　　〕の部分に，下記に示すア～オの語群から最も適当なものを選んで，解答欄にその番号を記入しなさい。

資本利益率の低下要因は，大きく四つある。利益率に関する要因として，まず売上高が減少すると，そのまま〔　ア　〕の減少につながるため，利益率を悪化させることになる。また〔　イ　〕では，人件費や減価償却費の増大が利益を圧迫することになる。一方，資本回転率に関する要因としては，流動資産の構成悪化と〔　ウ　〕がある。前者の原因は，死蔵在庫の増大や〔　エ　〕の不良化などがあり，後者の原因としては，運営コストや新規出店に関わる

〔　オ　〕などがあげられる。

【語　群】

ア〔1．当期利益　2．営業外収益　3．自己資本　4．利益剰余金〕

イ〔1．過剰仕入　2．特別損失　3．投資コスト　4．コストの上昇〕

ウ〔1．資本の構成悪化　2．仕入原価上昇　3．投資コスト
　4．固定資産の構成悪化〕

エ〔1．借入金　2．売上債権　3．設備　4．仕入債務〕

オ〔1．資本剰余金　2．過剰仕入　3．投資コスト　4．仕入債務〕

解答欄	ア	イ	ウ	エ	オ

第5問　次のア～オは，主要な経営分析指標について述べている。正しいものには1を，誤っているものには2を，解答欄に記入しなさい。

ア　流動比率は高い数値ほど良好であり，120～130%以上，理想的には200%とされる。

イ　当座比率の値は，棚卸資産が増加してしまうと悪化する。

ウ　売上債権回転期間は，大きい数値であるほど良好である。

エ　商品回転率は，数値が高いほど良好といえる。

オ　売上高経常利益率は，他の条件が変わらないとして，借入金が増えると上昇する。

解答欄	ア	イ	ウ	エ	オ

第6問　次の表は，売買損益計算の資料である。表中の〔　　〕の部分に，下記に示すア～オの語群から最も適当なものを選んで，解答欄にその番号を記入しなさい。

	第Ⅰ期	第Ⅱ期	第Ⅲ期	第Ⅳ期
純売上高	57,532	60,119	65,899	68,856
期首商品棚卸高	3,604	3,420	〔 ア 〕	3,450
純仕入高	37,385	38,601	41,804	〔 イ 〕
期末商品棚卸高	〔 ウ 〕	3,291	3,450	4,679
売上原価	37,569	〔 エ 〕	41,645	44,004
売上総利益	19,963	〔 オ 〕	24,254	24,852

【語　群】

ア〔1．3,291　2．3,691　3．3,435　4．3,381〕

イ〔1．42,533　2．45,233　3．43,325　4．45,323〕

ウ〔1．3,410　2．3,654　3．3,456　4．3,420〕

エ〔1．38,472　2．38,724　3．38,730　4．38,370〕

オ〔1．21,749　2．21,389　3．21,647　4．21,395〕

解答欄	ア	イ	ウ	エ	オ

第7問　次のア～オは，組織の基本原則について述べている。正しいものには1を，誤っているものには2を，解答欄に記入しなさい。

ア　三面等価の原則とは，責任・権限・職務の三者が相等しくなければならないとすることをいう。

イ　指令系統統一化の原則とは，任意の一人に指令を発する人物はただ一人でなければならないという原則である。

ウ　統制の範囲の原則とは，一人の管理監督者の統制し得る部下の人数には限界があるというものである。

エ　専門化の原則により，組織は水平的分業を行うことになる。

オ　権限委譲の原則とは，上長自身の職務の一部を部下に委任する場合に，その職務遂行に必要な権限を委譲しなければならないというもの。

解答欄	ア	イ	ウ	エ	オ

〔解答・解説〕

第1問

【4－3－2－4－1】

小切手と約束手形は有価証券であり，仕組み等について復習しておいてほしい。また，出題された支払手段は，今日では一般的に用いられるため，理解を深めておきたい。

第2問

【2－3－4－2－1】

このレベルの問題であれば，比較的容易に正解にたどりつけることが必要である。

第3問

【2－1－1－2－2】

アは，商号を意味した文章である。イでは，2014年（平成26年）の商標法改正により「音」も認められたという経緯がある。エは，満10年，オは，内閣総理大臣である。

第4問

【1－4－4－2－3】

損益計算書と貸借対照表が理解できていないと，暗記でしか対応できない問題である。暗記は，本試験で通用する範囲が限られ，応用が利かなくなるので，できるだけ理解を深めておくようにしたい。

第5問

【1－2－2－1－2】

イは，当座比率の計算項目としての当座資産は，現金・預金，売上債権，有価証券という3項目であり，棚卸資産は無関係である。100％未満であることが必要である。ウでは，業種や業態によって相違するが，いずれにせよ大きい値がよいわけではない。オでは，営業利益に営業外収益を加算して営業外費用を控除したものが経常利益であり，借入金が多くなると支払利息（営業外費用）が増えるため，売上高経常利益率は低下することになる。

第6問

【1―2―4―3―2】

売買損益計算からの出題である。アは，前期の期末商品棚卸高の値となる。計算する場合は，イ～エと同様に，「期首棚卸高＋仕入高－期末棚卸高＝売上原価」の公式から算出できる。オは，「純売上高－売上原価」から算出する。

第7問

【2－1－1－1－1】

アは，責任・権限・義務の三者である。ここでの義務とは，責任と権限と行使するという意味での義務であり，その遂行の結果に対する責任でもある。

〔参 考 文 献〕

清水敏行・中谷義浩・土居寛二共著『販売士３級』税務経理協会，2019年。

日本商工会議所・全国商工会連合会『販売士検定試験２級ハンドブック』カリアック，2020年。

【著 者 紹 介】

清水　敏行（しみず　としゆき）

1953年東京都生まれ。明治学院大学社会学部卒業。専門商社でブランドマネジャーを担当。その後，経営コンサルタント会社・教育機関で，経営支援や人材教育に携わる。専門分野はマーケティング，ＨＲＭ。中小企業診断士，販売士養成登録講師。日本販売促進学会正会員。

主な著書：「販売管理のすべてが身につく本」（山下出版），「グローバルマーケティング」（税務経理協会），「能力開発」（三修社），「企業経営理論」（三修社），「起業に向けての心技体」（泉文堂）など。

中谷　義浩（なかたに　よしひろ）

1960年富山県生まれ。慶應義塾大学経済学部卒業。スーパーマーケットチェーン食品部でバイヤー職を担当。その後，学校法人，コンサルティング会社で，人材育成に携わる。現在独立し，中谷総合研究所株式会社の所長を務める。専門分野は，マーチャンダイジング，リテールマーケティング。中小企業診断士，販売士１級，販売士協会養成登録講師，ビジネスクリエーター研究学会会員。

主な著普：「創造的破壊」（学文社，共著）など。

土居　寛二（どい　かんじ）

1965年高知市生まれ。1987年神奈川大学経済学部卒業，2005年経済学修士（神奈川大学大学院）。インテリア商材の最大手メーカーの販売会社で営業職を12年担当。2000年に独立し，現在ＭＤＣ株式会社代表取締役。専門は企業再生支援，株式公開支援。中小企業診断士。

主な著書：「担保に頼らず１億円集める資金調達」，「手形・小切手の取引実務」（ともにかんき出版），他共著など。

著者との契約により検印省略

平成20年5月15日　初版発行
平成27年2月1日　第2版発行
平成29年11月1日　第3版発行
令和2年12月1日　第4版発行

日本商工会議所
全国商工会連合会検定　販売士2級
〔第4版〕

著者　清水敏行
中谷義浩
土居寛二

発行者　大坪克行
印刷所　光栄印刷株式会社
製本所　牧製本印刷株式会社

発行所　東京都新宿区
下落合2丁目5番13号　株式会社　税務経理協会

郵便番号 161−0033　振替 00190−2−187408　電話(03)3953−3301(大代表)
FAX(03)3565−3391　(03)3953−3325(営業代表)
URL　http://www.zeikei.co.jp/
乱丁・落丁の場合はお取替えいたします。

Printed in Japan

ISBN978−4−419−06763−2　C3063